Elisabeth Gohrbandt, Gert Ritter, Günther Weiss,
Heiner Jansen, Dorothea Wiktorin

Köln
Spaziergänge auf historischen Spuren

Ein Begleiter durch
2000 Jahre städtisches Leben

Emons

Inhalt

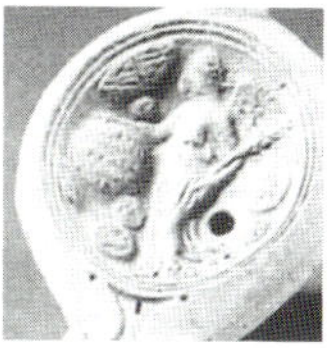

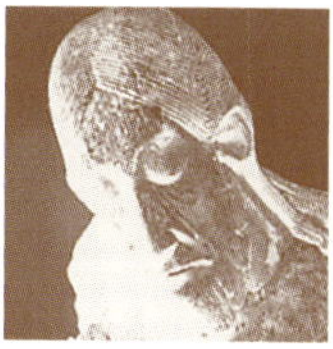

Einführung

Die Stadt Köln bietet mit ihrer 2000-jährigen Geschichte eine einzigartige Gelegenheit, Impulse der Stadtentwicklung nachzuvollziehen. Kaum eine andere Stadt ist so reich an Relikten aus längst vergangenen Zeiten. In jedem Stadtwinkel, ob links- oder rechtsrheinisch, ob im Stadtkern oder in den Randbezirken, finden sich Spuren aus verschiedenen Epochen. Es lohnt sich, ihnen zu folgen.

Das vorliegende Buch leitet Sie an, die Spuren zu lesen und zu verstehen. Ruinen, Kirchen, Befestigungen, Brücken, Wohnviertel, Parkanlagen und vieles mehr werden in ihrer ursprünglichen Unversehrtheit und Funktion rekonstruiert und in ihrer Entstehungs- und Entwicklungsgeschichte veranschaulicht.

Dieser Stadtführer eröffnet neue Wege.
Er führt auf acht Routen durch verschiedene Epochen, von der Römerzeit bis zur nationalsozialistischen Schreckensherrschaft und zum Wiederaufbau. Der Spaziergänger wird zu einem Zeitreisenden. So kann er sich einer fiktiven Pilgergruppe anschließen und an ihrer Wallfahrt durch das mittelalterliche Köln teilnehmen. Dabei erlebt er Geschichte mit allen Sinnen.

Im Mittelpunkt der sorgfältig recherchierten Ausführungen stehen die Lebensbereiche des Menschen. Wie hat er sich geschützt, wie verteidigt, wie hat er gewohnt und sich versorgt, welches Gewerbe und welche Religion hat er ausgeübt?

Auch auf diese Fragen hält der Stadtführer Antworten bereit. Er begleitet den Leser zu repräsentativen Anschauungsobjekten, die sich sowohl im Stadtbild als auch in den Kölner Museen wiederfinden.

Von einem außergewöhnlichen Detail oder einer geografischen Besonderheit werden Erkenntnisse abgeleitet und durch Hintergrundinformationen vertieft. Der Spaziergänger gelangt zu einer neuen Perspektive auf die Stadt und kann sie »lesen«. Er wird zukünftig jede Stadt mit anderen Augen sehen.

Der Stadtführer korrespondiert mit dem ebenfalls im Emons-Verlag erschienenen »Historischen Atlas Köln«. Gelegentlich verweist er auf ausführlichere Schilderungen und detailliertere Abbildungen oder Karten.

ABKÜRZUNGEN

H.A. = Der historische Atlas Köln. (Jansen, H., Ritter, G., Wiktorin, D., Gohrbandt, E., Weiss, G.: Der historische Atlas Köln. Köln 2003)
MAK = Museum für Angewandte Kunst
RGM = Römisch-Germanisches Museum
St.M. = Kölnisches Stadtmuseum

Die folgenden Hinweise erläutern die vielfältigen Nutzungsmöglichkeiten des Buches.

> Zu jeder Epoche wird ein Rundgang angeboten. Die Standorte sind so angeordnet, dass sich eine möglichst optimale Route ohne große Umwege ergibt.

> Alle Routen sind in der vorgestellten Abfolge als Vorschlag anzusehen. Dadurch, dass in jedem Zeitalter dieselben Lebensbereiche behandelt werden, ergibt sich außerdem eine epochenübergreifende Zusammenschau.

> Die Übersicht auf den beiden folgenden Seiten enthält alle beschriebenen Stationen, geordnet nach Epochenzugehörigkeit und Lebensbereich. Zeilenweise gelesen, lassen sich mit ihrer Hilfe individuelle Routen zu einzelnen Themen erstellen.

> Zur Orientierung innerhalb der Kapitel dienen die Piktogramme in der Randspalte, die die einzelnen Themen bzw. Lebensbereiche symbolisieren:

BEFESTIGUNG

INFRASTRUKTUR

ARBEITEN

VERSORGEN

ALLTAGSKULTUR

WOHNEN

RELIGION

WELTLICHE MACHT

> Jedem Kapitel ist eine Karte mit den Stationen der ausgearbeiteten Route vorangestellt. Entlegenere Standorte können auf Sonderkarten in der Randspalte lokalisiert werden.

> Auf zwei Übersichtskarten am Ende des Buches sind die Stationen aller Routen eingetragen.

Lebensbereich	Römerzeit	Frühes Mittelalter	Auf den Spuren einer mittelalterlichen Pilgergruppe	Hohes und spätes Mittelalter
Verteidigung	1 Nordtor 2 Stadtmauer 3 Römerturm	1 Römische Stadtmauer am Stadtmuseum		1 Stadtmauer am Hansaring 2 Eigelstein-Torburg 3 St.M.: Stadtmodell
Infrastruktur	4 Wasserleitung 5 Abwasserkanal 6 Hafenstraße	1 St.M.: Bodenprofil des Heumarktes 6 Brunnen (Aula Regia)		3 St.M.: Schiffs- und Floßmodelle
Arbeiten	7 RGM: Produktion: u.a. Öllampen, Glasgefäße	4 Domschatzkammer: Grabbeigaben der »Fürstengräber«		3 St.M.: Hinweise auf Metallgewerbe: Riffelharnisch 4 Schwertnergasse 5 Schnütgen-Museum: Produkte des Kölner Kunstgewerbes
Versorgung	7 RGM: Hinweise auf Handel	5 RGM: Grabbeigaben der »reichen Frau« aus Nordafrika/Syrien	**Stationen:** 1 Dom: u.a. Petrusstab, Dreikönigsschrein 2 (Groß) St. Martin	3 St.M.: Modell des Stapelhauses (Stapelrecht)
Alltagskultur	7 RGM: Hinweise auf Theater, Amphitheater	5 RGM: Grabbeigaben aus dem sog. »Sänger-Grab« aus St. Severin	3 St. Maria im Kapitol: u.a. Gabelkruzifix, Bildertür	12 An der Rechtschule (Hinweise auf mittelalterliche Universität) 7 Gürzenich
Wohnen	7 RGM: Modell Peristylhaus mit Philosophenmosaik, Wandmalerei	4 Domschatzkammer (Lapidarium): »Mobiliar der Fürstengräber«	4 Kloster der Weißen Frauen: Tunika des Jesuskindes (Kloster abgebrochen) 5 St. Pantaleon: Römische Märtyrer	6 Overstolzenhaus 8a/b Frühneuzeitliche Häuser an Heumarkt und Alter Markt 11 MAK: Einrichtung mittelalterl. Häuser
Religion	7 RGM: Matronen 9 Grabkammer Weiden	2 St. Gereon 3 Grabung unter dem Dom: Entstehungsgeschichte des Doms	6 St. Gereon: u.a. Blutsäule, Confessio 7 St. Ursula: Ursula-Schrein, Ursulinenbüsten	10 Mikwe 13 St. Aposteln 14 Geusenfriedhof
Weltliche Macht	8 Praetorium	6 Aula Regia (Praetorium)		9 Rathaus

ranzosen- und frühe reußenzeit	Gründerzeit	Zwischenkriegszeit	Frühe Nachkriegszeit
Fort X (Neusser Wall)	⓮ Fort X (Nohlenweg)	❷ Hochbunker Mülheim ❹**b** Turmbunker Niehl	
Ehemaliger Sicher- eitshafen (Theodor- euss-Ring) Optischer Telegraf in ittard	❾ Versorgungsbetriebe am Zugweg ⓫ Südbrücke ⓭ Bahnhof Deutz ⓰ Straßenbahn-Endhaltestelle Thielenbruch	❺ Ehemaliger Flughafen Butzweilerhof	❹ Nord-Süd-Fahrt ❻ U-Bahn-Station Friesenplatz ❿ Deutzer Brücke
Stammhaus 4711 lockengasse)	⓯ Felten & Guilleaume: Carlswerk	❶ Alte Messehallen ❹**a**, ❹**c**, ❹**d** Industriegelände Köln-Nord	❶ WDR: Funkhaus Wallrafplatz ❼ Gebäude des Gerling Konzerns ⓭ Erölraffinerie Esso
Altstadtmarkt an . Aposteln	❹ Warenhaus »Kaufhof« ⓬ »Ellmühle« in Deutz	⓫ Großmarkthalle (Bonner Straße)	❷ Hohe Straße
Komödienstraße heaterbau des 19. Jh.)	❻ Volksgarten ❿ »Alte Universität« (Claudiusstraße)	❾**a-c** Vom Aachener zum Decksteiner Weiher (Grünflächenplanung in den 1920er Jahren) ❿ Neue Universität	❺ Opernhaus
St.M.: Möbel im npire Stil **a-c** Klassizistische eifensterhäuser Werkssiedlung ınstfeld	❸ St.M.: Arbeiterküche ❼ Halbvillen und Mietshäuser (Volksgartenstraße) ❽ »Arbeiter-Colonie« (Elsassstraße)	❻ - ❽ Alt-/Neu-Ehrenfeld - Bickendorf - Vogelsang (Genossenschaftlicher Wohnungsbau der Zwischenkriegsjahre)	❽ Griechenmarktviertel ⓬ Stegerwaldsiedlung
Trinitatiskirche Friedhof Melaten	❷ St. Agnes ❺ Synagoge Roonstraße	❸ St. Engelbert	❸ St. Alban ❾ St. Pantaleon
Regierungspräsidium / te Wache	❶ Oberlandesgericht	⓬ EL-DE-Haus (Gestapo-Zentrale)	⓫ Landschaftsverband Rheinland (LVR): sog. Landeshaus

Auf den Spuren der Römerzeit

Stationen: ❶ Nordtor ❷ Stadtmauer ❸ Römerturm ❹ Wasserleitung ❺ Abwasserkanal ❻ Hafenstraße ❼ Römisch-Germanisches Museum ❽ Praetorium ❾ Grabkammer Weiden

EINFÜHRUNG IN DAS ZEITALTER

Die Römer weiteten im Laufe der Jahrhunderte ihren Herrschaftsbereich zunehmend aus, indem sie immer neue Gebiete unterwarfen und in das Römische Reich eingliederten. Diese Gebiete mussten möglichst rasch gesichert und nach römischen Maßstäben kolonisiert werden. Die Eingliederung verlief in allen annektierten Gebieten nach einheitlichem Muster.

Grundlage für die Befriedung eines Gebietes war die militärische Präsenz. Deren Kern bildeten die Legions- und Hilfstruppenlager, daneben siedelten die Römer Flottenlager und kleine Stationen der Straßenpolizei an, die durch meist gerade, befestigte Straßen verbunden waren. In grenznahen Gebieten wie dem westlichen Ufer des Niederrheins, das seit der Schlacht im Teutoburger Wald 9 n. Chr. die Außengrenze zum freien Germanien bildete, waren diese militärischen Einrichtungen besonders zahlreich.

Den Römern war daran gelegen, ihre Soldaten möglichst schnell und umfassend mit Lebensmitteln aus nahe gelegenen Agrargebieten zu versorgen. Sie wollten Nahrungstransporte über weite Strecken vermeiden. Die Landwirtschaft wurde von leistungsfähigen Gutshöfen, den *villae rusticae*, betrieben. Sie konnten über den Eigenbedarf hinaus größere Überschüsse für den Markt produzieren. Bauerndörfer im heutigen Sinne waren im römischen Kolonisationssystem nicht vorgesehen. In den *vicus* genannten Kleinsiedlungen verkaufte man vornehmlich Waren oder bot Dienste an für den täglichen Bedarf; sie lagen oft als Raststationen an Wegkreuzungen, bei Thermalquellen, in der Nähe von Bergwerken oder Heiligtümern. Selbstverständlich umfasste die Kolonisierung des »Neulandes« auch die Anlage von Städten, in denen sich die zivile Verwaltung, religiöse und kulturelle Einrichtungen sowie Handel und gehobene Dienstleistungsbetriebe konzentrierten. Nach dem Rechtsstatus ihrer Bewohner wurde dabei zwischen dem *municipium* und der *colonia* unterschieden. In einer *colonia* siedelten die Römer auch pensionierte Soldaten, die Veteranen, an. Jede Stadt

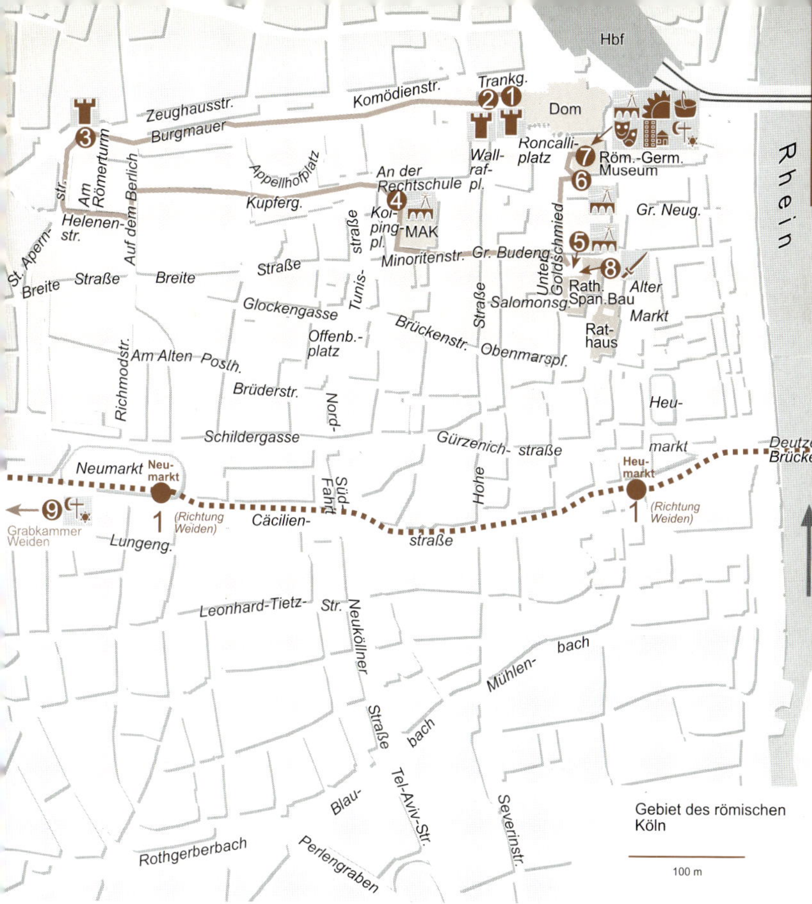

hatte ihre eigene Verwaltung mit Polizei- und Finanzhoheit, aber nur Bürger einer *colonia* waren römische Vollbürger mit allen Rechten und Vorzügen; sie durften Grund erwerben, konnten in öffentliche Ämter gewählt werden, hatten Steuervorteile und einiges mehr.

Städtebau in der Römerzeit

Die Römer legten ihre Städte in der Regel vollständig neu an, und zwar dort, wo es vorher keine Siedlung, höchstens ein kleines Dorf gegeben hatte. Größe und maximale Einwohnerzahl wurden schon bei der Gründung bestimmt; ebenso waren der grundlegende Aufbau und eine Reihe charakteristischer Elemente (Forum, Tempel etc.) als Standards von vornherein festgelegt. Eine in der Zeit zwischen 300 v. und 150 n. Chr. entstandene römische Kolonialstadt wie z.B. Köln war gewissermaßen ein standardisiertes Element aus einem »Kolonisations-Baukasten«: Um eine Nord-Süd- (*cardo*) und eine Ost-West-Hauptachse (*decumanus*) gruppierte sich ein System rechtwinklig angelegter Straßen, das möglichst gleich große Baublöcke, die *insulae*, umfasste. Im Schnittpunkt der Hauptachsen befand sich das Forum als Marktplatz und Zentrum des öffentlichen und sakralen Lebens. Den rechteckigen Platz umsäumten die wichtigsten öffentlichen Gebäude wie Rathaus (*curia*), Gerichtshalle und prominente Sakralbauten wie der Haupttempel. Für weitere Tempel, für Thermen, Theater und Amphitheater reservierten die römischen Städtebauer zum Teil komplette Baublöcke. Die einzelnen Gebäude gestalteten sie nach Vorbildern aus der »Heimat« im italischen Baustil. Die konkrete Anordnung der Bauwerke, das Baumaterial und die Dekors waren jedoch in jeder Stadt individuell.

Die römischen Kolonisationsstädte stellten nicht nur organisatorische Zentren dar, sie waren gleichsam Refugien römischer Lebensart, denn sie boten ihren Einwohnern die gewohnten Annehmlichkeiten römischer Kultur, z.B. Bäder, Theater oder, im kühlen Norden, die Fußbodenheizung. Ebensolche Inseln römisch-urbaner Lebensart waren die Landgüter.

Mit den stolzen Befestigungsbauten, den prächtigen Bauwerken und dem ausgefeilten technischen Städtebau demonstrierten die Eroberer den unterworfenen »Barbaren« die Überlegenheit der römischen Zivilisation.

Köln – Römische Festung und Colonia

Am Anfang der Stadtentwicklung Kölns steht die Eroberung Galliens durch Gaius Julius Caesar während seiner Gallischen Feldzüge (58–51 v. Chr.). Sein Nachfolger Augustus setzte Agrippa als Statthalter in Gallien ein. Dieser siedelte 39/38 v. Chr. die den Römern freundlich gesinnten Ubier am linken Rheinufer an, nachdem ein Aufstand der dort ursprünglich siedelnden Eburonen niedergeschlagen worden war. Etwa um die Zeitenwende erfolgte die Gründung der Ubierstadt (*Oppidum Ubiorum*) im Kernbereich der späteren Colonia. Bereits diese Siedlung wies bei einer Fläche von 53,6 ha ein rasterartiges Straßennetz und den oben beschriebenen typischen Aufbau römischer Siedlungen mit Forum, Tempel und Praetorium auf.

Die Niederlage des Varus während der Schlacht im Teutoburger Wald 9 n. Chr., in deren Folge die Ostgrenze des Reiches an den Rhein zurückgezogen werden musste, hatte für Köln weitreichende Konsequenzen: Köln war nunmehr Grenzstadt und wurde unter Kaiser Tiberius zur Sicherung der Rheingrenze als Festung ausgebaut. Zur Stadt (*colonia*) erklärt wurde sie im Jahre 50 n. Chr. durch Kaiser Claudius auf Veranlassung seiner in Köln geborenen Gemahlin Agrippina. Darauf verweist der künftige Name der Stadt: Colonia Claudia Ara Agrippinensium.

In der Stadt lebten neben römischen Veteranen, die handwerkliche Fähigkeiten ebenso mitbrachten wie kulturelle und religiöse Vorstellungen aus dem weiten Imperium Romanum, heimische gallische und germanische Menschen. Mit schätzungsweise

40.000 Einwohnern war die CCAA eine »Großstadt«, die sich während der zumeist friedlichen ersten drei Jahrhunderte zu einem wirtschaftlichen Zentrum am Rhein entwickelte.

In der Nordwestecke der Domplatte, gegenüber dem Köln Tourismus Office, befindet sich ein Torbogen mit einer lichten Höhe von 3,90 m und einer lichten Breite von 1,90–2,40 m. Er besteht aus sauber behauenen Steinquadern. Auf der Nordseite sieht man beidseits des Torbogens in einem gewissen Abstand senkrechte Rillen (Kanneluren), die offenbar Überreste des unteren Teils sowie der Basis zweier Halbsäulen darstellen. Der Abstand und die im Verhältnis zum Torbogen beachtliche Breite der Säulenreste deuten darauf hin, dass diese Säulen ehemals ein sehr viel höheres Tor umrahmten. An der Westseite des Torbogens, an der schmalen Treppe, befindet sich eine 25 cm breite und 30 cm tiefe senkrechte Rille. Diese lässt sich aus der Kenntnis besser erhaltener römischer Stadttore als Führungsfuge für ein Fallgitter erklären.

Bei dem Monument handelt es sich um den östlichen ❶ **Fußgänger-Durchlass des römischen Nordtores** der CCAA, das von zwei quadratischen Türmen flankiert wurde und dessen Mittelteil drei Durchlässe aufwies: zwei seitliche für den Fußgängerverkehr und ein 5,60 m breites, durch ein Fallgitter gesichertes Haupttor für den Reit- und Wagenverkehr. Der Torbogen des Haupttors trug den abgekürzten Namen der Stadt: CCAA – Colonia Claudia Ara Agrippinensium. Er ist im Römisch-Germanischen Museum (Insel 100) aufgestellt. Der östliche Fußgänger-Durchlass ist gegenüber seiner originalen Lage zur Römerzeit um etwa 4 m erhöht und auch etwas nach Osten verschoben.

Von den insgesamt neun Toren der Römerstadt befanden sich je drei an der West- und an der Ostmauer, zwei an der Südmauer. Auf der Nordseite gab es nur dieses eine Tor, das aufgrund seiner Maße (30 m Breite und einer Turmhöhe

Östlicher Fußgängerdurchlass des römischen Nordtors, von der Feldseite aufgenommen. An der rechten Seite befindet sich eine deutlich zu erkennende Führungsfuge für das Fallgitter.

Rekonstruiertes Nordtor mit den beiden seitlichen Fußgängerdurchlässen und dem breiten Durchlass für den Reit- und Wagenverkehr

von 23 m) und seines aufwendigen Pilasterschmucks auf die Besucher der CCAA vom Niederrhein einen imposanten Eindruck gemacht haben muss. Das Bauwerk zeugte vom Machtanspruch und zugleich vom Bewusstsein kultureller Überlegenheit des römischen Weltreichs an der Grenze zum Barbarenland.

Die ❷ **Bauweise der römischen Stadtmauer** kann man am besten erkunden, wenn man sich ins Parkhaus unter der Domplatte begibt. Der Eingang befindet sich neben der U-Bahntreppe gegenüber dem Köln Tourismus Office.

Auf der ersten Parkebene sind ein Teil des 3 m mächtigen Mauerfundaments und die darüber aufragende 2,40 m breite Mauer gut zu erkennen. Der Mauersockel ist zur Feldseite, nach Norden, abgeschrägt und mit einer Mauerschale aus Grauwackesteinen abgedeckt; auf der Stadtseite, der Südseite, besteht der Sockel aus schmalen Stufen. Den Raum zwischen beiden Außenschalen füllten die Römer mit einer bautechnisch revolutionären Erfindung, mit Gussmörtel – *opus caementicium* –, *opus* bedeutet Bauwerk, *caementum* behauener Stein, Bruchstein. Die Bruchsteine wurden mit Mörtel aus zwei bis drei Teilen Sand und einem Teil gelöschtem Kalk gemischt. Nach Erhärten des Bindemittels erhielt man ein druckfestes Steinkonglomerat.

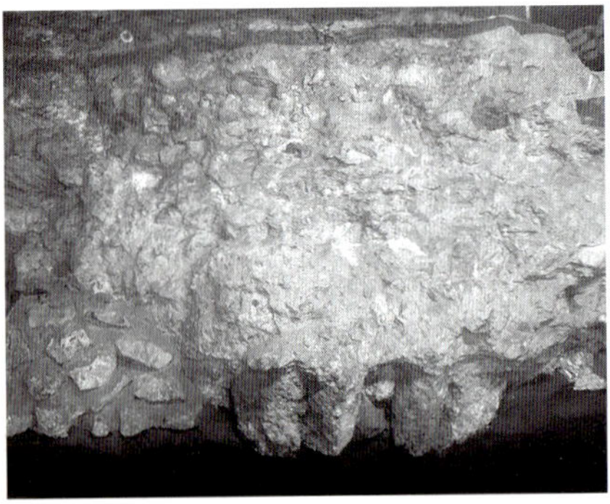

Sockel und ein Teil der 2,40 m breiten Stadtmauer aus Gussmörtel im Kern und mit Mauerschalen aus Grauwacke; zugänglich im Parkhaus unter der Domplatte.

Mit diesem römischen Beton besaß man ein preiswertes, vielseitig verwendbares Baumaterial. Auf der unteren Parkebene kann man am Fundament der Römermauer einen weiteren bautechnischen Fortschritt ausmachen: die wieder verwendbare Bretterverschalung. Im Bereich des unteren Mauerfundaments sind die Abdrücke von langen Schalbrettern deutlich erkennbar.

Die an diesem Standort gut sichtbare Beschaffenheit der Stadtmauer ist repräsentativ für ihren gesamten Verlauf: Über einem 3 m hohen Sockel oder Fundament erhob sich eine 2,40 m mächtige Mauer bis zu einer Höhe von 7,80 m. Wie durch archäologische Bohrungen nachgewiesen werden konnte, befand sich davor ein 3–4 m tiefer und ca. 10 m breiter Graben, der als Annäherungshindernis diente. Diese Mauer schützte die Stadt bis ins hohe Mittelalter!

Kölns römische Stadtmauer war 3.912 m lang, das entspricht 13.213 röm. Fuß und damit fast genau dem später von Kaiser Vespasian festgelegten Stadtumfang von 13.200 Fuß. Sie schloss ein Areal von 96,8 ha Stadtfläche ein. Da sich die Stadtmauer der Geländeform anpasste, entsprach die CCAA nicht ganz dem Prototypus einer regelmäßig quadratischen Stadtanlage. Auf die Planmäßigkeit der Anlage verweist jedoch das gitterartige Straßennetz (H.A., Karte 6).

Die Römermauer lässt sich an manchen Stellen noch deutlich im Gelände erkennen, so z.B. als Fundament der Südwand des Zeughauses (mittelalterliche Ziegelmauer über römischem Beton bzw. Grauwackeverschalung), als 3 m hohes Relikt westlich der Alten Wache, als 80 m langer Abschnitt nördlich der Griechenpforte und als Teilstück am Mühlenbach, in beträchtlicher Höhe über dem Tal des Duffesbachs zwischen Südtor und dem Ubier-Monument.

An der Ecke St. Apernstraße/Zeughausstraße steht der so genannte ❸ **Römerturm**, der besterhaltene von ehemals neunzehn Rundtürmen der römischen Stadtbefestigung. Als Eckturm war er in die rechtwinklig anstoßende Nord- und Westmauer integriert.

Der Römerturm hat einen Durchmesser von 9,20 m, entsprechend 31 Fuß, und weist nach außen eine Mauerstärke von 2,50 m auf. In der Vertikalen setzt er sich deutlich aus vier Abschnitten zusammen: (1) Nicht zu sehen ist sein 3 m hoher Sockel, der von Kulturschutt verdeckt ist, welcher außerdem die unteren 20 cm des Turmschaftes verhüllt. (2) Der 4,50 m hohe sichtbare untere Teil des Turmschaftes ist sorgsam aus Grauwackesteinen erbaut und reich geschmückt mit Mosaikmustern aus weißen Kalk- und roten Sandsteinen sowie grauen Trachyten. Zu den Schmuckformen, die in ähnlicher Form an vergleichbaren Türmen anderer Städte zu finden sind, zählen Streifenmuster, Halbrundbögen, Dreiecke und Bänder aus rhombenförmigen Steinen. (3) Oberhalb des zweiten Rautenbandes beginnt eine 1,25 m breite Zone aus anderem Baumaterial, etwa Basalt, Trachyt und Ziegelstücken, die weniger sorgfältig erbaut erscheint. Auch treten dort andere Ziermuster auf, nämlich Kreise mit speichenartigen Kalksteinen und eine stilisierte Tempelfassade (Prostylos) mit vier kleinen Säulen und Kapitellen. (4) Den Abschluss bildet ein Zinnenkranz.

Römerturm von der Nordwestecke der Stadtbefestigung mit deutlichen Ausbesserungsspuren im oberen Teil und einem Zinnenkranz aus dem späten 19. Jh.

Das nahezu 2.000 Jahre alte Monument hat eine

wechselvolle Geschichte. Bis Mitte des hohen Mittelalters, bis zum Bau der großen Stadtmauer, erfüllte es seine ursprünglichen Festungsaufgaben, wobei die weniger sorgfältige Bauweise des oberen Teilstücks auf Ausbesserungsarbeiten nach einer Zerstörung hinweist. Bis zur Säkularisation im Jahr 1802 diente der Römerturm dem benachbarten Klarissinnenkloster als Abort. Im Jahr 1833 wurde er um drei Geschosse zu einem Wohnturm aufgestockt, die man vierzig Jahre später wieder abriss. Um 1900 restaurierte Dombaumeister Bernhard Hertel den Turm und setzte ihm ein Gurtgesims und einen Kranz aus Zinnen auf, die jedoch nicht mehr den ehemals doppelt so breiten römischen Zinnen entsprachen. Seit 1984 befinden sich im Turm und im Erdgeschoss des benachbarten gründerzeitlichen Gebäudes, in dem bis 1948 die Dombauverwaltung untergebracht war, die Ausstellungsräume einer Kunstgalerie.

An einer kleinen Gartenanlage zwischen der Drususgasse und dem Museum für Angewandte Kunst steht seit 1913, um einige Meter gegenüber der ursprünglichen Lage versetzt, ein anderthalb Meter langes Stück der ❹ **römischen Wasserleitung**. Der 2,10 m hohe Kanalabschnitt weist zwei deutlich unterschiedliche Teile auf. Der untere Teil, die Wasserrinne, besteht aus *opus caementicium*; sie hat eine lichte Breite von 0,60 m. Das Kanaldach ist als Rundgewölbe aus mörtelverfugten Tuffsteinen errichtet.

Die römische Wasserleitung aus dem Vorgebirge zur Versorgung der Ubierstadt und die Eifelleitung vom Ende des ersten Jahrhunderts zur Versorgung der Colonia zählen zu den eindrucksvollsten Leistungen der Römer im technischen Städtebau. Der 95 km lange Eifelkanal wurde meist unterirdisch geführt. Dabei nutzte man gekonnt das Gefälle zwischen der Urftquelle (420 m NN) und der CCAA (rund 52 m). Stellenweise mussten die Römer beim Bau der Leitungen Tal-Einschnitte mit Hilfe von Aquädukten überbrücken. Ab Hermülheim (ca. 60 m NN) wurde das Wasser über eine Hochleitung geführt, um genügend Gefälle bis zur Stadt zu haben (H.A., Karte 10). Im Bereich von Im Laach befand sich wahrscheinlich ein hoch gelegenes Verteilerbecken, von dem aus das Wasser über Druckleitungen zu den öffentlichen Zapfstellen, zu den Thermen und zu wenigen Privathäusern geleitet wurde.

Eineinhalb Meter langer Abschnitt der römischen Wasserleitung mit einer Wasserrinne aus Gussbeton und einem Kanaldach aus Quadersteinen (Drususgasse)

Vom frühen Mittelalter bis gegen Ende des 19. Jahrhunderts mussten sich die Kölner aus oft verunreinigten Brunnen mit Wasser versorgen. Eine öffentliche Wasserversorgung entstand erst wieder ab 1872.

Vom Ausstellungsraum des Praetoriums gelangt man in das 140 m lange Stück eines weiteren Wasser führenden Bauwerks aus der Römerzeit. Seine Sohle liegt heute ca. 9,50 m unter der Budengasse. Mit 1,2 m breitem Innenraum ist diese »Röhre« bei gleicher Innenhöhe allerdings doppelt so breit wie die oben beschriebene Wasserleitung. Offenbar war sie für erheblich größere Wassermengen ausgelegt. Zudem befindet sich dieses Bauwerk unterirdisch und verläuft, bei leichtem Gefälle, streng nach Osten in Richtung Rhein. Dieser Kanal wurde, so scheint es, angelegt, um neben den Haushaltsabwässern auch das Niederschlagswasser von den Straßen der Stadt abzuführen.

Die Wände dieses ❺ **Abwasserkanals** bestehen nicht, wie sonst bei römischen Abwasserleitungen üblich, aus *opus caementicium*, sondern aus fünf Quadersteinschichten über einer 40 cm starken Bodenplatte. Den Gewölbeabschluss bilden sieben mörtellos verfugte Keilsteine. Ein 4,80 m langes Teilstück dieses Kanals, das dem Bau eines modernen Abwasserkanals 1979 im Wege war, wurde an die Oberfläche gehoben und ist seitdem an der Ecke Budengasse/Unter Goldschmied zu betrachten. Bei Tageslicht kann man dort erkennen, dass die beiden untersten Quaderlagen der Kanalwände aus Rinnensteinen bestehen, die normalerweise oberirdisch für die Entwässerung der Straßen vorgesehen waren.

Das Abwasserkanalsystem der CCAA bestand aus kleinen Straßenkanälen, die das Regenwasser und die Haushaltsabwässer größeren Hauptleitungen zuführten, die entweder in die Stadtgräben vor den Mauern, hauptsächlich aber in den Rhein entwässerten. Angesichts des geringen natürlichen Gefälles auf der Kölner Niederterrasse setzte der Bau eines solchen Abwassernetzes eine hohe Kunstfertigkeit im Nivellieren mit einfachen Instrumenten, z.B. eines Chorobaten, einer Art Wasserwaage, voraus.

Nach Abzug der Römer verfiel das Kanalsystem rasch, und bis in die Gründerzeit begnügten sich die Kölner mit Versickerungsanlagen.

Zutage geförderter 4,80 m langer Abschnitt eines römischen Abwasserkanals aus Quadersteinen (Ecke Budengasse/Unter Goldschmied)

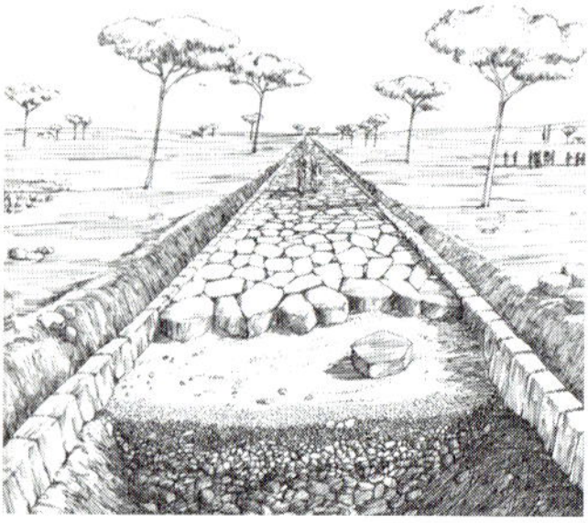

Römerstraßen hatten einen Untergrund aus Bruchsteinen, abgedeckt von einer festgestampften Schotterschicht.

Zutage gefördertes Teilstück der zum Rhein führenden »Hafenstraße«. Im Stadtbereich waren die Straßen gepflastert.

Neben der KölnTicket Verkaufsstelle führt eine Treppe hinab zur so genannten ❻ **Hafenstraße**. Es handelt sich um eine mit Basaltköpfen gepflasterte Fahrbahn, die Richtung Rhein führt. Am rechten Straßenrand befindet sich ein Brunnen mit einer Wasser speienden Flussgottmaske.

So original das Ensemble auch auf den ersten Blick anmutet, es befindet sich weder in ursprünglicher Lage – gefunden wurde das Straßenpflaster beim Bau des Römisch-Germanischen Museums, es musste der geplanten Tiefgarage am Dom weichen – noch stimmt die Fugung des Pflasters mit dem Original überein: Das römische Pflaster hatte schmalere Fugen und war bequemer zu befahren.

Der Brunnen ist nach Vorbildern aus Pompeji neu gebaut worden und soll an die Wasserversorgung der CCAA mit frischem Quellwasser erinnern. Der Wasserspeier ist die Kopie einer im Römisch-Germanischen Museum ausgestellten Flussgottmaske aus Köln.

Die römischen Straßen hatten einen festen Untergrund aus Bruchsteinen, abgedeckt von einer dicken festgestampften Schotterschicht. Außerhalb der Städte legten die Römer ihre Straßen bevorzugt auf Flussterrassen an. Das dafür nötige Baumaterial gewannen sie aus den zu beiden Seiten der Straße ausgehobenen Gräben. Nur im Bereich von Städten wurden die Straßen gepflastert.

Reit- und Tragtiere waren das Transportmittel für den Landverkehr, daneben gab es Reisewagen und Lastkarren. Ein rekonstruierter Reisewagen ist im Römisch-Germanischen Museum, in der Südostecke des Hauptgeschosses, ausgestellt. Schwere Lasten wurden bevorzugt mit Schiffen transportiert.

Einen Rückschluss auf die **Gewerbestruktur** der CCAA vermitteln die meist in Gräbern gefundenen Gewerbeerzeugnisse, die im ❼ **Römisch-Germanischen Museum** ausgestellt sind. Die in Köln vorgefundene Produktpalette umfasst Alltagsgegenstände wie Möbelbeschläge, Schlösser, Installationsteile, Öllampen, Trinkgefäße

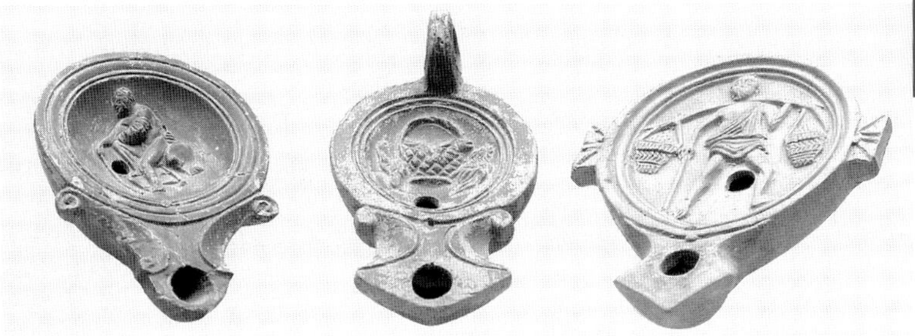

Ovale Öllampen, deren Hohlraum mit Olivenöl als Brennmaterial gefüllt war. Im Schnabelbereich befand sich der Docht aus Hanf oder Flachs. Die Schmuckformen wurden unter Verwendung von Matrizen hergestellt (Massenproduktion). (RGM)

und Geschirr aus Ton und Glas (Untergeschoss »Tägliches Leben«) wie auch etwa Schmuck (»Schatzkammer« im Hauptgeschoss) und Kosmetikutensilien (Vitrine 16). Zwar kann nicht zweifelsfrei bewiesen werden, dass all diese Gegenstände auch in Köln hergestellt worden sind, doch wird in römischer Zeit für diese meist billigen Massenartikel ein aufwendiger Transport über weite Strecken kaum rentabel gewesen sein. Für eine Produktion vor Ort spricht zudem die Tatsache, dass in mehreren Kölner Gräbern baugleiche Exemplare gefunden wurden.

Fabricius, Künstlername aus der CCAA, auf der Rückseite eines Weihesteins für Matronen überliefert

Zwei für Köln sicher nachgewiesene Gewerbe seien wegen ihrer besonderen Bedeutung in der CCAA herausgegriffen: das Töpfer- und das Glasbläsergewerbe. Von den jeweiligen Produktionsstätten fand man Reste ehemaliger Öfen und zahlreiche Scherben. Wegen der von ihnen ausgehenden Feuergefahr waren beide Gewerbe fast ausnahmslos vor den Stadtmauern angesiedelt.

Die **Töpfer** produzierten vorwiegend Massenwaren wie beispielsweise Öllampen. Als Brennstoff diente Olivenöl, das durch ein Loch an der Oberseite in den Hohlraum der Lampen gefüllt wurde. Im Schnauzenbereich der meist ovalen Lampen steckte ein Docht aus Hanf oder Flachs. Unter Verwendung von Matrizen ließ sich die Form der Lampen variabel gestalten, konnte die Oberfläche mit vielerlei Schmuckformen versehen und der Preis auch durch große Stückzahlen niedrig gehalten werden. Ausnahmsweise erfahren wir einmal etwas über einen Produzenten, etwa bei den Matronen in Vitrine 17 ist auf der Rückseite vermerkt CCAA IPSE FABRICIUS F(ecit): »in Köln selbst von Fabricius hergestellt«.

In der Studiengalerie im Hauptgeschoss des Museums ist die Entwicklung der römischen Öllampen ausgestellt. Hier findet sich eine große Vielfalt an Dekors: Szenen aus Zirkus, Arena und Theater.

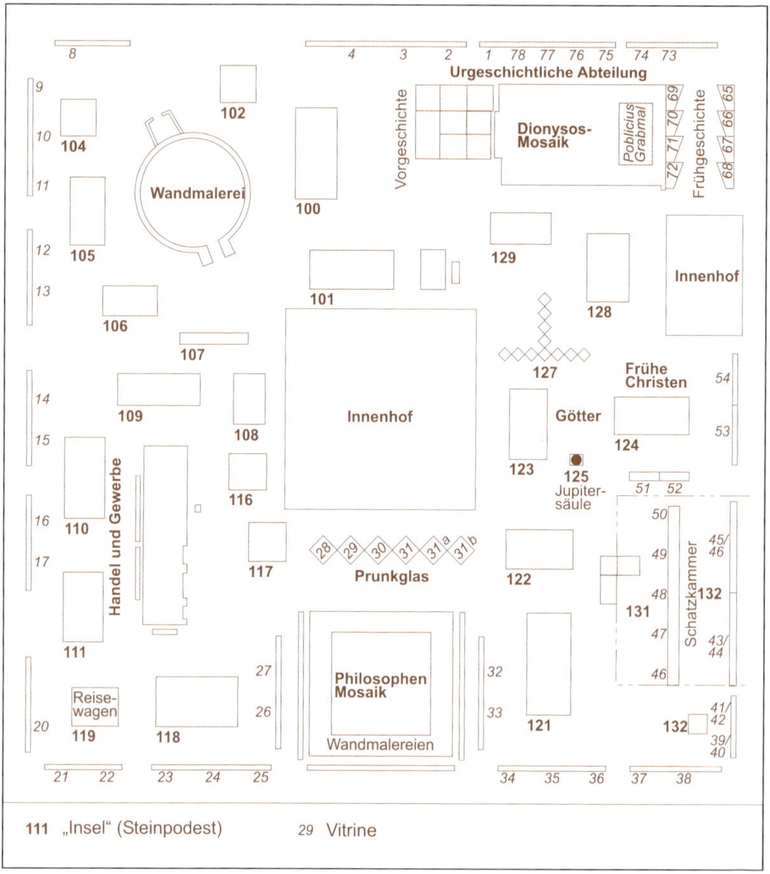

Übersicht über das Hauptgeschoss des Römisch-Germanischen Museums

Glasprodukte waren in der Herstellung wesentlich teurer als Tonwaren. Als Beigaben in den Gräbern der einfachen Bevölkerung sucht man sie daher vergeblich. Zu den Meisterwerken Kölner Glasbläser aus der Spätantike zählen neben den Buntgläsern, den Nuppengefäßen, den Hoch- und Tiefschliffgläsern und den Diatretgläsern die Schlangenfadengläser, die als Kölner Spezialität weit über den regionalen Markt hinaus Absatz fanden.

In der Abteilung »Prunkglas« (zwischen Philosophenmosaik und Innenhof) finden sich in einer Vitrine die so genannten »Kölner Gläser«, von denen einige kurz vorgestellt werden sollen: Als Schlangenfadengläser werden Glasgefäße bezeichnet, die mit feinen schlangenförmigen Glasfäden versehen sind. Zu sehen sind zwei Pokale aus grünem Glas, auf die im Wechsel Goldfäden und weiße Glasfäden aufgeschmolzen sind; Letztere wirken wie eine schwungvolle Unterschrift, daher die Bezeichnung »Kölner Schnörkel«. Das dünnwandige Kännchen aus entfärbtem Glas ist mit blauem und entfärbtem, vergoldetem Fadendekor verziert. Das gleiche Dekor trägt auch die runde Griffschale. Kännchen und Schale, die man unversehrt bei Grabungen an der Luxemburger Straße gefunden hatte, stellen ein typisches antikes Gefäßpaar dar. Man verwendete es zum Säubern der Finger während der Mahlzeiten. Eine weitere Flasche wurde birnenförmig aufgeblasen und dann an vier Seiten flachgedrückt. Sowohl der Flaschenkörper als auch die »Kölner Schnörkel« darauf bestehen aus entfärbtem Glas.

Das Prunkstück des Fadenglas-Ensembles ist die 1893 an der Luxemburger Straße ausgegrabene plattbauchige Flasche. Sie hat einen leicht konkav gewölbten Fuß, einen kräftigen Stängel und ist mit ohrenförmigen Henkeln versehen. Das bunte Fadendekor besteht aus kreuzweise angeordneten Blättern mit goldenen Blatträndern und blauen Blattrippen. In den Zwischenfeldern befinden sich bunte »Wurmkörper« (Taenien), mit vergoldeten Schnörkelenden. Diese Flasche ist das vollendete Meisterwerk der Fadendekortechnik und setzt gleichzeitig einen modischen Schlusspunkt; an der Wende zum 4. Jahrhundert setzen sich andere Gefäßformen und Dekortechniken durch.

Plattbauchige Fadenglas-Flasche mit Fuß und ohrenförmigen Henkeln sowie buntem Fadendekor – Höhepunkt der Kölner Glasproduktion zur Römerzeit (RGM)

Die Bedeutung des Kölner **Handels** zur Römerzeit belegen neben den Handelsgütern die epigrafischen Zeugnisse, etwa auf Grabsteinen oder als Weiheinschriften.

Auf der Insel 110 im Hauptgeschoss des Römisch-Germanischen Museums steht der Grabstein des Sextus Haparonius, eines *Negotiator Seplasiario*, d.h. eines Duftstoffe-Händlers. Die Produktgattung ist hierbei von Seplasia, einem Stadtteil Capuas, abgeleitet, der für seine Kosmetika berühmt war. Ein weiterer Grabstein (Insel 104) trägt den Namen eines Sklavenhändlers (Mango) C. Aiacius. Und die in Stein geschlagene Weiheinschrift für Apollo (Insel 118) wurde von C. Aurelius Verus, einem Kaufmann im Britannienhandel (*Negotiator Britannicianus*) in Auftrag gegeben. Ferner sind für Köln epigrafisch belegt: ein Weinhändler, ein Großhändler von Gesteinsquadern, ein Getreidehändler, ein Keramikhändler und ein Geldwechsler. Man kann davon ausgehen, dass die Wohnhäuser der ortsansässigen Handwerker zugleich Werkstätte und Laden beherbergten. Ungewöhnlich für eine Stadt wie Köln erscheint der Mangel an konkreten Hinweisen auf das Bäcker- und Metzgerhandwerk. Im in mancher Hinsicht mit Köln ver-

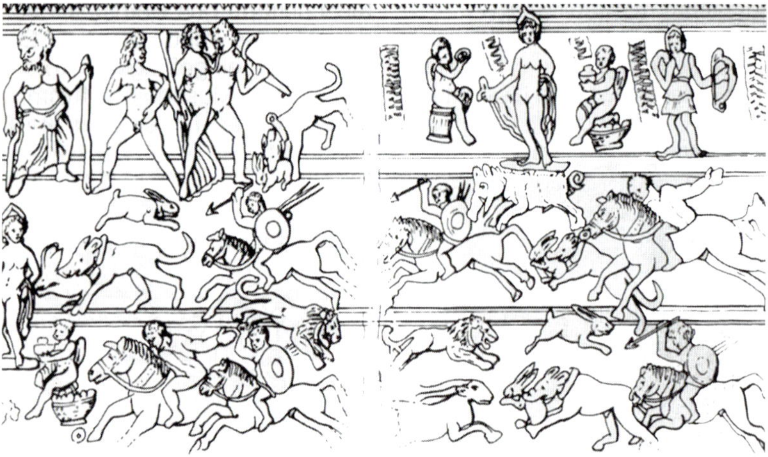

Abrollbild des Reliefs einer Kanne, die aus Nordafrika importiert wurde, mit Götterfiguren (u.a. Venus u. Diana) und Jagdszenen (RGM)

gleichbaren Xanten konnte man z.B. anhand ausgegrabener Mahlsteine von recht geringer Größe, die der Mehlherstellung dienten, auf Bäckereien schließen. In Köln sind diese Spuren durch die starke Überbauung der römischen Stadt bislang nicht nachgewiesen.

Auf den Groß- und Fernhandel der CCAA verweisen indirekt die in Köln produzierten Massengüter und Luxusartikel wie die Schlangenfaden- und andere Prunkgläser (Vitrinen 28–31).

Mit Figurenschmuck versehene Keramik wurde zwar auch in Köln hergestellt, besonders ausgefallene und feine Reliefkeramik importierte man aber von weither, etwa aus Kleinasien und Nordafrika (Vitrinen 24–26, Sammlung Löffler). Aus Nordafrika stammt die abgebildete Reliefkanne. Sie besteht aus verschiedenen Einzelteilen: dem Kannenhals und den beiden Henkeln, dem Kannenboden und zwei Formhälften. Die Bildelemente drückte man mit Hilfe von Modeln in den noch feuchten Ton der beiden Formhälften ein, dann wurden die Tonplatten zylinderförmig gebogen. Der Brand verband die einzelnen Kannenteile miteinander. Das Abrollbild des Reliefs lässt im oberen Fries deutlich Venus und Diana (rechts) sowie Herkules und eine göttliche Dreiergruppe erkennen. Die unteren beiden Friese zeigen Jagdszenen.

Zu den beliebtesten **Freizeitaktivitäten** der Römer gehörte, laut zeitgenössischer schriftlicher Quellen, der Besuch von Thermen, Wettkampfstätten (Amphitheater) und Theatern. Die Existenz der Thermen in der CCAA konnte man bei St. Cäcilien nachweisen: Dort wurden ein großes Becken eines Heißwasserbades (*caldarium*) sowie Boden- und Wandreste eines nicht geheizten Wasserbeckens (*frigidarium*) freigelegt. Auch gibt es einige Hinweise auf ein Theater der Colonia: neben der prägnanten Theatermaske einige Kleinplastiken, beispielsweise die eines Mimen, der eine Maske betrachtet

Grabstein der Gladiatoren Aquilius und Muranus. Hinweis auf ein beliebtes Freizeitvergnügen, den Besuch von Kampfspielen im Amphitheater. (RGM)

(Vitrine 35), und eine Schale, die Orpheus, den begnadeten Sänger und Kitharaspieler zeigt. Er ist im Kreis von Tieren und Pflanzen abgebildet, die von seiner Musik verzaubert sind. Der thrakische Orpheus galt als Vater der Musik und der Lyrik (Vitrine 34).

Am eindeutigsten sind jedoch die Hinweise auf eine Wettkampfarena. In der Lungengasse wurden Fragmente eines Gladiatorenmosaiks gefunden, die im Römisch-Germanischen Museum (Insel 121) zu sehen sind. In der Vitrine 36 sind Kleinplastiken auf so genannten Jagdbechern und einer Feldflasche ausgestellt. Auf einem Jagdbecher ist der Kampf eines Bären mit einem Stier, auf einem anderen der Kampf eines nur mit einer Peitsche bewaffneten Gladiators mit einem Bären dargestellt. Das wichtigste Indiz aber liefert ein Grabstein, den Patrone für ihre freigelassenen Sklaven, die Gladiatoren Aquilius und Muranus, gestiftet haben. Die beiden Schaukämpfer auf der Stele sind in typischer Kampfrüstung abgebildet – mit Beinschienen, einem kurzen Rock und Federbuschhelm, jedoch unterschiedlich großen Schwertern und Schilden (Insel 121). Wo genau sich Theater und Amphitheater befunden haben könnten, ist unbekannt.

Die römische Stadt kannte grundsätzlich zwei verschiedene Arten von **Wohnhäusern**. Die Oberschicht wohnte, laut schriftlicher Quellen und gesicherter Ausgrabungen auch in anderen Städten, in geräumigen Villen, deren Räume sich um einen offenen Hof (Peristyl) oder um eine Halle (Atrium) gruppierten. Die Mittel- und Unterschicht bewohnte teils mehrgeschossige Mietshäuser, deren Straßenfront vielfach von Gewerberäumen wie Läden, Werkstätten oder Tavernen eingenommen wurde.

Südlich des Doms, unter dem heutigen Römisch-Germanischen Museum, legte man ein Peristylhaus frei. Allein die Grundfläche

Modell des südlich vom Dom ausgegrabenen Peristylhauses mit Mosaikfußböden (Dionysos-Mosaik) und Fußbodenheizung

von 2.600 qm lässt auf einen sehr wohlhabenden Besitzer schließen. Außerdem entdeckte man darin das berühmte Dionysos-Mosaik. Es befindet sich heute im Untergeschoss des Römisch-Germanischen Museums an seinem ursprünglichen Ort. Dieses Sinnbild des Luxus schmückte einen 74 qm großen Saal. Ein weiteres Mosaik, das Epikur-Mosaik, verzierte den Boden eines kleineren Raums. Andere Räume im Nordteil der Villa waren mit Hypokaustenheizungen, den Fußbodenheizungen, versehen. Sie galten als Grundausstattung gehobenen Komforts.

Um dem Besucher einen Eindruck von der Prachtentfaltung und dem Luxus römischer Wohnräume zu vermitteln, stellte man im Hauptgeschoss des Römisch-Germanischen Museums das bei St. Cäcilien ausgegrabene Philosophen-Mosaik aus dem 3. Jahrhundert mit den südlich des Doms gefundenen Wandmalereien aus dem 1. Jahrhundert zu einem Festraum-Ensemble zusammen. Man betritt den Raum über eine dreistufige Treppe, der Eingang wird durch zwei grüne Marmorsäulen markiert, die beide von einem doppelgesichtigen Januskopf gekrönt sind. Die Medaillons der griechischen Philosophen des Mosaiks sind in ein komplexes Muster aus geometrischen und floralen Formen eingefügt. Von den Motiven der Wandbilder der drei Raumwände sei nur eines herausgegriffen: Es befindet sich im Mittelfeld der Ostwand und zeigt auf dunklem Grund drei geflügelte Eroten bei der Weinlese unter der Aufsicht eines Satyrn.

Der Grabstein des Veteranen Celerinus und seiner Frau vermittelt einen Eindruck von der Wohnungseinrichtung der römischen Mittelschicht: Liegestatt (Kline) für den Mann, Korbsessel für die Frau, Einständertisch. (RGM)

Über die Konstruktion von Mietshäusern für die Mittel- und Unterschicht in der CCAA ist wenig bekannt. Nachgewiesen wurden im Domumfeld lediglich Laubengänge, die auf gewerbliche Einrichtungen und die angegliederten Wohngelegenheiten der Gewerbetreibenden verweisen.

Einen guten Einblick in die Wohnverhältnisse der begüterten Mittelschicht vermittelt die häusliche Szene auf dem Grabstein des Marcus Valerius Ce-

lerinus (Insel 108): Dort sind mit dem Korbsessel für die Frau, der Kline für den Mann und einem niedrigen runden Tisch, auf dem Speisen und Getränke stehen, alle wichtigen Einrichtungsgegenstände erkennbar, die in Köln mehrfach nachgewiesen werden konnten.

Festraum-Ensemble der römischen Oberschicht in Köln, mit Fußboden-Mosaik und Wandmalerei.

Die Abteilung »Götter« im Hauptgeschoss des Römisch-Germanischen Museums vermittelt eine ungefähre Vorstellung von der überreichen Götterwelt (Pantheon) des römischen Rheinlandes. Jupiter, Juno und Minerva – die kapitolinische Trias – galten als Staatsgötter (vgl. etwa Insel 123 »Alte Götter«). Ihre Verehrung war Pflicht. Später wurden in ähnlicher Weise auch die gottgleichen Kaiser, etwa Augustus und seine Gemahlin Livia (Insel 100) oder Claudius (Insel 102), verehrt. Über Soldaten und Händler fanden orientalische Gottheiten und Erlöserreligionen Einzug ins Rheinland. Im Unterschied zum politisch motivierten Staatskult vermochten diese sowohl den Verstand als auch das Gefühl anzusprechen. Zu sehen sind in der Abteilung »Alte Götter« außerdem Figuren der ägyptischen Göttin Isis und des urtümlichen griechischen Fruchtbarkeitsgottes Priapus, der in zwergenhafter Gestalt mit übergroßem Phallus dargestellt ist (Insel 122). Auch konnte man in Köln den Mithras-Kult nachweisen. Der blieb allerdings hauptsächlich Eliten vorbehalten.

Die Vielzahl der im niedergermanischen Raum in Form von Tonstatuetten, epigrafischen Dokumenten und auf Grabstelen vorgefundenen **Matronen** zeugt von der besonderen Verehrung dieser Muttergöttinnen. Die Attribute der Matres – Fruchtkörbe, Feldfrüchte und Hunde – deuten auf die Überlagerung von einheimi-

Die an Rhein und Mosel verehrten Matronen treten immer in Dreizahl auf, wobei die beiden äußeren eine Haube tragen als Zeichen ihres Ehestandes; die mittlere ist als Jungfrau mit offenen Haaren dargestellt.

schen Traditionen und orientalischen Einflüssen. Sie sind zugleich Symbole ihrer göttlichen Gewalt über Leben (Fruchtkörbe), Zeit (Jahreszeiten, Feldfrüchte) und Tod (Hunde). Der Weihestein für die *Matronis Axsinginehis* aus dem 2. Jahrhundert hat die Form eines Tempels (Insel 111). Von der typischen Dreiergruppe der Matronen ist die mittlere kleiner und trägt ihr Haar offen, ein Zeichen ihrer Jungfräulichkeit; die beiden äußeren Matres sind größer und tragen große Hauben als Sinnbild ihres Ehestandes. Auf den Seitenflächen des Weihesteins sind Diener abgebildet, die Opfergaben herbeitragen. Die Inschrift schließt mit einer Weiheformel in abgekürzter Form: V.S.L.M. (kurz für *Votum Solvit Libens Merito: Das Gelübde erfüllte er/sie freudig nach erwiesener Wohltat*). Der Anlass für die Setzung eines solchen Weihesteines wird nur selten mitgeteilt, so auf dem Stein des Mansuetus, der den Matronen für ihren Schutz bei den Kämpfen mit den Parthern im Kaukasus dankt. Die Römer haben ihre Verstorbenen auf Grabmälern immer wieder in ihrer irdischen Umgebung dargestellt – z.B. als Reiter oder Gladiatoren im Kampf (Insel 121/124) oder beim Totenmahl. Ein anschauliches Beispiel ist das Grabmal, das Maternus für seine verstorbene Frau, die »süßeste und keuscheste«, errichten ließ. Es zeigt beide in einer familiären Szene mit einem Hund als dem Symbol des Todes auf der Kline (Insel 109). Die Römer glaubten also wie die meisten Völker an ein Weiterleben nach dem Tod, und zwar an ein schattenhaftes Leben, frei von physischen Mängeln und irdischen Beschränkungen, in dem sich jedoch das irdische Leben widerspiegelte (*speculum vitae*).

❽ **Praetorium** (Rathaus – Spanischer Bau)

Unter dem Nachfolgebau des kriegszerstörten »Spanischen Baus«, der zum Komplex des alten Rathauses gehört, können die Ausgrabungsbefunde des römischen Praetoriums besichtigt werden. Als Leitlinie für die Besichtigung dient ein Besuchersteg; an seinem Anfang steht ein ockerfarbenes Rekonstruktionsmodell, das den spätantiken letzten Bau des Praetoriums zu veranschaulichen sucht.

Unmittelbar vor dem Modell befindet sich die Mauer eines Gebäudes aus der zweiten Bauperiode (»Haus an der Stadtmauer«), einige Meter dahinter stehen Mauern der rund 11 m breiten Fassade des nördlichen Seitenflügels (»Apsidensaals«), der, wie das

Modell zeigt, in drei Achsen gegliedert und im Westen von einer Apsis abgeschlossen wurde. Der Besuchersteg folgt nun auf 28 m Länge der Front einer insgesamt 69 m langen Portikus-Galerie; zu erkennen sind die etwas aus der Mauerflucht vorspringenden Pilaster und die dazwischen liegenden 3 m breiten Wandfelder. Bei genauem Hinsehen kann man stellenweise ockerfarbene Putzreste der Galerie-Fassade und eine Mauerfuge ausmachen, entlang derer sich die Mauer nördlich davon aufgrund der schwächeren Fundamentierung abgesenkt hat. Der Weg knickt nach rechts ab und eröffnet den Blick auf eine 6 m breite Portikus-Galerie, rechts die östliche Schaufront, links die Rückfront. Nun umläuft der Steg einen oktogonalen Zentralraum. Seine Mauer ist außen und innen mit Tuffstein verschalt, der Zwischenraum ist mit *opus caementicium* gefüllt. Risse in der Mauer verweisen wiederum auf Schwachstellen im Fundament, eventuell auch auf Erdbeben. Von der Ostseite des Zentralraums lässt sich die mehrfache Verlagerung der Bauten zum Rhein hin erkennen:

Bau I	(vor dem Mauerbau): eine lange Mauer, parallel dazu eine Mauer mit Pilastervorsprüngen (ganz links)
Bau II	(2. Hälfte 1. Jh. n. Chr.): Einige Meter rheinwärts Pilastermauer, in deren Fortsetzung der Konchenbau lag
Bau III	(Neubau 2. Hälfte 2. Jh.): Zweite Verlagerung rheinwärts um einige Meter: Mauer des Galeriegebäude (direkt vor dem Betrachter)
Bau IV	(Neubau 4. Jh.): Dritte Verlagerung rheinwärts: Portikus-Galerie (einige Meter weiter rechts, am Besuchersteg)

Der Besuchersteg folgt nun der Westmauer des »Großen Gevierts«, eines großen Saals der spätantiken Periode, der sich nörd-

Originalmauer des Praetoriums aus dem 4. Jh. (Portikus-Galerie) mit vorgelagertem Rekonstruktionsmodell des spätrömischen Praetoriums

lich an den Zentralbau anschloss. Ein gleichgroßer Saal befand sich auch südlich des Oktogons.

Die vom Besucher zurückzulegenden Entfernungen lassen bereits die imposante Größe des Komplexes erahnen. Ausgegraben wurden aber nur die rheinwärtigen Repräsentationsbauten, nicht der Komplex der Verwaltungsbauten, die sich westlich anschlossen. Insgesamt reichte der spätantike Praetoriumskomplex von der Rheinmauer bis zum *Cardo Maximus* (Hohe Straße) und von der Budengasse bis Obenmarspforten; er nahm damit vier Baublöcke (*insulae*) ein.

Das Rekonstruktionsmodell fasst wichtige Beobachtungen des Rundganges zusammen und vermittelt einen Eindruck von der Pracht des spätantiken Repräsentationsbaus. Eine lange eingeschossige, durch Fenster und Rundbögen gegliederte Portikus-Galerie wird in der Mitte von einem außen oktogonalen und innen runden Turmbau überragt und an beiden Enden von doppelgeschossigen Seitenflügeln, den Apsidensälen, abgeschlossen. Von seiner architektonischen Gestalt her erscheint das Gebäude also als ausgesprochener Repräsentationsbau, wie eine in Palastdimensionen gesteigerte *villa rustica*.

Das Praetorium war der Sitz des römischen Statthalters und damit das wichtigste öffentliche Gebäude der Provinzhauptstadt CCAA. Der Statthalter übte als Vertreter des Kaisers die Herrschaft aus, d.h., er stand der Provinzverwaltung vor, er besaß die hohe und niedere Gerichtsbarkeit sowie die Polizeigewalt und befehligte bis ins 3. Jahrhundert das Militär der Provinz.

Zu den eindrucksvollsten und kulturhistorisch bedeutendsten römischen Grabmälern im Raum Köln gehört die ❾ **Grabkammer von Weiden** (Aachener Str. 1328). Sie liegt etwa 9 km vor der Stadtbefestigung der CCAA, an der westlichen Ausfallstraße nach Tongeren/Bavay, der heutigen Aachener Straße, und gehört zu einer noch nicht identifizierten *villa rustica*. Die Grabkammer liegt rund 6 m unter dem heutigen Straßenniveau und ist über eine Treppe aus jeweils zwei Stufen umfassenden Tuffblöcken zugänglich. Der rechteckige Raum misst 4,50 x 3,50 m und ist nach oben durch ein Tonnengewölbe abgeschlossen. Die beiden Seitenwände und die Stirnwand weisen jeweils eine große Nische auf, die von marmorverkleideten Liegen, den Klinen, eingenommen werden. Vor den Klinen der Seitennischen steht jeweils ein aus Kalkstein nachgebildeter Korbsessel mit Sitzkissen. Gleichmäßig verteilt sowohl auf die (Seiten-)Wände der Grabkammer als auch der großen Nischen selbst befinden sich neunundzwanzig klei-

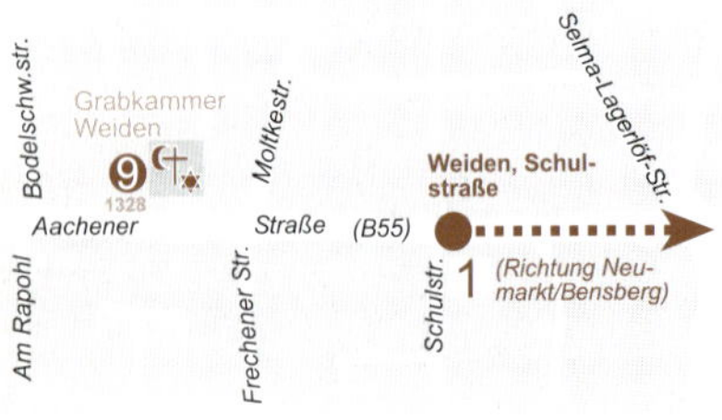

ne Nischen, die Platz boten für Büsten Verstorbener oder Opfer und Beigaben. Funde von Keramikscherben lassen eine Datierung der Grabkammer in die Mitte des 2. Jahrhunderts zu. Die drei aus Marmor gefertigten Grabbüsten, vermutlich Darstellungen von hier Begrabenen, stammen aus den Jahren 190–200 n. Chr. Darauf deuten Stilvergleiche mit Kaiserbüsten. Die Einrichtung der Grabkammer als Speiseraum für die Verstorbenen ist von großer kulturgeschichtlicher Bedeutung. Die Klinen, traditionell für die Männer, und die Sessel für die Frauen sollten den Verstorbenen den angemessenen Rahmen für ein ewiges Leben bei den Freuden der Tafel bieten.

Die rechteckige unterirdische Grabkammer verweist auf einen wichtigen Aspekt der Jenseitsvorstellung. Die Römer glaubten an ein schattenhaftes Weiterleben nach dem Tod. Die Klinen boten Männern, die Korbsessel den Frauen einen angemessenen Rahmen für ein ewiges Leben bei den Freuden der Tafel.

Die Grabkammer war ursprünglich für Urnenbegräbnisse vorgesehen. Im 3. Jahrhundert übernahm man auch hier den neuen Brauch der Körperbestattung. Darauf verweist der aus Carrara-Marmor um 300 n. Chr. in Rom gefertigte Sarkophag. Er war zunächst in einem kleinen Tempel über der Grabkammer aufgestellt, doch durch den Einbruch des Tonnengewölbes stürzte er in die Grabkammer hinab. Mittig auf der Frontseite ist das verstorbene Ehepaar in einem Medaillon dargestellt, das von geflügelten Göttinnen, den Viktorinen, gehalten wird. Diese blicken hinter sich auf ebenfalls mit Flügeln ausgestattete und nach Art der Eroten gekleidete Knabengestalten. Ähnliche Knabenfiguren, die Blumen- bzw. Fruchtkörbe tragen, befinden sich auf den Seitenwänden des Sarkophags. Die Deutung der Bildszenerie ist umstritten. Einige Interpreten wollen sie als symbolhafte Darstellung des ewigen Lebens verstehen.

Auf den Spuren des frühen Mittelalters

Stationen: ❶ Stadtmuseum ❷ St. Gereon ❸ Grabungsbefund unter dem Dom ❹ Domschatzkammer ❺ Römisch-Germanisches Museum ❻ Aula Regia (Praetorium)

EINFÜHRUNG IN DAS ZEITALTER

Mit Ende des 3. Jahrhunderts setzte im gesamten römischen Reich ein spürbarer Niedergang ein. Diesem Sog konnte sich auch die römische Colonia nicht lange entziehen, trotz ihrer städtischen Strukturen, der öffentlichen Bauten, der politischen und wirtschaftlichen Zentralität eines weit nach Nordwesten reichenden Einflusses sowie eines regen Handels in den Gebieten östlich des Rheins, der formal die Grenze zum »freien« Germanien bildete.

Es war eine nicht mit einem konkreten Datum zu belegende Veränderung, die sich in der Festlegung von Höchstpreisen für fast alle gewerblichen und landwirtschaftlichen Produkte und der steigenden Bedrohung durch wandernde Völker zeigte. Ein katastrophaler Währungsverfall zog die Hinwendung zur Naturalwirtschaft nach sich. Staatlich verordnete Zwangsmaßnahmen – wie die Verbote, die Ländereien zu verlassen, die Beschränkung der Berufswahl und die »Colonenwirtschaft« mit der Bodenbindung der Pächter (Colonen) – konnten auf Dauer den allgemeinen Niedergang des ehemals mächtigen Römischen Reiches nicht aufhalten.

Die Provinzen begannen sich langsam von Rom zu lösen. Sie hatten bereits, zumindest in den Gebieten am Rhein, Gallier und Germanen assimiliert, von denen viele innerhalb des römischen Herrschaftsbereichs zu einer gallo-römischen Elite aufgestiegen waren. Sie hatten sich früh dem Christentum geöffnet, das auch hier zunächst eine städtische Religion blieb, in Abgrenzung zum Umland, dem *pagus* (= mittelalterlich: Gau), in dem die *pagani*, die Heiden, lebten.

Die Quellenlage für das 4.-7. Jahrhundert ist sehr dürftig und zudem parteiisch. Die römischen Quellen zeichnen sich grundsätzlich durch die Abwertung der »Barbaren« und ihres Handelns aus. Die über viele Jahre hinweg kontrovers geführte wissenschaftliche Diskussion um Kontinuität und Diskontinuität beim Übergang von Antike zum Mittelalter war vielfach von Emotionen belastet, die in der hohen Bewertung römischer Kultur und Zivilisation auf der ei-

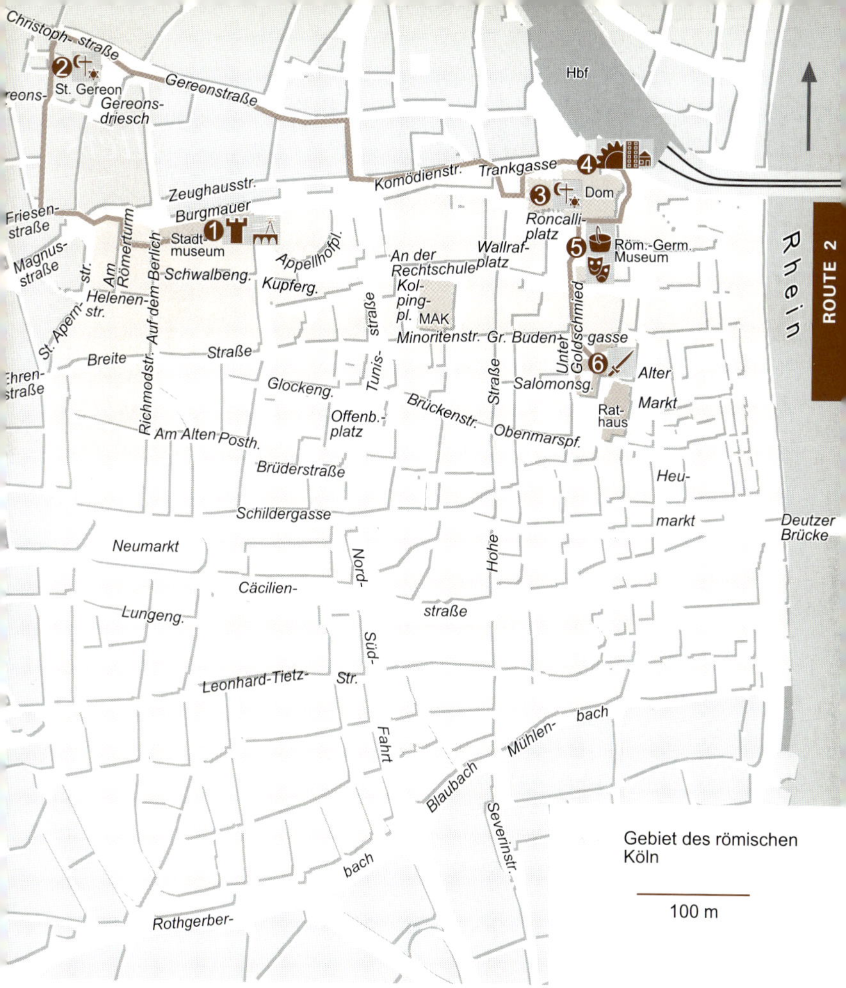

nen Seite und dem Bild nomadisierender, marodierender, brutaler germanischer Invasoren andererseits zum Ausdruck kamen.

Seit dem Zweiten Weltkrieg gab es zahlreiche archäologische Grabungen, die das Bild dieser Jahrhunderte durch dingliche Quellen ein wenig erhellen.

Die Stadt Köln ist seit Mitte des 4. Jahrhunderts mehrfach durch die Franken erobert und zum Teil verwüstet worden. So sind im Jahre 355 mit Sicherheit ein Teil des Praetoriums sowie zahlreiche Häuser der Umgebung zerstört worden; auch das Haus des Dionysos-Mosaiks wurde durch Brand beschädigt. Kaiser Julian konnte die Stadt jedoch bald zurückerobern und ließ sie wieder aufbauen. Gleichwohl war die Grenzstadt am Rhein auch später ständig bedroht und offenbar entvölkerte sich die Stadt allmählich ebenso wie das von ihr abhängige Umland. Seit dem 5. Jahrhundert existierte Köln als römische Stadt nicht mehr. Mit den Amtsträgern verschwanden auch die Verwaltung und die militärische Organisation. Die *villae rusticae* wurden aufgegeben, weil sie nicht mehr sicher waren; die Wasserleitungen verfielen und wurden sogar als Steinbruch verwendet. Doch noch immer stand die Römermauer und bot Schutz. Einige typische Gewerbe wie die Glasproduktion blieben in Köln und erlaubten die Existenz einer arbeitsteiligen Gesellschaft. Ein Teil der alten Bauten wurde weiter genutzt, beispielsweise als Herrschaftssitz ripuarischer Könige. Die Tatsache, dass hier nach wie vor Münzen geprägt wurden und auch der Handel nicht ganz versiegte, obwohl der weite Markt des römischen Imperiums längst zusammengebrochen war, zeugt auch für diese Jahrhunderte von der Bedeutung Kölns als Stadt und als Verwaltungssitz. Vor allem aber trugen die Christen römische Zivilisation und römische Sprache weiter. Fast alle römischen Civitates wurden früh zu Bischofssitzen, die in ihrer Organisation alte Verwaltungseinheiten übernahmen. Rudimentär ging städtisches Leben weiter, doch offensichtlich konnten die neuen Bewohner der Region die vorgefundene Zivilisation und die reichsweite römische Volkswirtschaft weder verstehen noch nutzen. Ehemalige Städte wurden zu Gemeinden, in denen die Menschen ihren Lebensunterhalt vorwiegend durch Landwirtschaft sicherten. So war es im Wesentlichen das Christentum, das mit seiner Episkopalverfassung die römische Überlieferung bewahrte und auf diese Weise eine Brücke von der Antike zum Mittelalter schlug.

Die merowingisch-fränkische Zeit ist die am wenigsten fassbare Epoche in der Kölner Stadtentwicklung. Das liegt zum einen an den überwiegend römischen Schriftquellen mit ihrer abschätzigen Bewertung der (siegreichen) Franken als Barbaren. Es liegt aber auch daran, dass die Franken ihre eigenen neuen Bauten aus vergänglichem Fachwerk errichteten und ansonsten die vorhandenen römischen Gebäude wie das Praetorium/Regia nutzten. Zudem sind fränkische Spuren bei unsachgemäßen Grabungen oft verwischt worden, da man allzu sehr auf römische Zeugnisse fixiert war. Besonders wichtig für die Rekonstruktion des frühen Mittelalters in Köln sind daher die erfolgreichen und sachgemäßen Grabungen, die in jüngerer Zeit unter St. Severin, unter dem Dom, um St. Alban und zuletzt am Heumarkt durchgeführt worden sind. Die hierbei gewonnenen Funde sind heute als Exponate – in neuem musealem Zusammenhang – im Römisch-Germanischen Museum, im Diözesanmuseum, im Kölnischen Stadtmuseum und in der Domschatzkammer ausgestellt. Einige sind an den Grabungsstätten *in situ* zu sehen.

Reste nachweislicher Vorgängerbauten alter Kirchen aus merowingischer und fränkischer Zeit, die bis ins 4. Jahrhundert zurückreichen, sind für den heutigen Besucher nicht ohne weiteres erkennbar. Hierzu zählen etwa christliche Versammlungsstätten, so genannte *cellae memoriae*, oder Kapellen unter alten Kirchen wie St. Ursula oder St. Gereon.

Wer sich also in Köln auf Spurensuche nach der merowingisch-fränkischen Zeit begibt, muss in der Regel Museen aufsuchen oder in den »Untergrund« hinabsteigen.

Die von den Römern errichtete **Stadtbefestigung** bot Kölns Bewohnern Schutz bis ins hohe Mittelalter – bis zum Bau der beiden hochmittelalterlichen Mauern in den Jahren 1106 und 1180. Allerdings musste die Verteidigung der Mauer organisiert sein bzw. genügend Verteidiger zur Verfügung stehen, was in der Spätantike und im frühen Mittelalter nicht immer der Fall war: Man denke etwa an den Frankensturm 355 oder den Normannenraubzug 881. Ein 3 m hohes Relikt der Römermauer ist westlich der Alten Wache zu sehen; die Südwand des Zeughauses, des heutigen **1 Kölnischen Stadtmuseums**, benutzt gar die Römermauer als Fundament.

Im Treppenaufgang vom Erdgeschoss zum Obergeschoss des Kölnischen Stadtmuseums hängt ein 5,5 m langes **Lackprofil**, an dem man die Abfolge der Bodenschichten am Heumarkt von der Römerzeit bis zur Gegenwart ablesen und damit 2000 Jahre stadtgeschichtliche Entwicklung nachvollziehen kann. Dieses Profilband ist das Ergebnis der Grabungen aus den 1990er Jahren. Man liest das Profil am besten von oben nach unten, d.h. von der Gegenwart ausgehend in die Vergangenheit. Der grobe Ziegelschutt etwa ab 30 cm unter der heutigen Geländeoberkante (Teerdecke) ist der Bauschutt der frühen Nachkriegsjahre. Interessant sind die drei dünnen Kiesbänder in 1,70 m, 2,30 m und 3,20 m Tiefe: Sie verweisen auf Geländeoberflächen des 12., 11. und 10. Jahrhunderts, als die Oberfläche des Heumarktgebietes mit Kies abgedeckt wurde. Das Gleiche taten bereits die Römer im 3. Jahrhundert, wie das Kiesband in 5,20 m Tiefe deutlich macht. Am interessantesten für die Archäologen war die Zeit vom 4.–9. Jahrhundert, über die man wenig wusste. Das Lackprofil zeigt für diesen Zeitraum eine erstaunlich dichte und nahezu kontinuierliche Besiedlung und Nutzung des späteren Heumarktes an. Es konnten zudem Grubenhäuser aus der merowingischen Zeit und Häuserfundamente aus der karolingischen Zeit nachgewiesen werden.

In merowingisch-fränkischer Zeit entstand eine Reihe von christlichen Kirchen: einige auf Fundamenten römischer Staatsbauten, so Groß St. Martin, St. Maria im Kapitol und St. Georg. Andere gehen auf Memorialkirchen für Märtyrer und Heilige im Bereich von römischen Gräberfeldern zurück. Ebenfalls merowingisch-fränkischen Ursprungs sind die beiden Pfarrkirchen St. Alban und St. Laurenz.

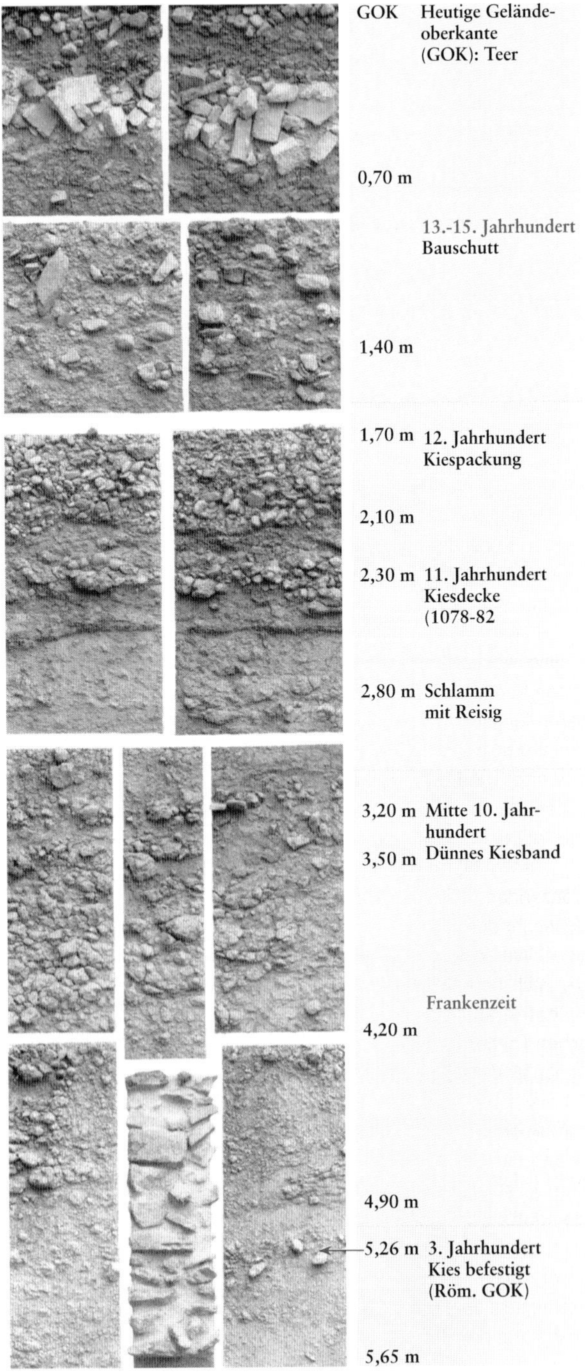

Der Lackabzug einer Grabungskante am Heumarkt lässt bedeutende historische Gesteinsschichten in Form eines Profils erkennen, z.B. die Kiesschichten, mit denen man im Mittelalter die Oberfläche des späteren Heumarktes abdeckte.

Zu den Memorialkirchen zählt der nach dem Dom ehrwürdigste Kölner Kirchenbau, im nordwestlichen Vorfeld der Römerstadt, die ehemalige ❷ **Stiftskirche St. Gereon**. Ihr mächtiger zehneckiger Zentralbau aus dem frühen 13. Jahrhundert (Dekagon) würde die Dimensionen der von zwei Chortürmen flankierten Apsis aus der Mitte des 12. Jahrhunderts sprengen, wenn nicht der gotisch überhöhte Langchor zwischen beiden Bauelementen vermittelte.

Die Ursprünge von St. Gereon gehen auf die Spätantike zurück, auf einen großartigen, vielleicht schon überkuppelten Ovalbau mit je vier Nischen im Norden und Süden, einer etwas größeren Nische im Osten und einer ovalen Vorhalle im Westen, an die sich ein römisches Atrium anschloss.

Vermutlich wurde dieses großartige Bau-Ensemble von einem Vertreter der römischen Kaiserfamilie als Grablege in Auftrag gegeben. Auf diesen Ursprungsbau verweisen beispielsweise noch Rundbögen im Mauerwerk der acht Nischen. Der antike Ovalbau ist also noch vorhanden; er wurde zu Beginn des 13. Jahrhunderts mit dem gewaltigen Dekagon ummantelt und zugleich überhöht! Dieser Bau des Dekagons und seines Gewölbeabschlusses stellt eine außergewöhnliche Leistung des unbekannten Baumeisters aus der Stauferzeit dar, für die es im westlichen Abendland kein Vorbild gab.

Nach Abzug der Römer wurde der antike Ovalbau zu einer christlichen Kirche und bald auch – im 7. und 8. Jahrhundert – zum Versammlungsort und zur Grablege für fränkische Könige. In dieser Zeit wurde der umgewidmete Kirchenbau zur Memorialkirche aufgewertet, und zwar in Verbindung mit der Legende der thebäischen Märtyrer, die, wie Gregor von Tours im Jahr 590 berichtete, den Märtyrertod in Köln fanden. Ihre toten Leiber seien in einen Brunnen geworfen worden, über dem eine prächtige mit goldglänzenden Mosaiken ausgestattete Kirche entstand. Die Kölner gaben ihr den Namen *Ad Sanctos Aureos* (Zu den goldenen Heiligen). Wenig später wurde sie nach dem Anführer der Soldaten aus dem ägyptischen Theben »St. Gereon« benannt. Viele Kölner Erzbischöfe haben mit Spenden zum Ausbau und zur Erweiterung der Stiftskirche über dem Grab der »Goldenen Heiligen« beigetragen, so auch der baufreudige Erzbischof Anno, der die Krypta unter dem Langchor erbauen ließ. Ihr wichtigster Bereich ist die *Confessio* unter dem Gereonsaltar, die Grabstätte der Heiligen, deren Gebeine in drei Steinsarkophagen ruhen.

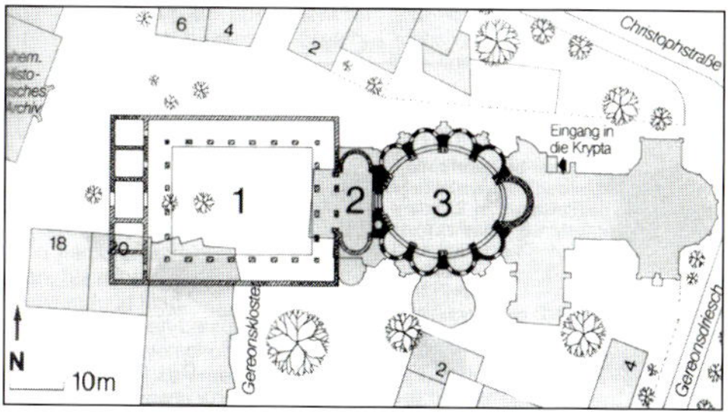

St. Gereon: Das wuchtige Dekagon umhüllt und überhöht den spätantiken Ovalbau (3). Eine elliptische Vorhalle (2) leitet über zum westlich anschließenden Atrium (1).

ROUTE 2

Der Kölner Dom hat eine lange, bis in spätantike Zeit zurückreichende Geschichte. Sie wurde durch Grabungen in den Nachkriegsjahren erhellt. Der ❸ **Grabungsbefund unter dem Dom** ist heute zugänglich.

Dort bietet ein Gipsmodell dem Besucher einen ersten Überblick: Es zeigt den Grundriss des Doms, gegliedert in Würfel. In den Würfeln sind die gefundenen Mauern je nach Entstehungszeit unterschiedlich eingefärbt: Die römischen Mauern sind beispielsweise schwarz, die fränkischen grün gekennzeichnet. Zu den ältesten Bauten aus dem 4. Jahrhundert gehört ein 28 m langes Haus mit Fußbodenheizung, ein so genanntes Hypokausten-Haus, das vielleicht schon unter Bischof Maternus, dem ersten namentlich bekannten Kölner Kirchenfürsten, als Kirche diente und an das sich nach Osten, also zum Rhein hin, ein Atriumshof anschloss. An der Niederterrassenkante befand sich Ende des 4. Jahrhunderts eine Taufkapelle mit einem Taufbecken in Form eines achteckigen Sterns. Unter Bischof Severin, ebenfalls in dieser Zeit, trat an die Stelle des Hypokausten-Hauses, also westlich des Atriumhofes, ein dreischiffiger Kirchenbau, der in mehreren Bauphasen rheinwärts erweitert wurde, bis er um 870 unter Erzbischof Gunthar einem Neubau weichen musste: einer dreischiffigen Basilika mit zwei Chören und zwei Querhäusern sowie einem westlich anschließenden Atrium mit den Wohnungen der Stiftsherren.

Der Abstieg in die Unterwelt des Doms wird für die Besucher zum nachhaltigen Erlebnis, auch wenn die vielen Mauerreste sich nur durch die fachkundige Deutung zu Dombauphasen erschließen.

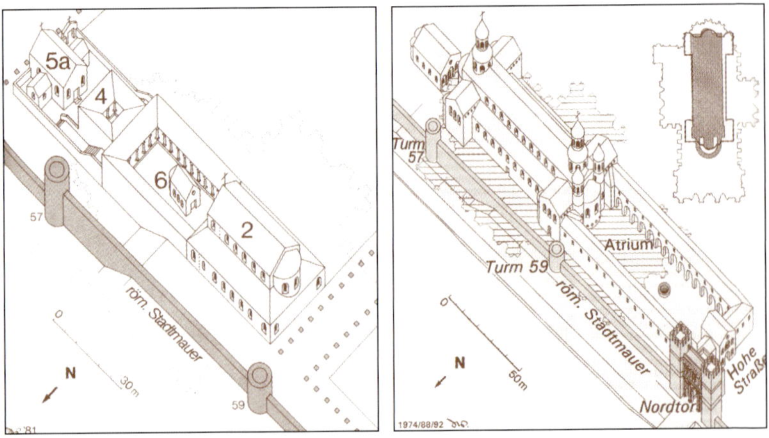

Die beiden Rekonstruktionsskizzen halten zwei Entwicklungszustände des alten Doms fest: den Bauzustand um 550 mit Taufkapelle im Osten und dem westlich anschließenden Atriumshof (darin die Kapelle mit den fränkischen Fürstengräbern) und einer Basilika. Um 870 wird der dreischiffige Neubau des Erzbischofs Gunthar, dem sich im Westen ein Atrium mit den Chorherren-Häusern anschließt, geweiht.

Vom Fortbestand hochwertiger **Gewerbeproduktion** zeugen die in Köln vorgefundenen frühmittelalterlichen Grabbeigaben, wobei nicht immer klar zu unterscheiden ist zwischen Eigenproduktionen und importierten Erzeugnissen.

Im Jahr 1959 entdeckte man beim Ausbau der Grabkapelle für die Kölner Erzbischöfe unter dem Dom zwei reich ausgestattete Gräber – das einer jungen Frau und das eines Knaben. Beide Gräber enthielten zahlreiche wertvolle Grabbeigaben, welche die Vermutung nahe legen, dass es sich bei den um 550 Beigesetzten um Vertreter des Adels, um Fürsten, vielleicht sogar um Mitglieder der rheinfränkischen Königsfamilie handelt. Die Beigaben bezeugen eine breit gefächerte Produktpalette und eine (noch) hohe Kunstfertigkeit der damaligen Künstler und Handwerker. Die Ausstattung beider »Fürstengräber« ist im untersten Geschoss der ❹ **Domschatzkammer**, im **»Lapidarium«**, zu sehen.

Im Frauengrab fand man unter anderem eine Stirnbinde (Gold, Silber, Granat), ein Paar Ohrringe (Gold, Granat), eine Perlenkette (Gold, Bernstein, gefrittetes Glas), einen großen Halsschmuck (kaiserlich-römische Münzen, Gold, Granat), ein Paar Rosettenfibeln (Gold, Bronze, Granat, Glasfluss) und weitere goldene und silberne Schmuckstücke. Im Knabengrab lagen ein kunstvoll geschmiedeter Kinderhelm mit Schweißband und einem Nackenschutz aus Kettengeflecht, ein lederbezogener Holzschild, ein Langschwert mit Elfenbeingriff (*Spatha*), eine eiserne Wurflanze und ein Wurfbeil (*Franziska*). Neben diesen kostbaren Grabbeigaben fanden sich in beiden Fürstengräbern auch Alltagsgegenstände, wie beispielsweise Feldflaschen, Trinkhörner, flache Schalen und Gläser, Messerbestecke, Eimer, Schuhe sowie Gold- und Silbermünzen, die eine recht genaue Datierung der Gräber ermöglichen und zugleich darauf verweisen, dass Handel und Geldverkehr auch nach dem Abzug der Römer eine gewisse Rolle spielten.

Die »Fürstengräber« in der Domschatzkammer gewähren auch einen ausschnitthaften Einblick in die **Wohnkultur**, zumindest des fränkischen Adels. Im Lapidarium sind die Rekonstruktionszeichnungen von Möbeln in Wandkästen zu sehen. Sowohl die Lagerstätte (Totenbett) des beigesetzten Knaben als auch ein Stuhl an dessen Kopfende sind kunstvoll gedrechselt. Der Holzsarg der adeligen Dame war mit einem kostbaren Orientteppich bedeckt.

Die von den Römern gemeinhin als »Franken« bezeichneten germanischen Völker errichteten keine eigenen Steinbauten. In Städten wie Köln, in denen sie die römischen Siedlungen übernommen hatten, werden vor allem die Vornehmeren wohl auch die vorhandenen römischen Stadtvillen bewohnt haben. Die übrige Bevölkerung lebte hauptsächlich in ebenerdigen Pfostenhäusern

Lagerstatt und Stuhl, beide kunstvoll gedrechselt, aus der Grabkammer des fürstlichen Knaben unter dem Dom. Als Rekonstruktion von W. Schneider in der Domschatzkammer. (Lapidarium)

oder in Grubenhäusern, wie sie am Heumarkt nachgewiesen wurden. Diese Behausungen haben aufgrund ihrer Bauart keine eindrucksvollen Spuren im Boden hinterlassen.

Mit dem Zusammenbruch des Römischen Reiches wurde der **Fernhandel** im ehemaligen Reichsgebiet nachhaltig gestört. Das bezeugen auch in Köln die selten gewordenen Grabbeigaben aus fernen Herkunftsgebieten. Eine solche ist der reich mit grob bearbeiteten Smaragden verzierte Armreif aus einem Grab unter St. Severin aus dem 4. Jahrhundert, der aus Nordafrika oder aus einer syrischen Werkstätte stammen dürfte und im 5 **Römisch-Germanischen Museum** zu sehen ist (Schatzkammer).

Goldreif mit grob bearbeiteten Smaragden, aus dem Grab der »reichen Frau« unter St. Severin um 600. (RGM, Schatzkammer)

Im Bereich des dritten Vorgängerbaus der ehemaligen Stiftskirche St. Severin, einer Begräbniskirche aus dem 6. Jahrhundert, fand man in einem dichten Verband von Sarkophagen und Plattengräbern zwei Grabstätten mit kostbaren Beigaben: Das Grab einer »reichen Frau« aus der Zeit um 600, deren Grabschmuck heute im Römisch-Germanischen Museum ausgestellt ist, und das **Plattengrab des »Sängers«**, der in derselben Zeit gelebt haben dürfte. Seiner vornehmen Kleidung nach zu urteilen, die aus Gewand mit Goldborte, Lederschuhen und Stulpenhandschuhen bestand, war der hier Bestattete wohlhabend. Aufsehen erregte die Grabbeigabe: In seinem Arm hielt er eine Leier, die ursprünglich mit sechs Saiten bespannt war. Die erste Vermutung, der Tote sei tatsächlich ein Sänger gewesen und habe bei den Franken in hohem Ansehen gestanden, kann wahrscheinlich nicht aufrechterhalten werden. Heute betrachtet man das Instrument lediglich als angemessene Grabbeigabe für einen fränkischen Adeligen. Dennoch kann ein solches Instrument wohl als Indiz für eine **Freizeitkultur** gelten, bei der die musikalische Unterhaltung eine gewisse Rolle gespielt hat. Leider ist die originale Leier im Zweiten Weltkrieg zerstört worden und die Rekonstruktion des Instruments nicht öffentlich ausgestellt.

Die rekonstruierte Leier aus dem Grab des »Sängers« (um 700) unter St. Severin. Leider nicht zu besichtigen.

Südwestlich der Rathauslaube blickt man in eine Grabungsöffnung, die durch eine rheinwärts vorspringende Apsismauer mit einem Durchmesser von 14,8 m abgeschlossen wird. Sie ist aus Tuffstein und Ziegelbändern errichtet und lässt eine vergitterte Öffnung erkennen, die als Einlass eines Hypokausten-Kanals gedeutet wird. Nach den Grabungsbefunden handelt es sich um die östliche Apsis einer Nord-Süd verlaufenden dreischiffigen Halle aus der dritten Bauperiode des Praetoriums, die von einigen Historikern als die überlieferte *Regia* oder ❻ **Aula Regia** gedeutet wird. Andere wiederum beziehen diesen Begriff auf die gesamte Anlage des Praetoriums, die nach den Römern von merowingischen Königen und nach ihnen von fränkischen Hausmeiern als Residenz genutzt wurde. Die Aula Regia/das Praetorium hat somit über 700 Jahre als weltliche Machtzentrale gedient.

Im Bereich der Apsis ist ein Mauerring zu erkennen, bei dem es sich um die Überreste eines **frühmittelalterlichen Brunnens** handelt. Im Unterschied zur Stadtmauer verfiel die großartige römische Wasserleitung rasch, so dass sich die Kölner Bevölkerung bereits kurz nach Abzug der Römer aus Brunnen mit Wasser versorgen musste. Diese stellenweise hygienisch bedenkliche Art der Wasserversorgung sollte bis ins späte 19. Jahrhundert Bestand haben (vgl. H.A. S. 117).

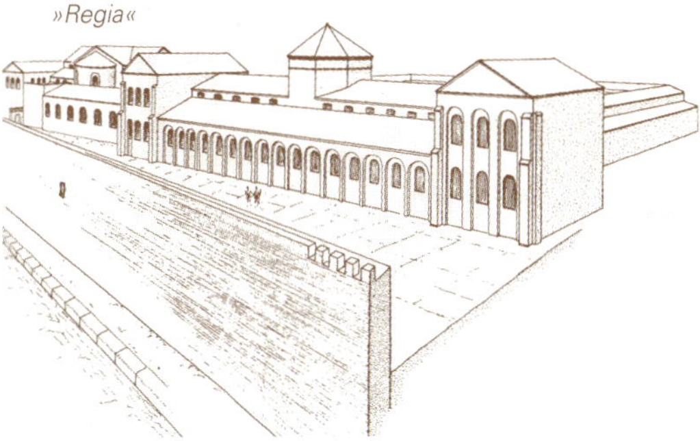

Rekonstruktion des Praetoriums aus der 4. Bauperiode: Portikus-Galerie mit abschließenden Apsidensälen und zentralem Oktogon. Die »Regia« mit der Apsis vor der Ostwand befindet sich hinten links.

Auf den Spuren einer Pilgergruppe durch das mittelalterliche Köln

Stationen: ❶ Dom ❷ Groß St. Martin ❸ St. Maria am Kapitol ❹ (Kloster der Weißen Frauen) ❺ St. Pantaleon ❻ St. Gereon ❼ St. Ursula

ZUM VERSTÄNDNIS MITTELALTERLICHER PILGERREISEN

Aufgrund seiner über 300 kirchlichen Einrichtungen und der Vielzahl der dort aufbewahrten Heiltümer gehörte Köln im Mittelalter, nach Jerusalem, Rom und Konstantinopel, zu den vier bedeutendsten Städten der Christenheit. Als Pilgerziel wurde das »heilige Köln« 1394 dadurch aufgewertet, dass Papst Bonifaz IX. alle sieben Jahre eine Heiltumsfahrt nach Köln verfügte, die den Pilgern einen Sündenerlass verhieß.

Die mittelalterlichen Menschen lebten in ständiger Furcht vor der Strafe Gottes und den ewigen Höllenqualen. Die Kirche bot ihnen vielerlei Möglichkeiten, ihre kleineren und größeren Vergehen zu büßen, beispielsweise durch die häufige Teilnahme an Messfeiern, durch die Einhaltung von Fastentagen, durch Gebete und Spenden von Almosen. Eine besondere Gelegenheit, die Vergebung der Sünden zu erlangen und zugleich am himmlischen Heil teilzuhaben, boten Wallfahrten. Die vielen Kölner Stifts- und Klosterkirchen beherbergten eine Vielzahl von Gebeinen und Überresten von Märtyrern und Heiligen, die in teils überaus kostbaren Schreinen und Reliquiaren aufbewahrt wurden. Diese Behältnisse zu berühren, daran vorbei- oder unter ihnen durchzugehen, gab den mittelalterlichen Pilgern das beglückende Gefühl der Heilsteilhabe. Die besondere Attraktivität Kölns als Pilgerziel rührte daher, dass die Stifts- und Klosterkirchen nicht nur viele, sondern auch einige besonders angesehene Reliquien besaßen. Die höchste Wertschätzung genossen Partikel des Kreuzes Jesu, die im Dom und in weiteren vier Stiften sowie in einigen Klöstern verwahrt wurden. Zu den angesehensten Heiligen gehörten diejenigen, die Gott und seinem Sohn im Himmel besonders nahe stehen – etwa die Gottesmutter oder die Apostel – und deshalb als Fürsprecher vorrangig in Frage kamen, oder diejenigen, die sich durch Wunder oder Erhörung von Anrufungen bewährt hatten. Spätestens seit dem ausgehenden Mittelalter konnten sich die Pilger anhand von

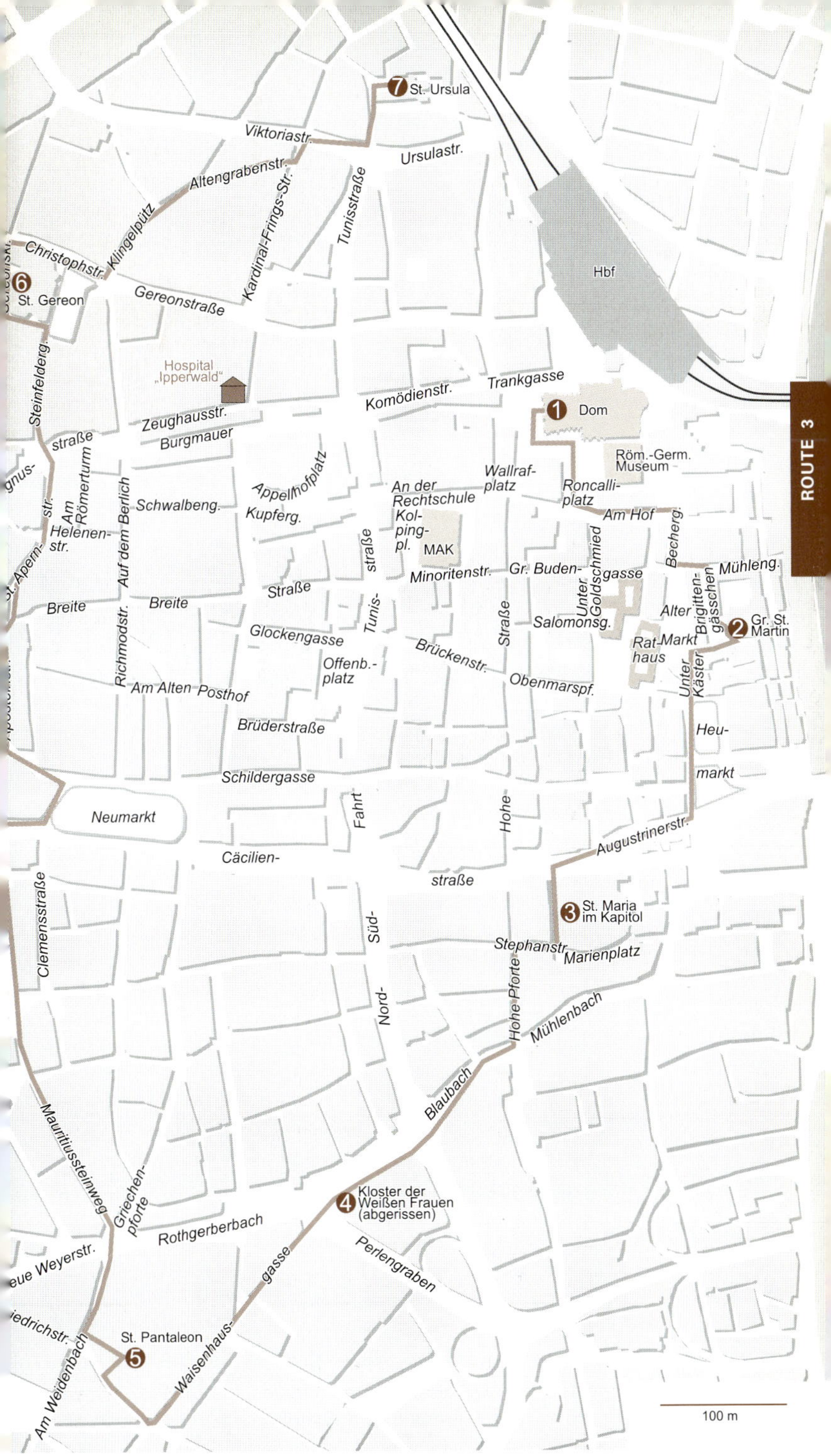

7 St. Ursula
Viktoriastr.
Ursulastr.
Altengrabenstr.
Kardinal-Frings-Str.
Tunisstraße
Klingelpütz
Christophstr.
6 St. Gereon
Gereonstraße
Hbf
Steinfelderg.
Hospital „Ipperwald"
Komödienstr.
Trankgasse
1 Dom
Zeughausstr.
Burgmauer
straße
Röm.-Germ. Museum
Wallraf-platz
Roncalli-platz
An der Rechtschule
Am Hof
Appellhofplatz
Schwalbeng.
Kupferg.
Kol-ping-pl.
MAK
Am Römerturm
Helenen-str.
Auf dem Berlich
Becherg.
Minoritenstr.
Gr. Buden-gasse
Unter Goldschmied
Mühleng.
Breite
Breite
Straße
Tunis-straße
Straße
Salomonsg.
Alter Markt
Brigitten-gässchen
2 Gr. St. Martin
Richmodstr.
Glockengasse
Rat-haus
Offenb.-platz
Brückenstr.
Obenmarspf.
Unter Käster
Am Alten Posthof
Brüderstraße
Heu-markt
Schildergasse
Neumarkt
Fahrt
Hohe
Augustinerstr.
Cäcilien-
straße
3 St. Maria im Kapitol
Clemensstraße
Süd-
Nord-
Stephanstr.
Marienplatz
Hohe Pforte
Mühlenbach
Blaubach
Mauritiussteinweg
4 Kloster der Weißen Frauen (abgerissen)
Griechen-pforte
Rothgerberbach
Perlengraben
gasse
Waisenhaus-
St. Pantaleon
5
Am Weidenbach
100 m

bildhaften »Schatzverzeichnissen« (vgl. H.A., S. 57) über die Heiligtümer der einzelnen Kirchen informieren. Zu den bedeutendsten Reliquien der Sancta Colonia gehörten neben Kreuzessplittern Kette und Bischofsstab des heiligen Petrus, der Dreikönigsschrein im Dom sowie die Reliquien der legendenumwobenen heiligen Ursula und ihrer Jungfrauen.

Die folgende fiktive Pilgerreise durch das spätmittelalterliche Köln konzentriert sich auf einige besonders herausragende Pilgerstationen. Das sind vornehmlich Stiftskirchen, die mit besonders bedeutenden Reliquien aufwarten konnten, von denen viele heute noch existieren. Das einst reich ausgestattete Marienstift östlich des Doms wurde bald nach der Säkularisierung abgerissen und wird darum nicht berücksichtigt. Von den in der Regel weniger üppig bestückten Klosterkirchen wird nur eine aufgrund ihres regionalen Bezugs als Pilgerstation aufgeführt.

Stationen einer (fiktiven) mittelalterlichen Pilgerreise in Köln

Für Interessierte, die in heutiger Zeit auf den Spuren der mittelalterlichen Pilger wandern möchten, sind im Anschluss an die Stationen entsprechende kurze Hinweise angefügt.

Im Jahr 1374 bricht eine Gruppe von Pilgern aus den niederungarischen Bergbaustädten Kremnitz und Schemnitz zu einer Wallfahrt nach Köln auf. Nach wochenlangen Fußmärschen erreicht sie Deutz. Vom Ostufer des Rheins blicken die Pilger ehrfurchtsvoll auf das heilige Köln, dessen zahllose Kirchtürme über der hohen Stadtmauer aufragen. Mit Fährbooten setzen sie über den Fluss und finden im Hospital Ipperwald Unterkunft. Sogleich ziehen sie Erkundigungen ein, wo die Gebeine bestimmter Heiliger und Märtyrer aufbewahrt werden, und erfahren ferner, welche Reliquien man darüber hinaus in Köln aufsuchen solle. Viel Zeit steht ihnen nicht zur Verfügung, denn am 17. Juli wollen sie zur Heiltumszeigung in Aachen, ihrem zweiten wichtigen Pilgerziel, sein. Der erste Höhepunkt ihrer Pilgerreise ist das Fest Peter und Paul am 29. Juni; dann sollen vor dem Dom die »Domschätze« gezeigt und ausgerufen werden. Am Festtag der Apostelfürsten finden sich die Pilger vor dem Dom ein, wo sich bereits eine unübersehbare Menschenmenge in froher Erwartung der Reliquienweisung vor dem Gerüst am Blauen Stein versammelt hat.

Der berühmte ❶ **Dom** *wirkt verwirrend auf die ungarischen Wallfahrer. Rheinwärts, im Osten, befindet sich ein hoch aufragender neuer Chor in einem ihnen unbekannten Stil, der aus Frankreich stammen soll. An das noch nicht vollendete Querschiff schließt sich ein ihnen schier endlos erscheinendes*

Langschiff im vertrauten romanischen Stil an. Die Südwestecke nimmt ein etwa 150 Fuß hoher Turmstumpf wiederum im neuen, französischen Stil ein. Der ungewöhnlich hoch in den Himmel ragende Chor, die lange Südfront des Langhauses und der gewaltige Turmstumpf lassen erahnen, welche ungeheuren Dimensionen der Dom einmal aufweisen und wie würdig der Schrein der Heiligen Drei Könige in diesem neuen Dom aufgehoben sein wird. Unglaublich, wie leicht die vielen von Blendmaßwerk, Fialen und Kreuzblumen geschmückten Strebepfeiler und Strebebögen wirken, welche die von hohen Fenstern wie aufgelöst erscheinende Chorwand stützen.

Der Stich von ca. 1820 lässt den Dom-Torso in etwa so erkennen, wie ihn die (fiktiven) ungarischen Pilger AD 1374 sahen.

Die Intonation eines Chorals kündigt die Zeigung des ersten Domheiltums an. Ein Priester in festlichem Messgewand hält ein mit Edelsteinen besetztes goldglänzendes Gemmenkreuz hoch und verweist darauf, dass sich darin ein Splitter vom Kreuz Jesu befindet. Ein heiliger Schauer erfasst die Menge, die alsbald in Gebete einstimmt, die immer wieder von lauten Rufen »Miserere« und »Misericorde« unterbrochen werden.

Einem weiteren Choral folgt die Weisung des Petrusstabes. Zu erkennen ist ein etwa 5 Fuß langer Holzstab mit einem elfenbeinernen Knauf, der im oberen Teil mit einer reich verzierten Manschette geschmückt ist. Diesen Stab des Apostelfürsten Petrus habe Erzbischof Bruno dem Domschatz zugeführt. Mit diesem Stab habe der heilige Valerius, ein Jünger des Apostels Paulus, den ersten Bischof von Trier und Köln vierzig Tage nach seinem Tod wieder zum Leben erweckt.

Der dem Dom von Erzbischof Bruno übergebene Stab des Hl. Petrus (Domschatzkammer, Heiltumskammer). Der Holzkern wurde im Laufe der Jahrhunderte mit reichen Verzierungen geschmückt.

Wieder folgen andächtige Gebete, von »Misericorde«-Rufen unterbrochen.

Als der Schrein der Heiligen Drei Könige gezeigt wird, ertönen aus der Menge Laute des Erstaunens und der Verzückung. Im Sonnenlicht glänzt und funkelt der mit Edelsteinen besetzte goldene Schrein wie ein Abbild des ewigen Himmelsglanzes. Ein Priester beschreibt den Pilgern die kunstvoll gestalteten Szenen auf dem Schrein: An der unteren Längsseite sind die zwölf Propheten des Alten Testamentes mit den Königen David und Salomon in ihrer Mitte dargestellt. Das Thema der Vorderseite ist die Epiphanie, die Erscheinung des Herrn als thronender Pantokrator. Im unteren Teil sind Maria mit dem Kind und den drei Königen und rechts davon die Taufe Jesu zu sehen. Auf der Rückseite überreicht der gekrönte Christus Felix und Nabor die Märtyrerkronen. Im unteren Teil sind Geißelung und Kreuzigung Christi erkennbar. Die Bildabfolge soll den Zusammenhang der Heilsgeschichte des Alten und Neuen Testamentes, die Epiphanie Jesu in Maria, vor den Königen und in der Taufe verdeutlichen und zugleich die Idee des mittelalterlichen Königtums herausstellen, das durch die Krone Jesu, die Kronen der Märtyrer und der Heiligen Drei Könige legitimiert wird. Darum suchen die deutschen Könige nach ihrer Krönung in Aachen den Dreikönigsschrein in Köln auf.

Die Pilger horchen auf, als der Priester die Wunder aufzählt, die von den Heiligen Königen nach Anrufung vollbracht worden sein sollen. So hätten sie eine Hungersnot von Ungarn abgewendet. Aus diesem Grund haben sich die ungarischen Wallfahrer zum Dreikönigsschrein aufgemacht. Die Reliquienzeigung des Domschatzes zieht sich bis in den Nachmittag hinein. Schließlich sind die Pilger aus Niederungarn beglückt und froh gestimmt, aber auch müde, durstig und so hungrig, dass sie ihr Weg in eine Gastwirtschaft im benachbarten Martinsviertel führt.

HINWEIS: Der Bau des im neuen französischen, also gotischen Stil geplanten Doms als »architektonisches Reliquiar« für die Heiligen Drei Könige wurde 1560 wegen finanzieller Schwierigkeiten unterbrochen und erst im 19. Jahrhundert (1842–1880) unter preußischer Herrschaft vollendet. Viele Domheiligtümer gingen während der Franzosenzeit verloren, so die Kreuzesreliquie. Die meisten noch vorhandenen Reliquien finden sich heute in der Schatzkammer an der Nordseite den Doms (in der »Heiltumskammer«), so etwa der Petrusstab und eine Kreuzreliquie aus dem abgerissenen Nachbarstift St. Maria ad gradus. Der goldene Dreikönigsschrein (1190–1220), Höhepunkt mittelalterlicher Goldschmiedekunst im Rhein-Maas-Raum, steht heute im Hochchor hinter dem Hochaltar und kann durch die Chorschranken des Chorumganges bewundert werden.

In den nächsten Tagen setzt die ungarische Gruppe ihre Pilgerreise durch Köln fort. Einige der großen Kirchen bestaunen sie nur von außen, so die ❷ **Abteikirche St. Martin**, *die in ihren Ausmaßen die Heimatkirchen um ein Mehrfaches übertrifft. Sie bewundern die herrliche Architektur: den in Form eines Kleeblatts gestalteten Chor mit seinem Säulenumgang und den mächtigen, den ganzen Bau dominierenden Vierungsturm mit den vier Ecktürmen.*

Auf dem Alter Markt und dem Heumarkt staunen sie über das geschäftige Treiben und die mehrgeschossigen, vom Reichtum ihrer Bewohner zeugenden Giebelhäuser. Und was für prächtige Kleidungsstücke, Lederwaren und Rüstungen angeboten werden!

Die ❸ **Stiftskirche St. Maria im Kapitol** *empfinden die Pilger zwar auch als mächtig, doch erscheint der Bau proportionierter und zierlicher als St. Martin. Sie betreten die Kirche über den Kreuzgang. Das Langschiff wirkt wie ein großer Raum, von dem die Seitenschiffe durch breite Pfeiler mit aufsitzenden Arkaden abgetrennt sind. Ihr Blick fällt zunächst auf den kleeblattförmigen Chorraum, der einen durch feine Säulen*

Der kostbare mit Edelsteinen geschmückte Goldschrein der Heiligen Drei Könige stellt den Höhepunkt der mittelalterlichen Goldschmiedekunst im Rhein-Maas-Raum dar. (Dom, Hochchor)

ROUTE 3

Der 1304 geweihte, einst als wundertätig verehrte Pestkruzifixus erschreckt durch den Realismus der Darstellung: Der schmerzverzerrte, gekrümmte Christus hängt an einem Gabelkreuz. Er bot den verängstigten Menschen zur Zeit der Pestumläufe im 14. Jh. Zuflucht und Trost. Es befindet sich heute in einer kleinen Kapelle zwischen Ost- und Nordkonche von St. Maria im Kapitol.

und Maßwerk abgeteilten Umgang aufweist. Als sie zum Eingang zurückblicken, gewahren sie über der Eingangshalle eine Empore. Von dort oben, so erfahren sie, habe Kaiser Heinrich III. im Jahr 1049 die Einweihung der Kirche durch Papst Leo IX. und 272 Bischöfe verfolgt. Die Pilger flehen vor dem wunderkräftigen Pestkreuz um Beistand und beten vor dem Standbild der »Muttergottes, die das Jesuskind liebkost«. Bevor sie die Kirche verlassen, bestaunen sie die fast 15 Fuß hohe und 7 Fuß breite Holztür, auf der 26 Szenen aus dem Neuen Testament, recht derb und plastisch geschnitzt, zu sehen sind.

HINWEIS: In der heutigen Pfarrkirche St. Maria im Kapitol sind einige erhaltene Kunstschätze zu bewundern, so die geschnitzte Tür aus dem 11. Jahrhundert, die Grabplatte der als Gründerin des Stifts als heilig verehrten Königin Plektrudis aus dem 12. Jahrhundert und den zur Gruppe der Pestkreuze zählenden Gabelkruzifixus mit dem Schmerzensmann aus dem 14. Jahrhundert.

Von Maria im Kapitol wandern die Pilger zum ④ **Kloster der Weißen Frauen** *am Blaubach. Die Kirche des Klosters birgt eine außergewöhnliche Reliquie: die blaue Tunika des Jesuskindes. Ursprünglich gehörte sie den ungarischen Königen. Auf nicht mehr nachzuvollziehende Weise ist sie in den Besitz des Klosters gelangt. Andächtig verrichten sie ihre Gebete vor diesem ihnen besonders bedeutsamen Heiltum.*

Auch am Blaubach herrscht geschäftiges Treiben. Zu beiden Seiten des Baches, innerhalb und außerhalb der alten Stadtmauern, sind die Weber, Färber und die Tuchmacher ansässig. Und vom Perlgraben weht der unangenehme Geruch der Gerber herüber.

HINWEIS:
Das Kloster der Weißen Frauen am Blaubach wurde nach der Säkularisierung abgerissen.

Die nächste Pilgerstation ist die ❺ **Abteikirche St. Pantaleon** *mit ihrem besonders hervorstechenden wuchtigen Westwerk. Das Innere der Kirche ähnelt auf den ersten Blick St. Marien: Auch sie weist eine Kaiserempore und durch breite Pfeiler abgetrennte Seitenschiffe auf. Der Ostabschluss ist jedoch ganz anders: statt eines Kleeblattchors, ein rechteckiger Chorraum mit vorgelagerter Apsis. In Pantaleon suchen die Pilger die Schreine der römischen Märtyrer Maurinus und Albinus auf. Sie finden beide in prächtigen Goldsärgen aufbewahrt. Die Grabstätten von Erzbischof Bruno und Kaiserin Theophanu, deren Leben und Wirken ihnen unbekannt ist, interessieren sie weit weniger.*

HINWEIS: In der alten Abteikirche St. Pantaleon sollte man den (modernen) Marmorsarkophag der Kaiserin Theophanu im südlichen Querhaus und das Grab ihres Onkels, des heiligen Kölner Erzbischofs Bruno, in der Krypta besuchen. Die von den »ungarischen Pilgern« aufgesuchten prachtvollen Schreine der Heiligen Mauritius und Albinus aus dem 12. Jahrhundert befinden sich heute in der Schatzkammer im Kapitelsaal.

Die ❻ **Stiftskirche St. Gereon** *ist den Pilgern als der nach dem Dom bedeutendste Kirchenbau empfohlen worden. Der mächtige zehneckige Turm, das Dekagon, fällt ihnen sofort auf. Er scheint bei weitem die Dimensionen des nach Osten anschließenden Langchors, vor allem aber der Apsis und der beiden viereckigen Chortürme zu sprengen. Als die Pilger die Kirche durch die Vorhalle betreten, staunen sie. Das Dekagon scheint mit seinen Fenstern stufenweise in den Himmel hinaufzusteigen, der aus einem mit Kreuzrippen versehenen roten Baldachin besteht. In einer Nische, im Eingangsbereich des Dekagons, befindet sich ein Granitstumpf, die so genannte »Blutsäule«. Sie soll, so erfahren die Pilger, an der Stelle stehen, an der die Soldaten der Thebäischen Legion und ihr Anführer Gereon in Köln den Märtyrertod erlitten, weil sie sich der Verfolgung von Christen verweigert hatten. Die Körper warf man in einen Brunnen, über dem Kaiserin Helena einen wunderbaren Bau errichten ließ, geschmückt mit Goldmosaiken. Deshalb habe man den ersten Kirchbau »Zu den goldenen Heiligen« (Ad Aureos Sanctos) genannt und ihn erst später dem Anführer der Thebäer, dem Heiligen Gereon, geweiht. Die Pilger knien vor der Blutsäule nieder und rufen die Märtyrer um Beistand an.*

Eine Treppe führt hinauf zum Gereonsaltar, eine weitere zum hohen Langchor. Darunter, im westlichen Bereich, direkt unter dem Gereonsaltar, so wird den Pilgern gesagt, befinde sich eine ungemein geräumige Krypta mit der CONFESSIO, *der Grabstätte der Märtyrer.*

HINWEIS: Die gesamte ehemalige Stiftskirche St. Gereon, insbesondere das Dekagon, galt als architektonisches Reliquiar der »Thebaner« und ihres Anführers Gereon. In der Krypta befinden sich seit Ende des 12. Jahrhunderts die Reliquien der Märtyrer in drei übereinander gestellten römischen Sarkophagen. Der obere trägt die Inschrift Hic recondita sunt corpora Thebaorum (Hier liegen die Körper der Thebaner verborgen).

Reliquienbüste einer selig lächelnden Ursulanischen Gefährtin aus der ehem. Stiftskirche St. Ursula

Die ungarischen Pilger haben sich den Besuch der ❼ **Stiftskirche St. Ursula** *für den vorletzten Tag aufbewahrt. Ihr Ruhm ist bis ins östliche Europa vorgedrungen. Auch im ungarischen Raum besitzen zahlreiche Klosterkirchen Reliquien der Märtyrerjungfrauen. Aber hier in Köln kann man am Heil der ganzen Jungfrauenschar teilhaben! Die Legende von der heiligen Ursula kennen sie alle. Ein englischer König soll seine Tochter Ursula mit dem heidnischen Ätherius vermählen. Als Christin lehnte Ursula zunächst ab, willigte dann aber ein unter der Bedingung, dass sie mit ihren Gefährtinnen zuvor eine längere Pilgerreise unternehmen dürfe. Ein Engel geleitete die Jungfrauenschar zunächst rheinaufwärts bis Basel und dann zu Fuß über die Alpen nach Rom. Auf ihrer Rückfahrt starben die Jungfrauen vor den Toren des belagerten Kölns durch die Hunnen den Märtyrertod.*

Der Weg vom Hospital Ipperwald bis St. Ursula ist nicht weit, führt aber durch ein verrufenes Viertel, in dem allerlei Gesindel – Bettler, Huren und Kloakenreiniger – lebt.

Als Stifts- und Wallfahrtskirche ist auch St. Ursula von gewaltigen Ausmaßen. Das Kirchenschiff wurde im vertrauten alten Stil als Basilika erbaut. Der lang gezogene Chor wirkt mit seinen elf hohen Fenstern hell und leicht, wie aufgelöst; die schmalen Wandleisten zwischen den Fenstern werden von nach unten sich verstärkenden Strebepfeilern gestützt. Der im eleganten französischen Stil gehaltene Ostchor mit seinem steilen, das Dach des Langschiffes überragenden Satteldach unterscheidet sich deutlich von dem übrigen Baukörper. Ihm gegenüber im Westen ragt ein wuchtiger Turm über dem zweistöckigen Westbau auf. Als die Pilger die Kirche betreten, stockt ihnen der Atem. Wo man auch hinschaut, von überall – aus den Wandnischen, von den Galerien der Emporen und den Pfeilerabsätzen – blicken unzählige Reliquienbüsten der Jungfrauen selig lächelnd auf sie herab. Nirgends kann man ihren Blicken ausweichen. Der helle französische Chorraum wirk wie ein gläserner Sarkophag für den goldenen Schrein der heiligen Ursula, der von Reliquienbüsten einiger ihrer Gefährtinnen umgeben ist. Auch die Elfzahl der Chorfenster nimmt Bezug auf die Jungfrauen der Ursula-Legende: Zuerst sollen es elf gewesen sein, dann, wahrscheinlich als Folge eines Lesefehlers, elftausend.

Die Pilger sind überwältigt von der Fülle des sie umgebenden Heils. Sie nehmen an einer Messe teil und drängen anschließend durch die Besuchermenge zum Ausgang. In der Vorhalle erwerben sie ein Pilgerzeichen, aus Blei-Zinn gegossen, das die beiden Höhepunkte ihres Kölnaufenthaltes zusammenfasst: In einem Rundrahmen sind die drei Könige und die Ursulanischen Jungfrauen dargestellt. Dieses Zeichen würde nicht nur ihre Pilgerreise belegen, sondern sie auf der Rückreise auch vor Überfällen schützen.

HINWEIS: Um den Eindruck der von überall herabblickenden Märtyrerinnen nachvollziehen zu können, empfiehlt sich zunächst ein Besuch der »Goldenen Kammer«. In die Wände dieses barocken Kapellenanbaus sind über einhundert Nischen für die Reliquienbüsten eingelassen. Die Decke darüber ist mit zu Ornamenten und Schriftzügen zusammengesetzten Gebeinen verziert. Das barocke Marmordenkmal der heiligen Ursula mit dem gotischen Sarkophag befindet sich im nördlichen Querschiff. Dort ist auch eine ausführliche Darstellung der Ursula-Legende zu sehen, gemalt von einem unbekannten Kölner Meister Mitte des 15. Jahrhunderts.

Pilgerzeichen aus Köln mit den Heiligen Drei Königen reitend (o.) und den Ursulanischen Jungfrauen (u.). Gitterguss aus Blei und Zinn

Auf den Spuren des hohen und späten Mittelalters

Stationen: ❶ Stadtmauer am Hansaring ❷ Eigelstein-Torburg ❸ Stadtmuseum ❹ Schwertnergasse ❺ Schnütgen-Museum ❻ Overstolzenhaus ❼ Gürzenich ❽ Heumarkt/Alter Markt ❾ Rathaus ❿ Mikwe ⓫ Museum für Angewandte Kunst ⓬ An der Rechtschule ⓭ St. Aposteln ⓮ Geusenfriedhof

EINFÜHRUNG IN DAS ZEITALTER

Die mittelalterliche Stadtentwicklung vollzog sich in Westeuropa in einem langen Prozess, in dem einzelne Siedlungskerne allmählich zu einem Stadtkörper zusammenwuchsen. Zu den wichtigsten Keimzellen der Stadtentwicklung, die teils heute noch im Stadtbild zu erkennen sind, gehörten: (1) Herrschersitze, Bischofsburgen und auch Klöster, (2) Märkte mit angeschlossenen Handwerker-Händler-Quartieren, (3) kirchliche Einrichtungen und (4) Stadtmauern.

Keimzellen der mittelalterlichen Stadtentwicklung

(1) Burgen und Pfalzen, befestigte Bischofssitze, aber auch ummauerte Stifte und Klöster waren die städtischen Urkeimzellen. Die Könige übertrugen den weltlichen Herren, den Bischöfen und Äbten, die über die Stadt und darüber hinaus herrschten, königliche Rechte für ihre dem Reich erbrachten Leistungen wie Kriegsdienste oder die Beherbergung des Königs. Diese Regalien setzten die Stadtherren für ihre Verwaltungsaufgaben und für die Steuerung der Stadtentwicklung ein. Die Könige und Bischöfe waren die wichtigsten Stadtförderer im frühen Mittelalter. Mit dem Ausbau der Territorialherrschaften im hohen Mittelalter vollzog sich eine Gründerwelle von planmäßig angelegten Städten – im Unterschied zu den gewachsenen Städten des frühen Mittelalters –, die der Absicherung und der wirtschaftlichen Entwicklung der Territorien dienen sollten.

(2) Im Schutz dieser Herrschaftssitze entwickelten sich Märkte. Zu den frühesten Marktformen zählten die Wike, meist am Flussufer gelegene und zu Schiff erreichbare feste Siedlungen von saisonal tätigen Fernhändlern, die hauptsächlich Luxuswaren anboten. Bis zum 10. Jahrhundert ließen sich die unter königlichem Schutz stehenden, mit Sonderrechten versehenen Kaufleute zunehmend in unmittelbarer Nähe der Herrschaftssitze nieder. In enger Nachbarschaft zu ihren Wohn-Geschäftshäusern entwickelten sich Märkte von lokaler und überregionaler Bedeutung, die eine

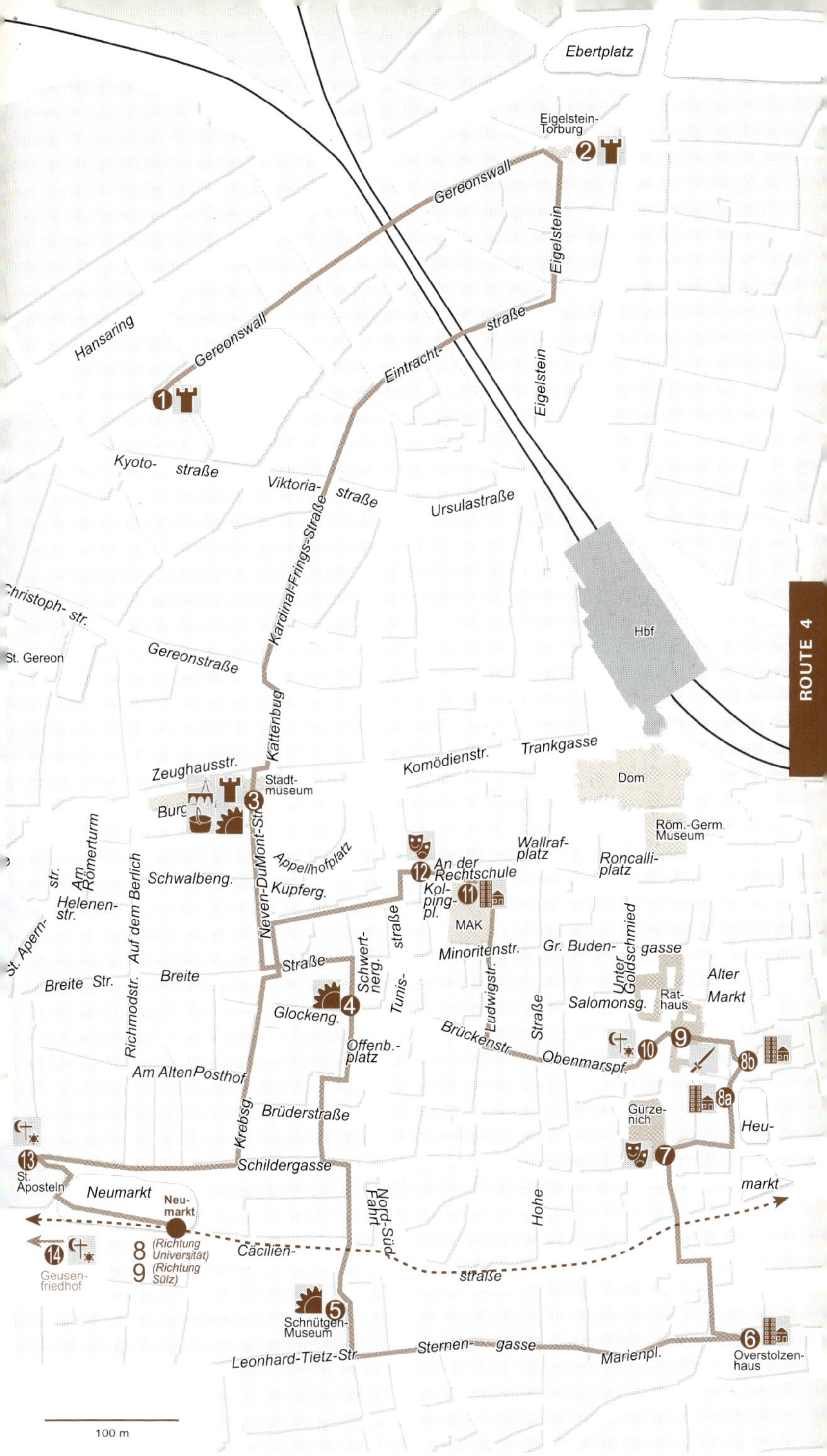
Ebertplatz
Eigelstein-Torburg
Gereonswall
Eigelstein
Hansaring
Gereonswall
Eintracht-
straße
Eigelstein
Kyoto- straße
Viktoria- straße
Ursulastraße
Kardinal-Frings-Straße
Christoph- str.
St. Gereon
Gereonstraße
Hbf
ROUTE 4
Kattenbug
Zeughausstr.
Stadt-museum
Komödienstr.
Trankgasse
Dom
Burg
Röm.-Germ. Museum
Am Römerturm
Appellhofplatz
Wallraf-platz
Roncalli-platz
An der Rechtschule
Schwalbeng.
Kupferg.
Kol-ping-pl.
MAK
Helenen-str.
Auf dem Berlich
Neven-DuMont-Str.
Tunis-straße
Minoritenstr.
Gr. Buden- gasse
Unter Goldschmied
St. Apern-str.
Breite Str.
Breite Straße
Schwert-nerg.
Alter Markt
Glockeng.
Ludwigstr.
Straße
Salomonsg.
Rat-haus
Richmodstr.
Brückenstr.
Obenmarspf.
Offenb.-platz
Am Alten Posthof
Krebsg.
Brüderstraße
Gürze-nich
Heu-
markt
Schildergasse
St. Aposteln
Neumarkt
Neu-markt
Nord-Süd-Fahrt
Hohe
8 (Richtung Universität)
9 (Richtung Sülz)
Cäcilien-
straße
Geusen-friedhof
Schnütgen-Museum
Leonhard-Tietz-Str.
Sternen- gasse
Marienpl.
Overstolzen-haus
100 m

magische Anziehungskraft auf die Landbevölkerung ausübten. Insbesondere hofhörige Handwerker, die sich größere Entfaltungsmöglichkeiten und persönliche Freiheiten versprachen, zogen hin zu den Märkten, wo sie sich zugleich als Produzenten und Händler etablierten. Bereits zu Erzbischof Brunos Zeiten war diese Marktentwicklung in Köln so weit fortgeschritten, dass er das Markt- und Gewerbegebiet bei St. Martin durch eine Mauer schützen ließ. Bis zum hohen Mittelalter differenzierten sich die Gewerbe zunehmend. Einige entwickelten sich zu bedeutenden Exportgewerben. Im Köln des hohen Mittelalters zählten zu den wichtigsten dieser Art das Seiden- und das Tuchgewerbe, die Lederherstellung und -verarbeitung, die Nadelproduktion und die Waffenherstellung. Im ausgehenden Mittelalter verlagerten sich viele dieser Gewerbe in die benachbarten Bergländer, die neben Rohstoffen und preiswerten Energiequellen wie Holz und Wasserkraft auch billige Arbeitskräfte boten.

(3) Mit dem Bevölkerungswachstum wurden auch neue Pfarrkirchen errichtet. Daneben entstanden zum Teil von den Stadtherren gegründete Stifte und Klöster. Wo sich die Stadtherren nicht nur als Gründer von Kollegiatstiften und Klöstern, sondern auch als Stifter von Reliquien hervortaten, wie in Köln, konnten sich die Städte zu bedeutenden Wallfahrtsorten entwickeln. Die Sancta Colonia wies Ende des 14. Jahrhunderts allein elf Stifte, vier Abteien und neunzehn Klöster auf, die mit ihrem Grundbesitz, ihrer Güternachfrage und ihren Bau- und Ausschmückungsaufträgen die Stadtwirtschaft wesentlich mitbestimmten. Auch die Pilgerströme zu den zahllosen Heiligtümern Kölns gaben der Stadtwirtschaft wichtige Impulse. Davon profitierten vor allem das Kunsthandwerk, der Devotionalienhandel sowie das Gaststätten- und Beherbergungsgewerbe.

(4) Turmbewehrte hohe und starke Stadtmauern schützten die Bewohner, ihr Eigentum und ihre Güter ebenso wie die wertvollen kirchlichen und profanen Bauten vor Überfällen und Zerstörungen. Wie wichtig solche Stadtbefestigungen im Mittelalter waren, ist allein daraus abzuleiten, dass sich alle bedeutenden deutschen Städte steinerne Befestigungen zulegten. Unbefestigte Städte, wie etwa Deutz und Mülheim bei Köln, blieben trotz landesherrlicher Förderung in ihrer Entwicklung zurück.

Gemeindebildung

Die Gemeindebildung, d.h. die Entwicklung der Stadt zu einem mehr oder weniger eigenständigen Rechtskörper, vollzog sich in einem jahrhundertelangen Ringen zwischen dem Stadtherrn und der nach Machtteilhabe strebenden Bürgerschaft. Keimzellen dieses Emanzipationsprozesses waren z.B. die Pfarrgemeinden und die Schwurgemeinschaften der Kaufleute, die bald auch politische Ziele verfolgten. Um die Stadtentwicklung zu fördern, gewährten die Stadtherren der Bürgerschaft Privilegien. Damit erkannten sie die Bürgerschaft als Rechtskörper an. Zu den wichtigsten Sonderrechten, die der Bürgerschaft verliehen wurden, gehörten das Befestigungsrecht, das Bannrecht, die Gerichtsbarkeit sowie das Willkürrecht zum Erlass eigener Satzungen, außerdem das Markt-, Münz-, Zollrecht und das Akziserecht (das Recht, Abgaben selbst zu bestimmen). Für die wirtschaftliche Entwicklung einiger Städte erwies sich das Stapelrecht als besonders wichtig. Aus der Summe dieser Rechte und Freiheiten entwickelte sich das Stadtrecht, das das Zusammenleben der Bürger, ihr Verhältnis zum Stadtherrn und Verwaltungsangelegenheiten regelte.

Einige Stadtrechte dienten anderen Städten zum Vorbild. Aus ihnen entwickelten sich regelrechte »Stadtrechtfamilien«, so etwa das Kölner, das Lübecker und das Magdeburger Stadtrecht. Mit den Privilegierungen gaben die Stadtherren ihre Herrschaft Stück um Stück aus der Hand. Einigen Städten gelang es, die Stadtherrschaft ganz abzuschütteln und zu freien, nur dem König zu Treue verpflichteten Reichsstädten aufzusteigen. In Köln verlief diese Entwicklung komplizierter. Zwar gelang es der Stadt, mit der Schlacht bei Worringen 1288, die Erzbischöfe zu vertreiben: Die Erzbischöfe von Köln residierten fortan dauerhaft in Bonn bzw. in Brühl. Köln wurde auch als freie Reichsstadt anerkannt (endgültig 1475). Die Erzbischöfe behielten jedoch mit der Hochgerichtsbarkeit und dem strittigen Burgbann zwei wichtige Druckmittel ihres Herrschaftsanspruchs in der Hand. Die schier endlosen Klagen »Cöln contra Cöln« vor dem Reichskammergericht zeugen von diesem Anspruch.

Städtische Gesellschaft

An der Gemeindebildung waren neben den Kaufleuten zunächst auch die eigentlich dem Stadtherrn verpflichteten Ministerialen – etwa Burggrafen, Stadtvögte, Greven, Münzmeister und Zöllner – beteiligt. Nach langen innerstädtischen Auseinandersetzungen, man denke in Köln an den Weberaufstand von 1370, erlangten auch die in Zünften organisierten Handwerker die Machtbeteiligung (H.A., S. 59). Die große Mehrzahl der Stadtbevölkerung, darunter Frauen, Geistliche, Juden, Ausländer und Besitzlose, verblieb ohne Bürgerrechte.

Zu den politisch Ausgeschlossenen gehörte auch die am Existenzminimum, teilweise ohne eigenen Hausstand und als Einlieger lebende Unterschicht: das Hauspersonal, die Tagelöhner, Gehilfen ohne Ausbildung, Lehrlinge und Gesellen sowie die verarmten Meister, ferner die »unehrlichen« Berufsgruppen wie Henker und Totengräber und die verachteten Randgruppen, die Bettler und Huren. Zur existenziell gesicherten Mittelschicht gehörten vor allem die Handwerker und Händler. Als einst zugewanderte Zinspflichtige vermochten sie sich bis zum hohen Mittelalter aus ihrer persönlichen Abhängigkeit zu lösen. Zu Wohlstand gekommen, konnten sie sogar in die Oberschicht aufsteigen. Ihr Leben war durch den Beruf und die Zugehörigkeit zu einer Zunft bestimmt und weitgehend geregelt. Zunächst waren es die Kaufleute, die der städtischen Oberschicht angehörten. Als warenbegleitende Fernhändler bedurften sie des königlichen Schutzes. Um sich selbst zu schützen, schlossen sie sich zu Gilden zusammen und verpflichteten sich zu gegenseitiger Hilfeleistung. Schon früh drängten sie zur Machtteilhabe. Auch die Ministerialen zählten zur Oberschicht. Sie übernahmen einerseits für den Stadtherrn bestimmte herrschaftliche Funktionen, beteiligten sich andererseits aber als Bürger an der Gemeindebildung. Zu den Nichtbürgern zählte, außer den rechtlosen, auf herrschaftlichen Schutz angewiesenen Juden, die mit Sonderrechten ausgestattete, in Köln stark vertretene Geistlichkeit.

Köln – Aufstieg zur Reichsstadt und Niedergang

Köln war bis ins späte Mittelalter die größte Stadt Deutschlands, sowohl nach der Einwohnerzahl (40.000 zu Anfang des 14. Jahrhunderts) als auch nach der Stadtfläche (400 ha). Zugleich war Köln die wirtschaftlich und kulturell bedeutendste deutsche Stadt. Diese herausragende Stellung hatte Köln einerseits der Förderung der Erzbischöfe, z.B. in Form von Stiftungen und Privilegienverleihung, zu verdanken, zum anderen nutzten die Stadtväter die wechselnden Machtkonstellationen im Reich während der Wirren des Investiturstreites geschickt aus. Schließlich betrieb die Stadt auch »Imagepflege«, etwa mit dem Aufdruck »Colonia Sancta« auf Münzen, mit der Reliquienvermehrung »op kölsch« und der europaweiten Verbreitung der wundersam vermehrten Reliquie mitsamt den zugehörigen Legenden. Dennoch waren spätestens im 16. Jahrhundert die Anzeichen für den Niedergang nicht zu übersehen; symbolisch dafür stand der Domtorso. Starres Zunftdenken und religiöse Intoleranz verhinderten ab dem 17. Jahrhundert die Entstehung neuer Gewerbe bzw. die Einführung technisch-organisatorischer Innovationen wie z.B. das Verlagssystem und Manufakturen. In Zeiten des Erstarkens der Landesherrschaften und der merkantilistischen Wirtschaftspolitik wirkte es sich negativ aus, dass die Stadt sich kein eigenes Hoheitsgebiet hatte schaffen können, über das sie auch wirtschaftlich verfügen konnte, so wie dies etwa Nürnberg und Erfurt gelungen war.

Am Hansaplatz ist ein Stück der ❶ **Großen Stadtmauer** erhalten. Die Grünanlage ist gegen den Hansaring etwas geneigt; mit einem deutlichen Geländesprung fällt sie gegen eine 8–10 m breite Vertiefung ab, die heute von einem kleinen Sportplatz eingenommen wird. Auf der anderen Seite der Vertiefung befindet sich ein mächtiger, etwa 3 m hoher Erdwall, aus dem die von einem Zinnenkranz gekrönte Mauer aufragt. Die Wehrhaftigkeit der beeindruckenden Anlage betonen rechts ein Halbturm und links ein Rundturm, dem ein halbhoher Halbturm vorgelagert ist.

Erhaltener Abschnitt der Großen Stadtmauer (1180–1260) am Hansaplatz, mit Stadtgraben, Wall und zinnenbekränzter Stadtmauer

Hinter dem leichten Geländeabfall zum Hansaring verbirgt sich der eingeebnete, mit Palisaden bewehrte äußere Wall. Die breite Vertiefung geht auf den einst wassergefüllten Stadtgraben zurück; aus dem inneren, noch gut zu erkennenden Erdwall steigt die durchschnittlich 7,50 m hohe Stadtmauer auf. Sie ist aus hellen, unregelmäßig gebrochenen Steinen, Trachyt und Tuffstein, erbaut, von denen sich die dunklen, eckigen Basaltsteine abheben. Die Stadtmauer ist vielfach nur knapp einen Meter stark; allerdings wird sie stadtseitig von 1,60 m mächtigen Pfeilern verstärkt, die durch Rundbögen verbunden waren. Vom Gereonswall aus lässt sich diese Pfeiler-Rundbogen-Verstärkung noch gut erkennen. Allerdings sind die hölzernen Wehrgänge über den Bögen nicht mehr vorhanden.

Pfeiler-Rundbogen-Verstärkung der Großen Stadtmauer auf der Stadtseite am Gereonswall

Zur Abwehr der Feinde und zum Schutz der Verteidiger dienten neben der Brustwehr die sich nach außen verjüngenden Schießscharten. Die Kölner Bürger waren zur Verteidigung der Stadt gegen Angriffe verpflichtet und mussten entsprechend gerüstet sein. Die Stadtmauer war in einzelne Abschnitte eingeteilt, die jeweils von einer bestimmten Berufsgruppe verteidigt werden mussten. Die Verteidigung des Mauerabschnitts am heutigen Hansaring war den Steinmetzen aufgetragen.

Der Rundturm des erhaltenen Mauerabschnitts am Hansaplatz war ursprünglich ein (Wind-)Mühlturm, der im 15. Jahrhundert einem älteren, außen noch zu erkennenden Halbturm zur Stadtseite hin vorgebaut wurde. Der Mühlengang ruhte auf hohen Pfeilern, die durch Rundbögen verbunden waren. Es handelt sich hier um die Gereons- oder Herrenleichnamsmühle, neben der Bottmühle und Kartäusermühle, eine der drei Windmühlen Kölns, die sich auf der Stadtmauer befanden und somit günstig zum Wind standen (gut zu erkennen im Plan von Arnold Mercator von 1570, H.A., Karte 23).

Auf der Landseite war die halbbogenförmige Stadtmauer ca. 5.400 m lang. Sie wurde durch zweiundfünfzig Wehrtürme verstärkt. Der nordsüdlich verlaufende Mauerabschnitt entlang des Rheins erstreckte sich vom Kunibertsturm im Norden bis zum Bay-

In die Stadtmauer integrierter Mühlturm aus dem 15. Jh. Projizierender Querschnitt der Gereonsmühle. Federzeichnung von 1720.

enturm im Süden über ca. 2.900 m. Beide Festungstürme schützten den Zugang zum Rheingestade, das als Hafen, Werftgelände und Lagerraum diente. Die zahlreichen Tore und Pforten der Rheinmauer gewährleisteten einen raschen Zugang zum Rheinviertel (H.A., Abb. 30).

Die zwischen 1180 und 1260 erbaute Große Mauer zählte zu den mächtigsten Stadtbefestigungen des Abendlandes. Sie bot ihren Bürgern über 500 Jahre Schutz vor feindlichen Übergriffen. Als Grenze zwischen Stadt und »plattem Land« war sie Sinnbild der mittelalterlichen Stadt und Symbol der Freiheit ihrer Bürger. Zugleich bot sie einen imposanten Rahmen für das von über 300 Kirchtürmen bestimmte Stadtbild der Sancta Colonia.

Die wuchtige ❷ **Eigelstein-Torburg** ist neben dem Hahnentor im Westen und dem Severinstor im Süden eines der wenigen Stadttore, die vom Abriss verschont geblieben sind. Sie stellt eine Doppelturm-Torburg dar: Die spitzbogigen Portale werden von zwei mächtigen mit Schießscharten bewehrten Türmen flankiert. Stadtauswärts gesehen links in einer Nische steht der »Kölsche Boor«, Symbol für die Wehrhaftigkeit der Stadt. Der Sockelbereich besteht aus Basaltquadern, das Mauerwerk darüber aus Tuffstein. Innen- und Außentor waren durch Fallgitter gesichert. Im Innenraum zwischen den beiden Toren kontrollierte man den Verkehr. Zwischen dem Außentor der Torburg und dem nur wenig gesicherten Vortor befand sich eine Art Zwinger, ein von Mauern eingeschlossener Raum. Das Vortor des Severins- und das des Hahnentors wurde jeweils durch eine zweite Burganlage gesichert (Doppel-Burganlage).

Das mächtige Eigelsteintor stellt eine Doppelturm-Torburg dar. Zwischen Torburg und wenig befestigtem Vortor befindet sich ein von Mauern eingefasster Zwinger.

Die hochmittelalterliche Stadtmauer wies auf der Landseite zwölf Tore auf, von denen neun durch Torburgen geschützt waren. Die restlichen drei Tore wurden später aus Sicherheitsgründen zugemauert. Die Mauerdurchlässe waren nämlich die Schwachstellen der mittelalterlichen Wehranlage. Mit der Entwicklung der Artillerie sah sich die Stadt genötigt, fünfundzwanzig Bastionen zu errichten, die sich kranzartig um die Mauer legten (H.A., Karte 15).

Der Ausschnitt aus dem Stadtmodell im Stadtmuseum (Vorlage Mercator-Plan v. 1570/71) lässt erkennen, dass auch 300 Jahre nach der Fertigstellung der Großen Mauer große Bereiche der Stadtfläche unbebaut waren und landwirtschaftlich genutzt wurden.

Das nach dem Stadtplan von Arnold Mercator (1570/71) erstellte **Stadtmodell** im ❸ **Kölnischen Stadtmuseum** (Insel 232) bietet einen sehr anschaulichen Überblick über die Gesamtanlage der hochmittelalterlichen Stadtbefestigung und ihre Details, beispielsweise die vielen Türme und die mächtigen Torburgen. Das Modell zeigt zudem, dass die Außengebiete des über 400 ha großen Stadtareals auch 300 Jahre nach Fertigstellung der Mauer noch unbebaut waren und landwirtschaftlich genutzt wurden. Die gewaltige, auf weiteres Wachstum angelegte finanzielle Kraftanstrengung der hochmittelalterlichen Stadt für den Bau der riesigen Befestigungsanlage erwies sich im Nachhinein als nicht gerechtfertigt. Der spätestens im 16. Jahrhundert einsetzende wirtschaftliche Niedergang Kölns führte auch zu einer Stagnation der Stadtentwicklung.

Das Stadtpanorama von Anton Woensam aus dem Jahr 1531 zeigt Köln erstmals recht wirklichkeitsnah. Die sakralen Bauten, die Statussymbole der mittelalterlichen Stadt, sind zwar in ihrer Größe stark überhöht, aber dennoch in ihrer unverwechselbaren Individualität dargestellt. Vor der rheinseitigen Mauer mit ihren zahlreichen Türmen und Pforten ankert eine ganze Flottille von Schiffen, links liegen die »Oberländer« mit ihren merkwürdig hochgezogenen Hecks, rechts die »Niederländer« mit erkennbarer Segelausrüstung.

Beide Schiffstypen sind im Obergeschoss (Insel 234) als Modelle im Maßstab 1:25 ausgestellt. Die zwischen Köln und Mainz verkehrenden **Oberländer** waren flach gebaut und wiesen einen ebenen Schiffsboden auf. Die Decks fielen zum Bug hin ab. Den hohen Hecks waren dreieckige Schiffshütten aufgesetzt. Der Schiffsgrundriss war trapezförmig: das Heck 6,50 m, der Bug 3,50 m breit. Die Schiffskonstruktion erscheint einfach: Der Rumpf bestand aus schuppenförmig übereinander genagelten Brettern. Die vorgefertigten Bretter wurden, wie der Stadtprospekt von Wo-

Modell eines Oberländer-Schiffes mit hochgezogenem Heck und zum Bug hin abfallendem Boden

ensam zeigt, am Rheinufer zu Schiffen zusammengezimmert. Die Oberländer wurden talwärts gerudert und auf der Bergfahrt getreidelt. Sie konnten 100–120 t Last transportieren.

Die **Niederländer** waren auf Kiel gebaut; wegen ihres Tiefgangs konnten sie auf der Bergfahrt nicht über Köln hinaus verkehren. Sie waren 20–25 m lang und besaßen ein festes Heckruder. Talwärts nutzten sie die Segelkraft, auf der Bergfahrt mussten sie ebenfalls getreidelt werden. Die Treidelschifffahrt war aufwendig. Pro 15 t Last benötigte man durchschnittlich ein Pferd oder sieben bis acht Treidelknechte. Sie war aber wesentlich billiger als der Lastwagenverkehr auf meist schlechten Straßen.

Das waldarme Holland bezog das für den Haus- und Schiffsbau benötigte Holz vom Oberrhein. Um die Transportkosten zu senken, wurden die Holzstämme zu Flößen zusammengebunden und bis zur Rheinmündung geflößt. Da die Strömung den Antrieb besorgte, beschränkten sich die Transportkosten auf die Entlohnung einer ganzen Heerschar von Flößern, die das Floß-Ungetüm mit Rudern und Ankern auf Kurs halten mussten. Das Modell eines solchen **Holländer-Floßes** aus der Zeit um 1880 ist im Obergeschoss des Stadtmuseums (Insel 132) ausgestellt. Solche Flöße waren bis 300 m lang und 30 m breit. Vorne bestand das Floß aus Navigationsgründen aus vier Einzelflößen. Gesteuert wurde es durch zahlreiche kleine Ruder im Heck- und Bugbereich; auch die vielen Anker auf dem Floss dienten zum Steuern. Auf dem Floß befanden sich zahlreiche zusammengezimmerte Hütten für die 400–500 (!) Flößer.

Modell eines 300 m langen Holländerfloßes, das von mehreren hundert Flößern navigiert wurde

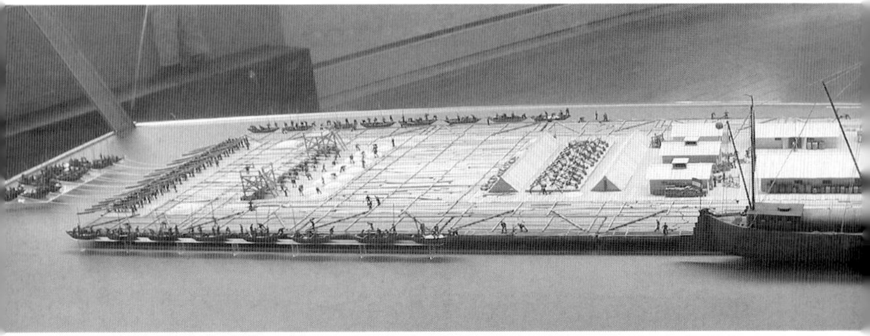

Auf ein bedeutendes Exportgewerbe des spätmittelalterlichen und frühneuzeitlichen Köln verweisen die Inseln 216 und 228 im Erdgeschoss des Stadtmuseums. Auf Insel 216 sind Rüstungen aus dem 16. Jahrhundert ausgestellt, eine vollständige Turnierrüstung mit gepanzertem Reiter und gepanzertem Pferd; ein Feldharnisch mit feiner Schmuckziselierung, teils feuervergoldet, und ein Riffelharnisch aus geriffeltem Blech.

Der **Riffelharnisch** zeigt den Krieger vollständig durch Eisenplatten geschützt: der Kopf durch den Helm mit verschließbarem Visier, der Hals durch den Nackenschirm, der Oberkörper durch Brust- bzw. Rückenstück, der Unterkörper durch Bauchreifen und Panzerschurz, die Arme durch Oberarm- und Unterarmschienen sowie einen gefingerten Handschuh, die Beine durch Schenkelstücke, Kniebuckel, Beinröhren und als »Kuhmäuler« bezeichnete Eisenschuhe.

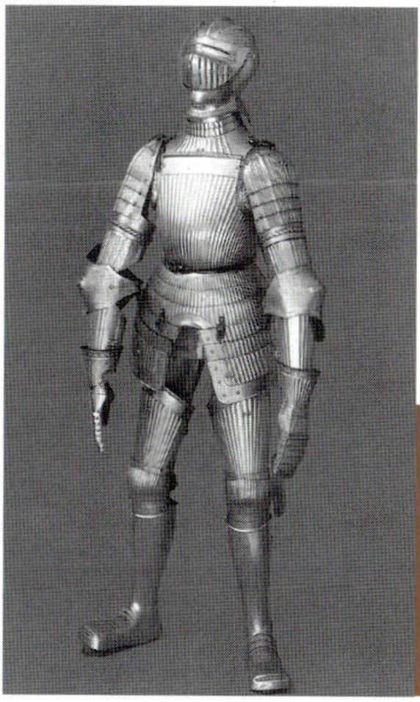

Die in Köln hergestellten Riffelharnische gehören zum Typus der Plattenpanzer, welche die Kettenhemden des Hochmittelalters ablösten, weil sie zu wenig Schutz vor Pfeilverletzungen boten.

Auf Insel 228 ist die Ausrüstung eines besser gestellten Bürgers für den Verteidigungsfall dargestellt. Sie besteht aus Brustharnisch, Sturmkappe und Hellebarde. Bürger in öffentlichen Ämtern mussten ab 1444 im Besitz von Panzer, Eisenhut und Büchse sein. Einfache Bürger waren mit Lederharnisch und Sturmhaube ausgerüstet und im Unterschied zum Schwert tragenden Adel nur mit einem Spieß bewaffnet, daher stammt auch die verächtliche Bezeichnung »Spießbürger«.

Im ausgehenden Mittelalter begannen die aus Eisenblech gefertigten Harnische die zuvor üblichen Ring- oder Kettenpanzer zu ersetzen, da sie besseren Schutz gegen Pfeilverletzungen boten. Kettenhemd, Kübelhelm, Schwert und Sporen gehörten zur Ausrüstung des hochmittelalterlichen Ritters. Die Plattenpanzer machten die Ausrüstung so schwer, dass Reiter ohne Pferd wehrunfähig waren. Deshalb musste man die Pferde ebenfalls panzern.

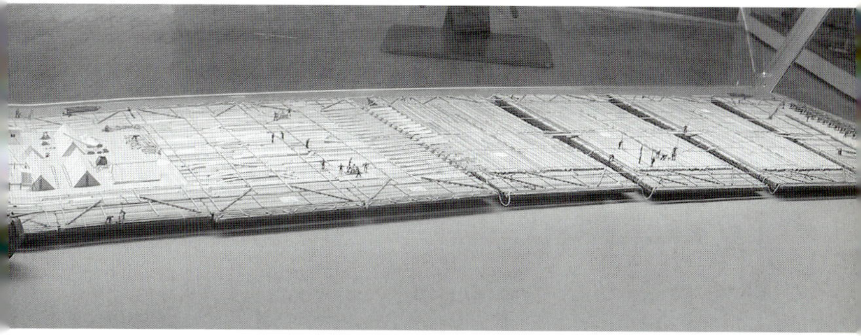

Die Waffenproduktion gewann für das Kölner Metallgewerbe zunehmend an Bedeutung. Im ausgehenden Mittelalter begann sich das Waffenschmiedegewerbe zu spezialisieren. Seitdem gab es Helmschmiede, Schwertfeger, Speermacher, Sarwörter (von saro = Rüstung), Eisenschuh- und Harnischmacher. Die Rüstungsproduktion verblieb in Köln, während sich die Waffenproduktion hin zu den Rohstoff- und Energiequellen verlagerte. Ihre Glanzzeit erlebte die Kölner Rüstungsherstellung im 16. und 17. Jahrhundert, als sie die vielen Kriegsschauplätze Europas belieferte. Mit dem verstärkten Einsatz von Handfeuerwaffen im 17. Jahrhundert ging diese Zeit zu Ende.

Das nach dem Zweiten Weltkrieg wieder aufgebaute **Stapelhaus** am Rheinufer lässt seine ursprüngliche Funktion kaum noch erkennen. Allein der nicht zerstörte Treppenturm auf seiner Südseite verweist auf das alte Stapelhaus, das zwischen 1558 und 1568 als Nachfolgebau eines hochmittelalterlichen Stapelhauses erbaut wurde. Ein Modell dieses stattlichen zweischiffigen Fisch- und Schlachthauses mit seinen parallelen Satteldächern über dem Zinnengesims und dem noch erhaltenen Treppenturm ist im Obergeschoss des Stadtmuseums (Insel 234) zu sehen. Dieses städtische Kaufhaus war über Jahrhunderte die Schaltzentrale für den bedeutenden Kölner Heringshandel. Seit dem Ende des 14. Jahrhunderts wurde der Hering als preiswerter Eiweißlieferant und als Fastenfisch immer begehrter. Dies führte zum Übergang von der Küsten- zur Hochseefischerei. Das Fanggut wurde auf hoher See verarbeitet und eingepökelt. Im Stapelhaus wurde die in Fässern aus den Niederlanden angelieferte Pökelware gelagert und von

Modell des zweischiffigen Kölner Stapelhauses im Stadtmuseum; eines von vielen Kölner Kaufhäusern, in denen Stapelware ausgestellt und zum Verkauf angeboten wurde.

den Heringsrödern kontrolliert. Entsprach sie den Qualitätsanforderungen, erhielt sie als Qualitätssiegel einen Stempel, den »Kölner Brand«. Von Köln aus verschiffte man die Heringe nach Frankfurt, Nürnberg, Augsburg und über die Mosel bis nach Metz (Insel 146 »Heringshandel« mit ausgestellten Brandstempeln).

Die Grundlage für den Kölner Heringshandel war das **Kölner Stapelrecht.** Da Köln am Übergang vom Niederrhein zum flachgründigen Mittelrhein liegt, mussten Schiffsgüter hier umgeladen werden: auf flache Oberländer für die Fahrt rheinaufwärts auf dem Mittel- und Oberrhein bzw. rheinabwärts auf Niederländer mit größerem Tiefgang für den Verkehr auf dem Niederrhein. Nach jahrzehntelangem Drängen der Kölner Kaufleute verlieh der Kölner Erzbischof ihnen 1259 das Stapelrecht. Danach mussten alle Güter, die Köln auf dem Wasser- oder Landweg passierten, drei Tage in Köln gestapelt und den Kölner Bürgern zum Verkauf angeboten werden. Das geschah in den für bestimmte Waren jeweils vorgesehenen Stapel- oder Kaufhäusern. Auf diese Weise wurden die Kölner mit frischen Waren und mit Zwischenprodukten für die Weiterverarbeitung günstig versorgt. Zudem bot sich zahlreichen Kölner Händlern eine lukrative Einnahmemöglichkeit, da sie die in Köln nicht verkaufte Ware, nun mit dem Kölner Qualitätssiegel versehen, selbst als »Kölnische Ware« weiterverkaufen konnten.

Das Straßenschild »Schwertnergasse« verweist auf das in Köln stark vertretene Harnischmachergewerbe.

Einen Hinweis auf die Standorte der Waffenschmiede liefern einige Straßenbezeichnungen. Zwischen Appellhofplatz und Offenbachplatz gibt es eine Reihe von Straßenschildern, die alte Gewerbezeichnungen tragen, z.B. die ❹ **Schwertnergasse**. Dieser seit dem 12. Jahrhundert belegte Name verweist auf die dort niedergelassenen Schwertner, Schwertfeger oder Waffenschmiede. Auch die benachbarten Straßen wie Kupfergasse, Glockengasse, Mörsergasse, Röhrergasse, Streitzeuggasse, Sporergasse, Hämergasse (von Hämacher = Pferdegeschirrmacher), Unter Helmschläger zeugen von dem hier ehemals ausgeübten Metallgewerbe. Wir befinden uns im Bereich der St. Kolumba Pfarre, in der man Ende des 16. Jahrhunderts allein achtundvierzig Harnischmacher-Meister zählte.

Angesichts der Fülle von Sakralbauten und Reliquien in der »Sancta Colonia« verwundert es nicht, dass das **Kunstgewerbe** im mittelalterlichen Köln hoch entwickelt und von großer wirtschaftlicher Bedeutung war. Steinmetze, Bildhauer und Maler schmückten die Kirchen und Kapellen aus, Kaselweber fertigten kostbare Messgewänder, Goldschmiede stellten wertvolle Reliquiare her, und eine große Anzahl von Kunstgewerblern produzierte Devotionalien und Pilgerzeichen für die nach Köln strömenden Pilgerscharen. Einen guten Einblick in das mittelalterliche Kunstgewerbe ver-

Kruzifixus aus St. Georg

mittelt das 5 **Schnütgen-Museum**, das seit 1956 eine würdige Unterkunft in der wieder aufgebauten Kirche des Damenstifts St. Cäcilien hat (Cäcilienstr. 29). Die einzigartige Sammlung mittelalterlicher Sakralkunst geht auf den Kölner Domkapitular Alexander Schnütgen zurück, der sie 1906 der Stadt Köln vermachte. Aus der Fülle der Kleinplastiken aus Elfenbein, Gold und Silber, der Reliquienbüsten, darunter die bekannte Parlerbüste von 1390, und der Glasmalerei-Exponate sei die besonders eindrucksvolle, 190 cm messende Großplastik des **Kruzifixus aus St. Georg** herausgegriffen. Der Gekreuzigte ist als Torso ohne Arme und Füße und ohne Kreuz erhalten. Sein Haupt ist leicht nach vorn geneigt. Das vom streng geordneten Haupt- und Barthaar gerahmte Antlitz verströmt eine feierliche Strenge. Das überwundene Leiden wird angedeutet durch einige Gesichtsfalten und die herabhängenden Mundwinkel. Die halb geöffneten Augen verweisen auf die unsterbliche Göttlichkeit Christi. Der leicht gebogene Rumpf wirkt fast körperlos abstrakt. Die strengen senkrechten Falten des Lendentuches verdecken den Körperbau. Die leicht gewinkelten Beine wirken ebenfalls stilisiert. Feierliche Strenge, bisweilen Starre, stilisierte und abstrahierte Körperlichkeit sind Schlüsselbegriffe für die romanische Plastik der Ottonischen Zeit, aus der dieser Kruzifixus stammen dürfte. Wahrscheinlich übergab ihn Erzbischof Anno der Stiftskirche St. Georg, als er diese im Jahre 1067 weihte.

Von der Kunstfertigkeit Kölner Weber zeugen die zahlreichen liturgischen Gewänder und Borten, die in der Kaselsammlung (Kasel = liturgisches Messgewand) des Museums aufbewahrt werden.

Das 6 **Overstolzenhaus** in der Rheingasse 8 ist das einzig erhaltene romanische Patrizierhaus in Köln. Seine Schaufront besteht aus je einem fünfachsigen Erd- und Obergeschoss sowie vier in Form eines Staffelgiebels ansteigenden Speichergeschossen. Auf den Festsaal im Obergeschoss verweisen die von Kleeblattbögen gekrönten Doppelarkadenfenster. Das Erdgeschoss wird durch säulen- und wulstgeschmückte Rundbogenfenster bestimmt, das Obergeschoss besticht durch seine bekrönten Doppelarkadenfenster und auch die Speichergeschosse weisen noch aufwendige Doppelarkadenfenster auf, die abwechselnd mit Rundbogen- und Stufenblenden versehen sind. Der Stil ist noch romanisch, die Auflösung der Giebelwand im Fenster kündigt aber schon die Gotik an.

Erbaut wurde das Overstolzenhaus um 1230 von Werner Overstolz und seiner Frau Blithilde, der Tochter des Stammvaters Gottschalk Overstolz. Das nach Kriegszerstörung 1955 wieder aufgebaute Haus ist der wohl prächtigste, von Privatpersonen errichtete Profanbau in Deutschland. Seine reich gegliederte Giebelfront bringt den Hang zur Repräsentation sowie den Stolz und das Selbstbewusstsein der Kölner »Geschlechter« zum Ausdruck, die

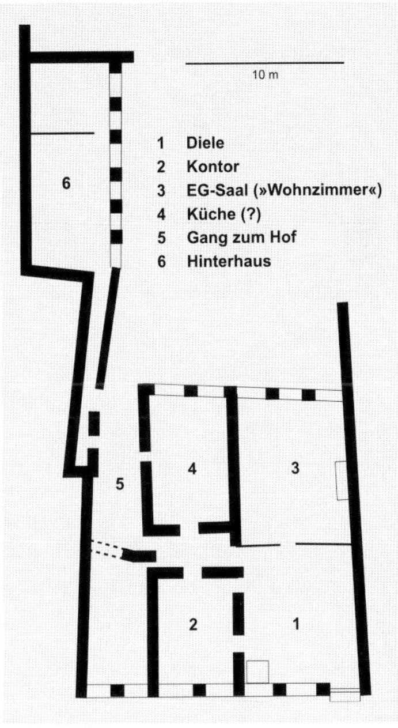

links: Stahlstich des Overstolzenhauses aus dem Jahr 1838

rechts: Grundriss-Plan des Overstolzenhauses

sich als Nachkommen römischer Patrizier verstanden und als »Richerzeche«, als Gesellschaft der Reichen, dem Erzbischof nach und nach die Stadtherrschaft abtrotzten.

Auffällig ist das Fehlen von Türen in der heutigen Straßenfront. Türen waren ursprünglich vorhanden, wie ein Stich aus dem Jahr 1838 erkennen lässt. Über einen Schrot-, also Lasten-Zugang gelangte man in das 5,15 m hohe Kellergeschoss; dort hat es nachweislich einen Brunnen gegeben. Das 4,90 m hohe Erdgeschoss war der Geschäfts- und Wohnbereich. Durch eine Tür an der westlichen Straßenfront gelangte man einst in die dreiachsige Diele, die wahrscheinlich als Verkaufsraum diente; östlich schloss sich ein zweiachsiges Kontor an. Zur Hofseite lagen die dreiachsige Wohnstube und die zweiachsige Küche. Diese Gliederung des Erdgeschosses in zwei- und dreiachsige Räume, aus der Giebelfront so nicht zu erkennen, verweist auf ein Konstruktionsmerkmal mehrachsiger Häuser in Köln. Das Vorderhaus ist wie die öffentlichen Bauten der Zeit (z.B. Gürzenich), vom Keller bis zum Dachstuhl durchgängig zweischiffig angelegt. Das Obergeschoss wurde entsprechend von einem großen repräsentativen Raum, dem Festsaal, und zwei kleineren Wohnräumen eingenommen. Hofraum und Hinterhaus waren über einen Gang erreichbar, der sich östlich an das Overstolzenhaus anschloss. Das Erdgeschoss des Hinterhauses diente Wirtschaftszwecken, das Obergeschoss enthielt Schlaf- und Gesindekammern.

Mittelalterliche Ritterspiel-Wandmalerei im Overstolzenhaus

Beim Wiederaufbau des im Zweiten Weltkrieg zerstörten Overstolzenhauses machte man eine interessante Entdeckung: Unter dem Putz einer Bogennische in der Wohnstube kamen Wandmalereien aus dem 14. Jahrhundert zum Vorschein. Sie zeigten drei Paare turnierender Reitergestalten. Ritterturniere fanden auf dem Alter Markt statt. Die Darstellung verweist auf das Streben der kölnischen Patrizier, in den Adelsstand aufzusteigen. Einigen Patriziern ist es gelungen – sie wurden zu Rittern geschlagen.

Heute ist im Overstolzenhaus die jüngste Kölner Hochschule untergebracht, die 1990 gegründete Kunsthochschule für Medien. Aus Sicherheitsgründen ist das Gebäude für die Öffentlichkeit nicht zugänglich. Eine Ausnahme bilden die Präsentationswochen jeweils zum Abschluss eines Semesters.

Zwischen Quatermarkt und Martinstraße befindet sich ein kantiger und wuchtiger zweigeschossiger Bau. Seine Hauptfront weist nach Osten, zum Heumarkt und zum Rhein. Das Erdgeschoss ist schmuckarm; es hat zu beiden Seiten ein figurengekröntes Tor, dazwischen befinden sich vier einfache Fenster. Über einem schmalen Gesims verweisen hohe Kreuzstockfenster sowie mit Blend-

Der Gürzenich, ein gotisches Stadt- und Festhaus, von der Rheinseite aus betrachtet

Darstellung tanzender Narren auf dem Kaminfries im Gürzenich

maßwerk und Wappen verzierte Zwischenräume auf die Halle im Obergeschoss. Den Abschluss nach oben bildet eine hochgezogene, mit Blendmaßwerk verzierte und mit Eckwarten versehene, von Zinnen gekrönte Attika. Kreuzstockfenster, Maßwerk, Eckwarte und Zinnen sind typische Stilmerkmale der Gotik.

Bei diesem Monumentalbau handelt es sich um den 7 **Gürzenich**, einen der wohl bedeutendsten mittelalterlichen Profanbauten Deutschlands. Das schmuckarme Erdgeschoss diente einst als Speicher und Lagerraum, die Halle darüber als Verkaufsraum und zugleich als »gute Stube« Kölns. Der Gürzenich kann als erstes Messehaus Kölns bezeichnet werden; auf diese Funktion verweisen die alten Straßennamen »Am Kaufhaus« (die Verlängerung der Bolzengasse) und »Kaufhausgasse« (die heutige Gürzenichstraße).

Den Gürzenich hatte die Stadt Köln in den Jahren 1437 bis 1444 auf dem ehemaligen Anwesen der Herren von Gürzenich und einigen anschließenden Grundstücken für Empfänge hochrangiger Gäste und für glanzvolle Bürgerfeste errichten lassen. Ab dem 19. Jahrhundert erlebte »Des Rates Tanzhaus« neuen Glanz als Veranstaltungsort von Kunstausstellungen, Konzerten und Karnevalssitzungen. Auf die seit dem hohen Mittelalter belegten »Fastelovende« verweist eine Darstellung tanzender Narren um 1440 auf dem ehemaligen Kamin an der Ostseite des Festsaals.

Beim Wiederaufbau nach der Zerstörung durch den Zweiten Weltkrieg erhielt der Gürzenich eine elegant geschwungene Treppenanlage, die vom Foyer im Erdgeschoss zu den beiden Sälen im Obergeschoss führt, dem Großen Saal und dem kleinen Isabellensaal. Besonders gelungen erscheint die Einbeziehung der als Mahnmal erhaltenen Kirchenruine von Alt St. Alban. Durch eine Glaswand schaut man in den stimmungsvollen Chorraum, in dem sich eine Kopie der »Trauernden Eltern« von Käthe Kollwitz befin-

Der mittelalterliche Festsaal des Gürzenich vor dem Umbau des 19. Jahrhunderts (vor 1855). Zeichnung von Heimann, 1914

det. Etwas gewöhnungsbedürftig mutet der bei Renovierungsarbeiten im Jahr 1997 an der Südfront angebrachte glasverkleidete Lastenaufzug für das Obergeschoss an. Sein Stahlskelett versucht das rasterförmige Blendmaßwerk des spätgotischen Baus aufzugreifen.

Über die Freizeitvergnügungen der einfachen Leute im mittelalterlichen Köln sind wir nur ungenügend informiert. Angesichts der vielen Feiertage blieb der erwerbstätigen Bevölkerung bei geschätzten 2.300 Arbeitsstunden im Jahr – das sind etwa zehn bis zwanzig Prozent mehr als heute – ausreichend Zeit für Freizeit und nicht erwerbsorientierte Arbeit, z.B. in Haus und Garten. Vom Kölner Chronisten und Ratsherrn Weinsberg (1519–1597) wissen wir, dass er neben Geschäftsreisen auch schon touristische Reisen unternahm und sich hin und wieder, um Epidemien auszuweichen oder auszuspannen, auf seinen Landsitz zurückzog. Ab dem späten 15. Jahrhundert begannen neben Gauklern, Akrobaten und Musikanten auch fahrende Theatergruppen die Bewohner Kölns zu unterhalten. Höhepunkte der Unterhaltung und willkommene Abwechslungen im Alltagsleben stellten für alle Gesellschaftsschichten hohe Kirchenfeste, Kaiserbesuche, Tagungen und Synoden sowie Jahrmärkte und Hinrichtungen dar.

Die bei dem romanischen Overstolzenhaus erkennbare vertikale Gliederung wurde im Prinzip bis in die frühe Neuzeit beibehalten. Seit dem 16. Jahrhundert stockte man die Häuser der reichen Kaufleute und die Gildehäuser auf, wodurch sich eine deutlichere Trennung von Wohn- und Geschäftsbereich ergab. Davon zeugen die beiden wieder aufgebauten Renaissancehäuser der Kölner Altstadt: das vom Ratsherrn und Weinhändler Wilhelm Peter Terhaen aus Lennep 1568 errichtete Eckhaus **8 a Zum St. Peter** am Heumarkt 77 und das vom Steinmetzmeister Benedikt von Schwelm 1580 bis 1582 erbaute Doppelhaus **8 b Zum Dorn** und **Zur Bretzel** am Alter Markt 20 und 22.

Das viergeschossige Eckhaus »Zum St. Peter« besteht aus einem 5,30 m hohen Kellergewölbe, einem 4,80 m hohen Erdgeschoss darüber, einem niedrigen Zwischengeschoss mit Hängestuben, die als Kontore oder als Gesinde- oder Schlafkammern dienten, einem 3,40 m hohen ersten Obergeschoss und einem nur 2,80 m

links: »Zum St. Peter«, das prächtigste Renaissance-Haus Kölns, am Heumarkt

rechts: Doppelhaus »Zum Dorn« und »Zur Bretzel« aus der Renaissance, Südostecke Alter Markt

hohen zweiten Obergeschoss. Während die hohen Fenster des ersten Obergeschosses auf den Festsaal verweisen, diente das niedrige zweite Obergeschoss wahrscheinlich als Speicher, enthielt eventuell aber auch Schlaf- und Gesindekammern. Der mit Volutengiebeln geschmückte Dachraum wurde ebenfalls als Speicher genutzt. Der unmittelbar unterhalb des Giebelabschlusses befindliche starke Querbalken lässt noch erahnen, dass hier ursprünglich der Kranbalken zum Hochziehen der Waren angebracht war, auf den man beim Wiederaufbau des Hauses verzichtet hat. Die Stockwerke sind durch breite horizontale Gesimse getrennt, die dem Bau einen für die Renaissance typischen horizontalen Akzent verleihen. Die Fassadenwände erscheinen durch die dicht aneinander gesetzten Kreuzstockfenster wie aufgelöst. Dieses prächtige Renaissancehaus ist ein Relikt aus einer Zeit, in der der Heumarkt aufgrund seiner Ausmaße von knapp 2 ha und seiner prächtigen Häuserkulisse zu den schönsten Stadtplätzen Europas zählte.

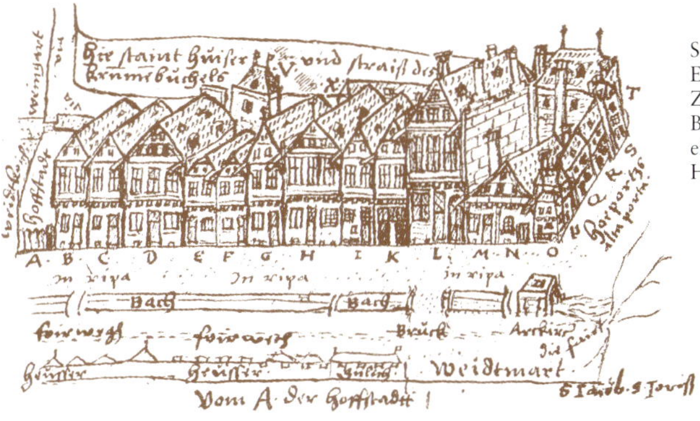

Schmalbrüstige Eigentums- und Zinshäuser am Blaubach, nach einer Skizze von H. Weinsberg

Die beiden Häuser »Zum Dorn« und »Zur Bretzel« sind jeweils nur zwei Achsen breit. Über dem hohen Erdgeschoss und einem niedrigen Zwischengeschoss befinden sich zwei ausgebaute Obergeschosse und vier Speichergeschosse. Auch hier markieren breite Gesimse die jeweiligen Geschosse. Die Kreuzstockfenster sind weniger eng aneinander gesetzt. Die Volutengiebel tragen noch deutlich erkennbare Kranbalken.

Im Gegensatz zu den reichen Kaufmanns- und angesehenen Handwerkerfamilien, die sich repräsentative Häuser in teurer Lage leisten konnten, lebten die einkommensschwächeren Schichten weitaus bescheidener. Wie uns Hermann von Weinsberg unterrichtet, bewohnten die einfachen Handwerker und Krämer schmalbrüstige Häuser in abgelegenen Gassen, oft nur zur Miete (Zinshäuser). Die arme Bevölkerung suchte sich Unterkunft als Untermieter oder in Schuppen, Scheunen und in alten Schiffen oder auch in Bretterverschlägen zwischen den Mauerpfeilern

Der dritte bedeutende Profanbau im mittelalterlichen Köln war das ⑨ **Rathaus**. Es bestand aus einem ganzen Komplex von Gebäuden. Der prominenteste Bau war der **Ratsturm**. Er wurde von der Kölner Bürgerschaft zwischen 1404 und 1414 erbaut, kurz nach Verabschiedung einer neuen bis 1794 gültigen Verfassung, durch die die Macht in die Hände eines zünftisch kontrollierten Rates gelegt wurde. Dieser den niederländischen Glockentürmen (Belfrieden) nachempfundene Prachtbau zeugt vom Stolz der Bürger über die erlangte Freiheit: Er ist wie der Dom im neuen maßwerk- und figurengeschmückten französischen Stil erbaut und überragt mit seinen 61 m Höhe fast alle Türme der Stifte und Klöster, ja selbst den Dom bis zu seiner Vollendung im 19. Jahrhundert. Die Räume dieses ersten Verwaltungshochhauses wurden als Weinkeller, als Waffenkammer, als Rentkammer zur Aufbewahrung von Geld und »Wertsachen« der Stadt und als Sitzungssaal (Senatssaal) genutzt. Südlich an den Ratsturm schließt sich die nach Plänen von Cornelis Floris und von Wilhelm Vernukken aus Kalkar erbaute **Rathauslaube** an. Sie besteht aus zwei übereinander angeordneten Laubenarkaden und ist fünf Achsen breit und zwei Joche tief. Die beiden Außenachsen springen risalitartig vor. Noch markanter tritt die Mittelachse aus dem Baukörper hervor; sie wird

Der wieder aufgebaute Kern des Alten Rathauses mit Saalbau der Richerzeche, Rathausturm der Zünfte und der Renaissance-Laube als Eingangshalle

Das Alte Rathaus ist ein Komplex von Gebäuden aus dem 12.–17. Jh.

zudem von einer der Gebälkzone aufsitzenden Ädikula mit einer Statue der Justitia gekrönt. Die ausgeprägte Gebälkzone und der die beiden Stockwerke trennende Architrav mit dem aufsitzenden Friesfeld geben der Laube eine stark horizontale Komponente. Im mittleren Friesfeld ist die Sage vom Sieg des Bürgermeisters Grin über den Löwen dargestellt; das Relief symbolisiert das Ringen um die Macht zwischen dem Erzbischof und der Stadt. Die beiden Außenfriese zeigen analog dazu die Geschichte von Samson und Daniel aus dem Alten Testament. Die Allegorie der Gerechtigkeit in der Ädikula verweist darauf, dass im Rathaus auch Recht gesprochen wurde, und zwar im Erdgeschoss der Rathauslaube. Von der mittleren Laubenarkade im Obergeschoss wurden die neuen Ratsbeschlüsse verkündigt (»Morgensprache«). Allegorische Darstellungen und das Aufgreifen von antiken Bauelementen sind typische Stilmittel der Renaissance.

Die Rathauslaube war der repräsentative Zugang zum **Großen Ratssaal**, der seit dem 18. Jahrhundert »Hanseatischer Saal« oder auch kurz »Hansasaal« hieß. Der Überlieferung nach tagten dort im Jahr 1357 die Vertreter der Hansestädte und beschlossen den Krieg

Allegorische Figuren von der Südwand des »Hansa«-Saals (Personifikationen der Stadtrechte)

gegen den dänischen König. Die von spitzbogigen, maßwerkverzierten Fenstern bestimmte und von einem Zinnengesims nach oben abgeschlossene Längsfront des Saals liegt hinter der Ratslaube. Innen besticht der spitztonnengewölbte Hansasaal allein durch seine Dimensionen: Er ist 7,60 m breit, 30 m lang und 9,60 m hoch. Der Blick des Besuchers wird sogleich auf die beiden reich geschmückten Giebelwände gelenkt. Die Nordwand ist aufwendig mit Maßwerkverzierungen und drei interessanten, nur schwer zu deutenden Königsfiguren ausgestattet. Die beiden äußeren Figuren werden vielfach als Personifizierungen der wichtigsten städtischen Privilegien gedeutet, des Befestigungsrechts und des Stapelrechts. Die mittlere Figur könnte König Ludwig den Bayern darstellen, der die Kölner Privilegien gerade bestätigt hatte; vielleicht bezieht sich die Urkunde, die er in den Händen hält, auch auf die Verleihung des Marktrechtes. Die Südwand ist mit einer Fialgalerie geschmückt, in deren Nischen neun lebensgroße Figuren in mittelalterlichen Rüstungen stehen. Sie sind wahrscheinlich um 1330 entstanden und verkörpern die »guten«, vorbildlichen Helden: Alexander den Großen, Hektor und Caesar aus der Antike; Judas, Makkabäus, David und Josua aus dem Alten Testament; Gottfried von Bouillon, König Artus und Karl den Großen aus dem christlichen Abendland.

Durch Grundstückskäufe konnte der Rathauskomplex nach Süden und Osten, dort bis zum Alter Markt, erweitert werden. Das Leinenkaufhaus, das erste städtische Kaufhaus Kölns, wurde im Obergeschoss um die Mitte des 16. Jahrhunderts zu einem Empfangssaal umgebaut, die Marktfront mit einer prächtigen Renaissance-Fassade versehen. Im 18. Jahrhundert ließ der Rat den Empfangssaal zu einem repräsentativen Rokokoraum umgestalten, dem »Muschelsaal«, der im 19. Jahrhundert als Sitzungssaal diente – der dritte Sitzungssaal nach dem Hansasaal und dem Senatssaal im Rathausturm. Einen großen Anbau erhielt das alte Rathaus zwischen 1608 und 1615 mit dem zweigeschossigen »Spanischen Bau«. Über dem »rustikalen« Erdgeschoss mit seinen fünf großen Rundbögen, die den Blick in die gewölbte Halle im Erdgeschoss freigaben, erhob sich die von hohen Sprossenfenstern gegliederte Fassade des Obergeschosses mit dem großen Sitzungssaal, in dem die Versammlungen der Spanischen Liga 1623 stattfanden. Gekrönt wurde die Längsfront von einem überaus schmuckreichen Volutengiebel. An die Stelle des im Zweiten Weltkrieg zerstörten Spanischen Baus trat in den 1950er Jahren ein schlichter Verwaltungsbau.

Auf das alte Judenviertel am Rathaus verweisen heute noch einige Straßennamen wie Judengasse und Portalsgasse, vor allem aber die wieder zugängliche ⑩ **Mikwe**, das seit 1989 mit einer Glaspyramide abgedeckte rituelle Bad der jüdischen Gemeinde. Ein 16 m tiefer Schacht führt hinab zum reinigenden Grundwasser, das sich in einem steinernen Badetrog sammelt. An gleicher Stelle wird ein spätantiker Vorgängerbau vermutet, der in karolingischer Zeit durch ein Erdbeben zerstört wurde. Im Zuge des Pogroms von 1096 wurde der Nachfolgerbau vernichtet. Das heute sichtbare Bad geht auf das 12. Jahrhundert zurück (H.A., Karte 18).

Köln besaß eine der größten und ältesten Judengemeinden auf deutschem Boden. Die Juden standen wie die christlichen Kaufleute im frühen Mittelalter unter königlichem Schutz. Deshalb wurden sie auf königsfreiem Grund westlich des Alter Marktes angesiedelt. Als nicht waffenfähige Bewohner waren sie auf den Schutz des Bischofs und des Rates angewiesen, den sie sich immer wieder teuer erkaufen mussten. Das bewahrte sie dennoch nicht vor Verfolgungen. Im Jahr 1424 wies man sie endgültig aus Köln aus. Die meisten begaben sich in die Obhut des Erzbischofs; sie ließen sich im kurkölnischen Deutz nieder.

Die Mikwe, das rituelle Bad der jüdischen Gemeinde in Köln aus dem 12. Jh.

Von der Deutzer Judengemeinde zeugt noch ihr alter Friedhof am Judenkirchhofsweg, angelegt außerhalb der Siedlung auf einem Grundstück, das der Erzbischof Joseph Clemens von Bayern 1695 den Deutzer Juden überlassen hatte. Hier ruhen namhafte Kölner Juden wie die Mitglieder der Bankiersfamilie Oppenheim und der Kantor Isaak Offenbach, der Vater des Komponisten Jacques Offenbach. Die älteren Grabsteine tragen ausschließlich hebräische Inschriften und Namenszeichen und stehen aufrecht. Die jüngeren ähneln zum Teil nichtjüdischen Grabmälern und haben deutsche Inschriften. Da sie sich im Schussfeld der nahen Deutzer Festungsanlagen befanden, mussten sie liegend angeordnet werden.

links: spätmittelalterliche Einrichtungsgegenstände: Stocktruhe, Stuhl, Bildteppich

rechts: barocke Kommode

Um einen Eindruck von der Einrichtung der alten Häuser wie »Zum St. Peter« oder »Zur Bretzel« zu erlangen, stattet man am besten dem ⓫ **Museum für Angewandte Kunst** einen Besuch ab. Die mittelalterlichen Wohnräume waren nur spärlich möbliert.

Wichtige Möbelstücke zur Aufbewahrung von Kleidern und Wäsche waren die transportablen Stocktruhen. Auch Eichentische und Stühle mit Ledersitzen und geschnitzten Rückenlehnen gehörten zur Einrichtung. Die Wände wurden teils vertäfelt oder mit Wandmalereien oder Bildteppichen geschmückt. Schmuckvolle Kamine sind in Köln seit dem 15. Jahrhundert überliefert, Glasfenster aus Glasstücken, die mit Bleiruten umfasst und verbunden waren, seit dem 14. Jahrhundert.

Zur Barockausstattung des Hauses »Zum St. Peter« hätten vielleicht ein Bildteppich mit allegorischen Motiven, ferner eine Kommode mit feinen Einlegearbeiten, bronzenen Beschlägen und einer abschließenden Marmorplatte gehört. Außerdem gepolsterte, mit reich verzierten und vergoldeten Lehnen versehene Stühle und Sofas. Auf einem vergoldeten Ziertisch hätten feines Porzellan und eine silberne Kaffeekanne gestanden.

Vom Wallrafplatz zweigt eine Straße nach Westen ab, die den Namen ⓬ **An der Rechtschule** führt. Er verweist auf die 1435 bis 1437 erbaute »Juristen Schoile«, in der die Studierenden der Juristischen Fakultät ausgebildet wurden.

Die 1388 gegründete erste städtische Universität Deutschlands war nicht in einem zentralen Gebäude untergebracht, sondern auf zahlreiche Häuser westlich des Doms verstreut. Die meisten Studenten lebten in Bursen, den studentischen Wohnhäusern, unter der strengen Aufsicht von Doktoren und Magistern, die begüterten wohnten in bürgerlichen Unterkünften.

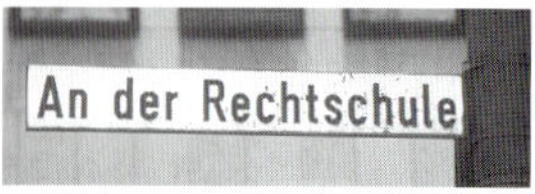

Straßenschild »An der Rechtschule«, verweist auf eine Burse der Juristischen Fakultät der mittelalterlichen Kölner Universität, in der Studenten wohnten und unterrichtet wurden.

Nach dem Vorbild der bereits in Italien und Frankreich existierenden Universitäten bestand auch die Kölner Universität aus vier Fakultäten. Die größte war die »Artistenfakultät«. Dort wurden die jungen Studenten in den »sieben freien Künsten« unterrichtet: in Grammatik, Rhetorik, Dialektik sowie in Arithmetik, Geometrie, Astronomie und Musik. Erst nach dem Magisterabschluss in dieser Grundausbildung konnten die Studenten ein Studium in einer der »höheren Fakultäten«, in Theologie, Jurisprudenz und Medizin, aufnehmen.

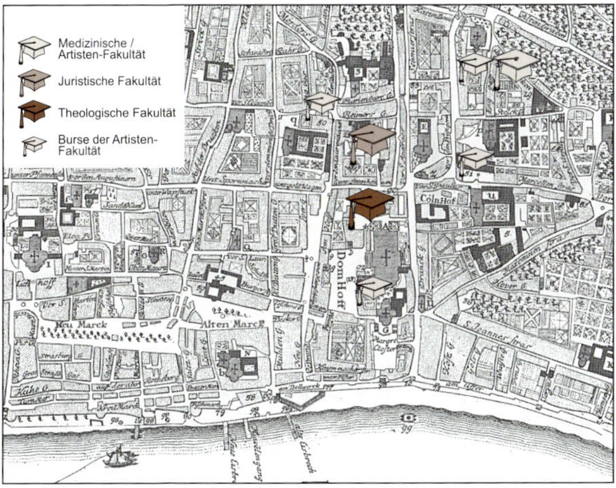

Die mittelalterliche Universität mit ihren in der Domumgebung verteilten Fakultäten und Bursen

Ihre Blütezeit erlebte die Universität Köln im 15. und Anfang des 16. Jahrhunderts. International am angesehensten war die Theologische Fakultät. Die Kölner Theologen läuteten aber auch mit ihrem strammen gegenreformatorischen Kurs den Niedergang der Universität ein. Bald galt sie in Gelehrtenkreisen und bei Studenten als rein katholisch und intolerant, zunehmend auch als rückständig, da sie am spätmittelalterlichen scholastischen Denken und dessen Methoden festhielt. Gegenüber den reformatorisch und humanistisch geprägten Universitäten verlor sie immer mehr an Attraktivität.

Am Ende des Mittelalters waren die meisten Kirchenbauten Kölns romanischen Ursprungs. Von diesem romanischen Umfeld sollte sich der Dom als »architektonisches Reliquiar« seiner kostbaren Reliquien sowohl durch den neuen französischen Stil als auch durch seine Dimensionen deutlich abheben.

Den Prototyp der vorherrschenden romanischen Baukunst verkörpert der Kirchenbau des Stifts ⓭ **St. Aposteln**. Bestechen die älteren romanischen Kirchen Kölns durch ihre auch baugeschichtlich bedingte Individualität, so beeindruckt die neben St. Andreas und St. Kunibert jüngste romanische Kirche St. Aposteln durch ihre architektonische Geschlossenheit und Harmonie. Dies wird

Ehemalige Stiftskirche St. Aposteln als Prototyp für den romanischen Sakralbau in Köln.

deutlich, wenn man sich der Kirche von Osten, vom Neumarkt her, nähert. Kleeblattchor (Trikonchen-Anlage) mit integrierten schmalen Chorflankentürmen und der krönende Vierungsturm bilden eine Einheit, deren Geschlossenheit durch das Aufgreifen gleicher Stilelemente betont wird. So wird etwa die Achteckigkeit der Flankentürme vom Vierungsturm aufgegriffen, der wiederum die Zwerggalerien der Konchen (Apsiden) aufnimmt. Den Kontrapunkt zu diesem klassisch romanischen Ostabschluss bilden im Westen Querschiff, Westchor und der wuchtige Viereckstum, der mit seinen 67 m Höhe eine weithin sichtbare Landmarke für die Besucher Kölns darstellte, die sich der Stadt von Westen, über die alte Römerstraße, näherten.

In salischer Zeit war St. Aposteln eine doppelchörige Basilika mit eindeutiger Westausrichtung, worauf das ausladende Querschiff, der große, den Aposteln geweihte, viereckige Hauptchor und die Krypta hinweisen. Hier inmitten der Apostel fand auch der Stifter der Kirche, Erzbischof Pilgrim, seine Ruhestätte. Ihm verdanken die Kölner Erzbischöfe das Recht, die deutschen Könige in Aachen krönen zu dürfen. Mit Vollendung des Kleeblattchors in staufischer Zeit erhielt St. Aposteln eine östliche Ausrichtung (Vierungsaltar und Hochaltar in der Ostkonche).

Auf der Südseite des Kirchenbaus schlossen sich einst der Kreuzgang und die Stiftsgebäude an. Auf der Nordseite befand sich die »Halle«; sie diente bis zu ihrem Abbruch als Pfarrkirche. Unmittelbar vor dem Kleeblattchor verlief die alte Römermauer. Die Stiftskirche lag also vor den Toren der Stadt und wurde erst 1106 in die Stadt einbezogen. Fortan diente die Römermauer als Immunitätsmauer. Über ihren Wehrgang konnte man eine kleine Tür im Chor erreichen, auf die heute noch Spuren in der Wand hinweisen. Die Stifte und größeren Klöster waren einst von einer Immunitätsmauer umgeben. Innerhalb der Immunitätsmauer hatte die weltliche Gerichtsbarkeit keine Geltung. Klosterinsassen und Menschen, denen es gelang, in den Immunitätsbezirk vorzudringen, waren der geistlichen Gerichtsbarkeit unterstellt. Heute ist St. Pantaleon die einzige kirchliche Einrichtung in Köln, deren Immunitätsmauer noch teilweise erhalten ist.

Bis zum Ende der reichsstädtischen Zeit wurden die Toten in den Kirchen und auf Friedhöfen in unmittelbarer Nähe der Kirchen, und damit nahe dem Heil, bestattet. Der Name »Lichhof« für die Plattform östlich des Dreikonchenchores von St. Maria im Kapitol verweist noch auf einen solchen »Kirchhof«. Begräbnisstätten innerhalb der Stadtmauern waren katholischen Bewohnern vorbehalten. Die zur protestantischen Konfession übergetretenen Kölner hatten weit vor der westlichen Stadtmauer ein Stück Land für ihre Toten erworben, das als ⓮ **Geusenfriedhof** 1576 erstmals belegt ist. Als »Geusen« (Bettler) wurden die holländischen Glaubensflüchtlinge bezeichnet. Bis 1829 bestattete man dort die Protestanten. Nachdem der Zentralfriedhof Melaten auch für Angehörige anderer Konfessionen freigegeben war, wurden auf dem Geusenfriedhof nur noch wenige Leichname beigesetzt (bis 1875). Auf diesem alten Friedhof ist eine Vielzahl außergewöhnlicher Grabdenkmäler erhalten, vor allem Grabplatten mit reichem Wappenschmuck und Inschriften des 18. und 19. Jahrhunderts, die zum Teil auch Auskunft geben über die Berufe der Verstorbenen, unter anderem Kaufleute, Buchdrucker oder Offiziere.

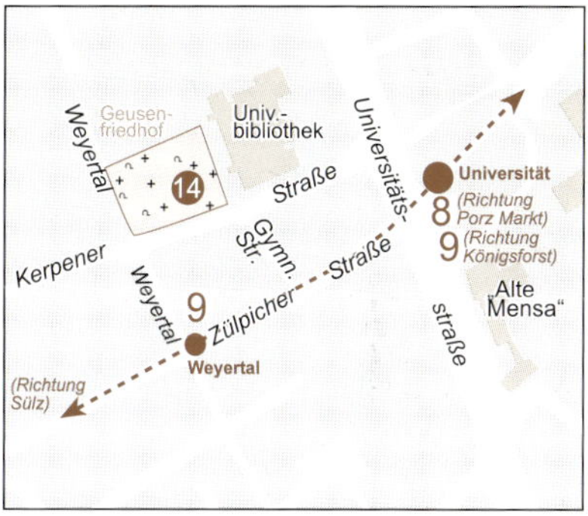

Der Eingang zum Geusenfriedhof befindet sich am Anfang der Kerpener Straße (Ecke Weyertal). Geöffnet ist der Friedhof im Winterhalbjahr von 9.00–17.00 Uhr, im Sommerhalbjahr bis 19.00 Uhr.

Gräber auf dem Geusenfriedhof. Hier vor den Toren der Stadt wurden die protestantischen Kölner begraben.

Auf den Spuren der Franzosen- und frühen Preußenzeit

Stationen: ❶ Fort X ❷ Ehemaliger Sicherheitshafen ❸ Komödienstraße ❹ Stadtmuseum ❺ Regierungspräsidium/Alte Wache ❻ Stammhaus 4711, Glockengasse ❼ Trinitatiskirche ❽ Altstadtmarkt an St. Aposteln ❾ Klassizistische Dreifensterhäuser, Altstadt ❿ Friedhof Melaten ⓫ Optischer Telegraf, Flittard ⓬ Werkssiedlung »Kunstfeld«

EINFÜHRUNG IN DAS ZEITALTER

Am Ende des 18. Jahrhunderts befand sich die einst so stolze freie Reichsstadt Köln in einem desolaten Zustand. Religiöse Intoleranz und starres Zunftdenken hatten dazu beigetragen, dass die alten Exportgewerbe praktisch untergegangen waren und neue Gewerbe und neue gewerbliche Organisationsformen in Köln nur schwer Fuß fassen konnten. Die Folgen waren Bevölkerungsstillstand und ein sich ausbreitender Pauperismus. Die Universität führte nur noch ein Schattendasein. Die Stadtverwaltung war ineffektiv und von einer oligarchischen Klüngelwirtschaft bestimmt. Nach dem Stadtbild zu urteilen schien Köln mit seinen beherrschenden romanischen Kirchen im späten Mittelalter erstarrt zu sein. Spuren einer großzügigen barocken Stadtplanung suchte man vergebens. Statt breiter, heller Alleen herrschten enge, dunkle und schmutzige Gassen vor.

Um die Wende zum 19. Jahrhundert wurde Köln plötzlich und vehement in eine neue Zeit gestoßen, zunächst durch die französische Besatzung und ab 1815 durch die Preußen, die zum Teil fortführten, was die Franzosen angestoßen hatten.

Umwälzungen zur Franzosenzeit

In der kurzen Zeitspanne der französischen Herrschaft im Rheinland von 1794 bis 1814 wurde die Stadt, ihre Wirtschafts- und Gesellschaftsordnung radikal verändert. Es begann damit, dass alle Bevölkerungsteile nun dieselben Bürgerrechte erhielten und vor dem Gesetz gleich behandelt wurden. Gleichzeitig führten die Franzosen die Religionsfreiheit ein. Noch vor der Jahrhundertwende erhielt Köln eine moderne Stadtverfassung mit einem starken Bürgermeister an der Spitze und der Einrichtung von acht Fachressorts, die alle öffentlichen Angelegenheiten regelten: Polizei, Abgaben und Finanzen, Handel und Gewerbe, Kirchen, Schulen und Wohlfahrt, Heirat und Zuzug. Parallel dazu kam Köln in den Genuss des neuen französischen Rechtsystems. Zunächst wurde

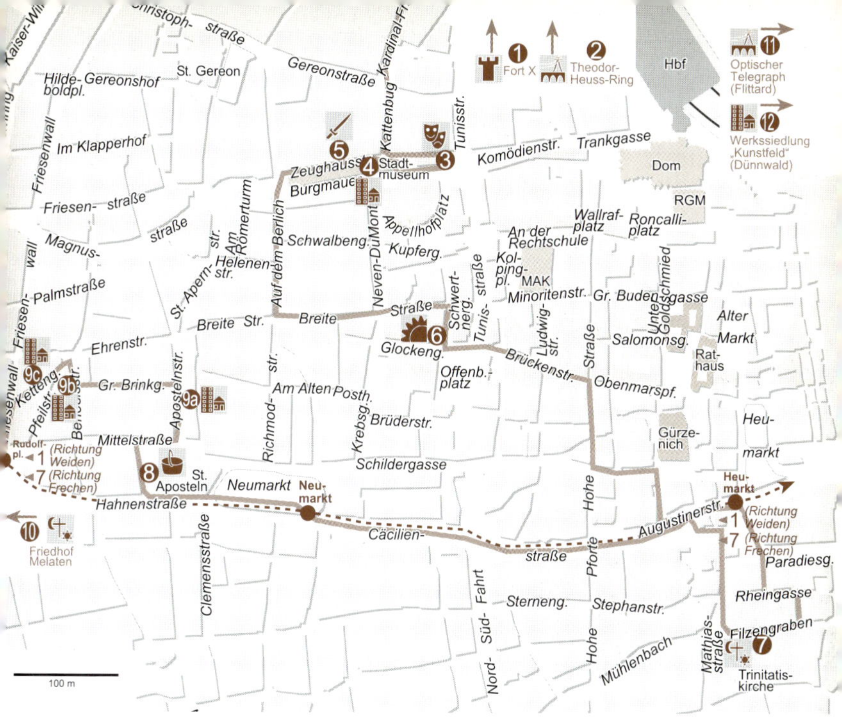

das Gerichtswesen nach rationalen Gesichtspunkten organisiert, nach Zuständigkeiten ebenso wie nach Instanzen. Gewährleistet war nunmehr die Unabhängigkeit der Richter. Die Gleichstellung aller Personen vor dem Gesetz wurde durch die Kodifizierung der Rechtssprechung gefördert: Bis 1810 erschienen fünf Gesetzesbücher, von denen das Zivilgesetzbuch (*Code civil*) und das Strafgesetzbuch (*Code pénal*) am wichtigsten waren.

Der französische Staat verbesserte auch die Rahmenbedingungen für die Wirtschaft, bisweilen auch durch wirtschaftliche Anreize, vor allem aber durch rahmengesetzliche Maßnahmen. Mit der Gleichstellung aller Bürger konnten nun auch die nicht-katholischen Bürger ihre Wirtschaftskraft frei entfalten, und zwar seit Aufhebung der Zünfte im Jahr 1798 ohne irgendwelche Beschränkungen hinsichtlich Größenordnung, Produktionszweig und Produktionstechnik. Die Unternehmer konnten die säkularisierten Kirchenbauten preiswert erwerben und für gewerbliche Zwecke nutzen (H.A., Karte 29). Schließlich bot das Handelsgesetzbuch Rechtssicherheit, und die 1803 eröffnete Handelskammer verschaffte den Unternehmern ein Forum für die Artikulation ihrer wirtschaftlichen Interessen.

Kontraproduktiv auf die Entfaltung der Wirtschaft wirkten allerdings die politischen Rahmenbedingungen, vor allem die Verlegung der Zollgrenze an den Rhein, die Kontinentalsperre und die Napoleonischen Kriege. Das vorrangige Engagement des französischen

Staates auf den europäischen Kriegsschauplätzen bewirkte, dass einige Reformvorhaben im Ansatz stecken blieben, so beispielsweise die Reform des Bildungswesens und des Wohlfahrtssektors. Bildung und Wohlfahrt sollten und mussten nach Ausfall der kirchlichen Träger unter staatlicher Regie verwaltet werden. Positiv wirkte sich die staatliche Ordnungs- und Regelungswut auf die innere Sicherheit und die städtische Hygiene aus: Die Franzosen führten Straßenlaternen und Müllabfuhr, die Durchnummerierung der Häuser, ein städtisches Schlachthaus und die Pockenimpfung ein.

Veränderungen zur frühen Preußenzeit

Die Inbesitznahme der Rheinlande durch Preußen begann für Köln mit einer Reihe enttäuschter Hoffnungen. Bei der Verteilung wichtiger Funktionen wurde Köln übergangen. Die Rheinische Universität wurde nach Bonn (1818), die Kunstakademie nach Düsseldorf (1819) und der Regierungssitz für die Rheinprovinz nach Koblenz (1822) vergeben. Die rheinische Metropole musste sich mit der Bezirksregierung und dem Appellationsgericht begnügen. Immerhin wurde das Erzbistum Köln wieder hergestellt, und in Verhandlungen mit der preußischen Regierung konnte erreicht werden, dass die fortschrittliche französische Gesetzgebung und die Stadtverfassung Bestand hielten und die Bildungsreform nunmehr energisch in Angriff genommen wurde. Man richtete Gymnasien und Realschulen sowie Volks- und Armenschulen ein.

Ab Mitte der 1820er Jahre entwickelte die preußische Verwaltung einige städtebauliche Initiativen. In rascher Folge entstanden zahlreiche öffentliche Gebäude im klassizistischen Stil, so beispielsweise das Appellationsgericht, das Zentralgefängnis, ein Theater, ein Zivilkasino und der Regierungssitz. Der Ausbau Kölns zur stärksten Festung im westlichen Preußen war mit umfangreichen Baumaßnahmen verbunden, insbesondere im Gebiet vor der mittelalterlichen Stadtmauer, wo elf gewaltige Forts und zahlreiche Erdbefestigungen, so genannte Lünetten, errichtet wurden. Innerhalb des Mauerrings griff man weitgehend auf den Baubestand des säkularisierten alten Kirchenbesitzes zurück. Das größte Bauvorhaben der frühen Preußenzeit wurde 1842 mit der Grundsteinlegung zum Weiterbau des Kölner Doms in Angriff genommen, auch als versöhnliche Geste des jungen Königs Wilhelm IV. nach dem harschen Vorgehen seines Vaters gegenüber dem Erzbischof (»Kölner Ereignis«).

Aufbruch ins Industriezeitalter

In den 1840er Jahren setzte in Köln die erste Phase der »Industriellen Revolution« ein. Neben den weiter existierenden vorindustriellen Manufakturen wurden nun zahlreiche Fabriken gegründet, die auf dem Einsatz von Arbeits- und Kraftmaschinen basierten. Die Zeit war günstig. 1834 entstand mit dem Deutschen

Zollverein ein großer einheitlicher Wirtschaftsraum. Die Dampfkraft begann das Verkehrswesen zu revolutionieren. Hatten seit den 1820er Jahren die ersten Dampfschiffe auf dem Rhein den Rheintourismus beflügelt, so übernahmen Dampf- und Schleppschiffe zu Beginn der 40er Jahre auch den Frachtverkehr auf dem Rhein. Propagiert von dem Eisenindustriellen Harkort, von führenden Bankiers wie Camphausen und von dem Nationalökonomen List, begann sich nun auch das deutsche Eisenbahnnetz rasant zu entfalten. Ab den 40er Jahren war Köln mit dem Aachen-Lütticher Raum, mit dem mittelbergischen Industriegebiet und dem nördlichen Ruhrgebiet, ab den 50er Jahren mit Süddeutschland, den Niederlanden und dem Eifel-Mosel-Raum verbunden. Daraus ergaben sich günstige Bezugs- und Absatzbeziehungen für die Industrie. Gleichzeitig begannen sich Herstatt, Stein, Schaaffhausen, Oppenheim und Camphausen auf das Bankengeschäft zu konzentrieren und Köln nach 1830 zu einem führenden deutschen Bankenstandort auszubauen. Günstige Standortfaktoren für die industrielle Entfaltung bot auch der Kölner Wirtschaftsraum selbst. Das traditionelle Kölner Gewerbe hielt gut ausgebildete Arbeitskräfte und unternehmungslustige Gewerbetreibende bereit. Teilweise gingen die neuen industriellen Unternehmen aus traditionellen Gewerbezweigen hervor, so beispielsweise die Drahtseil- und Kabelproduktion aus dem Seilergewerbe, Gießereien und der Maschinenbau aus dem Schlosser- und Schmiedehandwerk, die chemische Industrie aus dem Handel mit Drogen und Farben. Von besonderer Bedeutung für den industriellen Aufschwung waren die in Köln hergestellten Dampfmaschinen und gegen Ende des Jahrhunderts die für kleinere Betriebe interessanten in Deutz produzierten Gasmotoren.

Die Gründungswelle von Industriebetrieben löste einen Bauboom auf dem Wohnungssektor aus. Bald waren die freien Flächen innerhalb der Befestigungsanlagen überbaut. Die Stadt platzte aus allen Nähten. Viele Fabriken mussten ins Kölner Umland ausweichen, so dass sich die industrielle Entwicklung jenseits der Befestigungsanlagen in den Vororten vollzog

Der Befestigungscharakter des Gebäudes, das eine Außenstelle des Kölner Grünflächenamts beherbergt, lässt sich zunächst nur an wenigen Indizien erkennen: an den nach außen gerichteten Schießscharten, einem ummauerten Graben und schließlich ist vom Eingang zum Hof die Aufschrift ❶ **Fort X Prinz Wilhelm von Preußen** zu sehen. Da hoch aufragende, turmartige Gebäudeteile und Zinnen fehlen, fällt es schwer, das Bauwerk als eine Art Burg des 19. Jahrhunderts zu identifizieren. Das »Eingraben« des Forts in den Boden war eine notwendige Reaktion auf die Entwicklung der Waffentechnik: Die mittelalterlichen Mauern, Bastionen und Türme waren zwar sturmfrei, d.h. mit Leitern nicht zu ersteigen, aber den dicken

Kugeln der neu entwickelten Geschütze durch ihre senkrecht aufragende Fläche völlig ausgeliefert. Seit dem 15. und 16. Jahrhundert »versenkte« man die Außenmauern einer Befestigung hinter einem tiefen und breiten Graben, auf diese Weise konnten sie nicht mehr direkt beschossen werden. Der große, 12 m breite, mit spitzem Winkel nach Norden zeigende Graben weist in beiden Seitenmauern Schießscharten auf, in der Innenmauer regelmäßig, in der Außenmauer sind nur noch einige erhalten. Dies deutet auf ehemalige Galerien hinter der Mauer, von denen aus Eindringlinge, die in den Graben gelangt waren, beschossen werden konnten. Oberhalb der vormals 7 m hohen Außenmauer – der Graben wurde nach 1918 aufgeschüttet – befindet sich eine zuerst flache, dann etwas steilere Böschung. Hier befand sich der »gedeckte Gang«, von dort aus beschoss man das außen anschließende Gelände. Dieses 20 m breite, Glacis genannte Feld fiel vom Kamm der Böschung sanft nach außen hin ab. Heute stehen Bäume darauf. Von den Galerien zweigten üblicherweise Gänge zu Minenkammern unter dem Glacis ab. Diese unterirdischen Minenkammern konnten unter dem heranrückenden Gegner gesprengt werden. Die bewachsene Böschung oberhalb der inneren Grabenmauer sowie die Dachbegrünung der um den Innenhof gelegenen Gebäude des Forts machen die Erdabdeckung deutlich. Damit sollte die Zerstörungskraft von schräg oben einfallenden Kanonekugeln, so genanntem Steilfeuer, abgemildert werden: Die Kugeln gruben sich ins Erdreich ein, ohne das Mauerwerk zu zerstören.

Von Süden her kann man am Verlauf der Ziegelmauer den für die Forts dieser Zeit typischen Querschnitt ablesen: Über dem Graben erhebt sich die Mauer, darüber eine Erdböschung, die im oberen Teil flacher wird und sich hinter der höchsten Stelle, der Wallkrone, in zwei Stufen wieder nach innen absenkt. Hinter der 11 m über

Fort X: Blick vom Rosengarten auf das Kernwerk. Der Bewuchs auf dem hinteren Teil des Daches kennzeichnet die Erdauflage, die im vorderen Teil abgetragen worden ist.

dem ursprünglichen Grabenniveau gelegenen Wallkrone befanden sich auf dem abgesenkten Bereich die nach außen gerichteten Kanonen. Zwischen den einzelnen Geschützbettungen lagen 3 m hohe und 4 m breite Erdwälle, so genannte Traversen, zum Schutz gegen seitliches Feuer oder die Explosion der Munition in der benachbarten Batterie. Die spitzwinklige Anlage der Bastion erschwerte zwar das Frontalfeuer der Geschütze, bot aber eine gute Voraussetzung dafür, die in die Stadt vordringenden Gegner von zwei benachbarten Forts ins Kreuzfeuer zu nehmen.

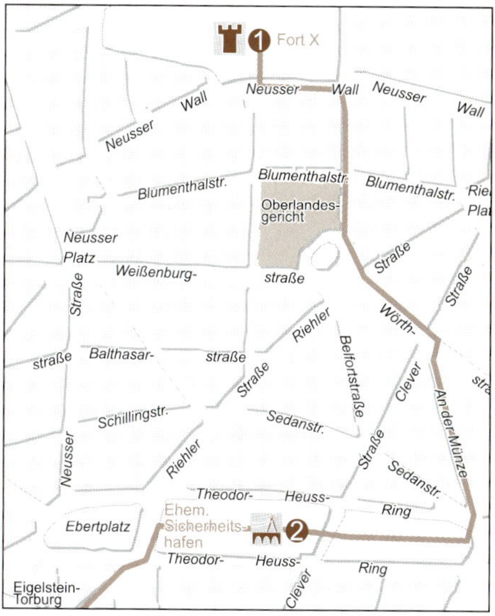

Diese spitzwinklige Konstruktion wie auch die isolierten Forts vor der Stadtmauer – das »Tenaille-System« – wurden Mitte des 18. Jahrhunderts von dem Franzosen Montalembert entwickelt und sowohl für die altpreußischen (1. Hälfte des 18. Jhs.) als auch neupreußischen (Beginn des 19. Jhs.) Befestigungen übernommen. Das Fort lag etwa 500 m vor der eigentlichen Hauptbefestigung, der mit Bastionen verstärkten Stadtmauer. Durch diese isolierten Forts konnte man um die Stadt herum mehr Artillerie aufstellen; ein direkter Beschuss der Hauptumwallung wurde verhindert und Ausfälle der Festungsbesatzung wurden durch diese Deckung begünstigt. Neben dem Fort X waren der bastionierten Stadtmauer zehn weitere Forts und sieben kleinere Zwischenwerke (Lünetten) vorgelagert. Entstanden sind sie zwischen 1816 und 1846 (H.A., S. 100–103).

Die ziegelummauerte Bastion mit den Geschützstellungen, unter der sich auch das Kriegspulvermagazin befand, ist durch einen ca. 6 m breiten Graben, dem heutigen Zugang zum Rosengarten, von dem außen aus Basaltmauerwerk bestehenden, den Hof umschließenden Kernwerk getrennt. Auch dieser Graben war durch Schießscharten gesichert und ermöglichte, dass selbst bei Eroberung der Bastion das Kernwerk weiter verteidigt werden konnte. Über dem Tor zu diesem schmalen Graben steht noch die alte Inschrift »Enveloppen-Thor«, und unmittelbar rechts hinter Fahrradständern verrät ein Stein mit der Zahl »1829« das Jahr der Fertigstellung des Forts. Die Außenmauer des Kernwerks, unten aus unregelmäßigen, darüber aus regelmäßigen Basaltsteinen gemauert, wirkt dunkel-bedrohlich und sehr massiv; sie sollte den Feind beeindrucken und das Vertrauen der eigenen Truppen in die

Wehrhaftigkeit der Befestigung stärken. Im Hof des zweigeschossigen Kernwerks war, wie große Rundbogenfenster anstelle von Schießscharten andeuten, keine Verteidigung mehr vorgesehen. In diesem Gebäude waren die Truppen einquartiert. Durch acht große Tore im Erdgeschoss konnten die Soldaten das Gebäude schnell verlassen. Der Zugang zum Hof erfolgte über ein kleines Vorwerk mit Wachhaus und Zugbrücke.

Nach dem Bau des äußeren Fortgürtels wurde die innere Umwallung fast vollständig aufgegeben und ab 1881 mit der »Neustadt« überbaut, nur wenige relativ außen gelegene Bauwerke, darunter auch Fort X, wurden in den inneren Gürtel des neuen Festungsrings integriert. Nach dem Ersten Weltkrieg verlangten die Siegermächte, die gesamte Befestigung unbrauchbar zu machen. Die Umgestaltung der Bastion zum Rosengarten im Jahr 1919 übernahm der Gartenbaudirektor Fritz Encke.

Die der Großen Mauer folgenden Ringe gingen im Norden in eine Parkanlage über, die heute von einer schlicht gestalteten Grünfläche und einem flachen Teich eingenommen wird. Bereits Josef Stübben hatte hier eine Parkanlage vorgesehen, die mit 6,2 ha Fläche etwa ebenso groß sein sollte wie der Stadtgarten. Der Kölner Gartenarchitekt Adolf Kowallek übernahm dann die endgültige Gestaltung, von der heute kaum noch etwas erhalten ist. Den Abschluss zum Rhein bildeten ursprünglich ein 1903 aufgestelltes Denkmal für Kaiser Friedrich III. und ein Kinderspielplatz; beides fiel den Kriegseinwirkungen zum Opfer.

Die Parkanlage wird von einer Straßengabel des ❷ **Theodor-Heuss-Rings** (zuvor Deutscher Ring) gerahmt, deren Äste ganz unterschiedlich bebaut sind: Auf der Südseite befinden sich viergeschossige Häuser in geschlossener Bauweise, von denen nur noch einige wenige in ursprünglicher Form erhalten geblieben sind (Nr. 34, 23, 20 und 10). Die nördliche Seite ist heute geprägt von moderner Verwaltungsarchitektur; lediglich eine Jugendstilvilla (Theodor-Heuss-Ring Nr. 9) fällt auf. Sie ist eines der wenigen Relikte aus dem ehemaligen Villenviertel im Dreieck Deutscher Ring, Riehler Straße und Rheinufer. Das 1973 erbaute Ringturmhaus verleiht dem Park einen besonderen architektonischen Akzent.

Die sanfte Geländemulde in der Grünanlage am Theodor-Heuss-Ring verweist auf den ehemaligen Sicherheitshafen, der 1898 dem Rheinauhafen weichen musste und kurz nach der Jahrhundertwende in eine Grünanlage verwandelt wurde.

Der Bereich der Parkanlage gehörte bis Ende des 19. Jahrhunderts zum Eigelstein-Glacis. Dort hatten die Franzosen 1811 mit dem Bau eines **Sicherheitshafens** begonnen, der 1829 von der Preußischen Regierung fertig gestellt wurde.

Er sollte Schiffen Schutz bieten vor Hochwasser und Eisgang. Der Schutzhafen erwies sich jedoch als Fehlplanung. Er war nicht nur für Wendemanöver zu schmal, seine Anlage rechtwinklig zum Rheinstrom bescherte der Schifffahrt auch große Navigationsprobleme. Mit der Eröffnung des Rheinauhafens 1898 wurde der Sicherheitshafen überflüssig. Man schüttete ihn zu, und da das Gelände als Bauland nicht geeignet war, wurde es in die Parkplanung mit einbezogen.

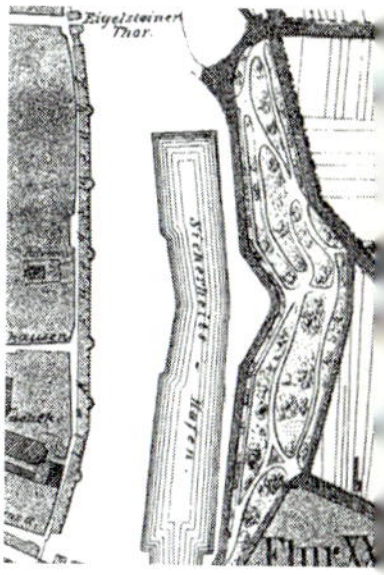

Der ehemalige Sicherheitshafen

Der Straßenname ❸ **Komödienstraße** verweist auf einen Theaterbau des 19. Jahrhunderts, der die soziale Aufwertung des Viertels bewirkte und den Straßenzug von seinem despektierlichen alten Namen befreite:

Um 1150 hieß diese Straße *platea pauporum*, Straße der Armen, wohl in Anlehnung an das Beginenhaus Zederwalt; im 12. Jahrhundert war auch die Bezeichnung »Enge Gasse« üblich. Wegen der dort ansässigen Fetthändler setzte sich ab Ende des 12. Jahrhunderts der Name »Schmeergasse« durch. Im Jahr 1783 ist dort (Nr. 42–46), in der Mitte zwischen Neugasse und Kattenbug, ein Theater entstanden, das 1829 durch einen 1.540 Besucher fassenden Neubau ersetzt wurde. Die Komödie war ein lang gestreckter Bau, dessen schmale Straßenfront deutlich klassizistische Stilmerkmale aufwies. Eine einfache Treppe führte zu den drei Eingangstüren. Über dem Gesims des Eingangsbereichs erhoben sich vier Pilaster in Kolossalordnung. Abgeschlossen wurde die Straßenfassade durch ein Sohlbankgesims mit Balustrade, über dem sich ein flacher Dreiecksgiebel erhob.

Klassizistischer Theaterbau in der Komödienstraße

Die Komödie war ein Musik- und Sprechtheater. Zu ihrer Eröffnung wurde Louis Spohrs Oper »Jessonda« gespielt. Durch leichtfertiges Verhalten des Personals brannte das Bühnenhaus 1859 ab. Mit Hilfe privaten Kapitals konnte das Haus bereits 1862 wieder eröffnet werden. Als dieser Neubau 1869 abermals abbrannte, setzte sich der Theater-Aktienverein für einen Neubau in der Glockengasse (Nr. 17–23) ein. Eröffnet wurde das 1.800 Besucher fassende Theater in der Glockengasse im Jahr 1872 mit einer Aufführung der »Minna von Barnhelm«.

Das ❹ **Möbel-Ensemble des französischen Empire-Stils** im Stadtmuseum (OG 130) zeigt einen runden Tisch mit dreieckigem Tischfuß und drei Tischbeinen, einen Stuhl mit Rückenlehne und einen Stuhl, bei dem die Rückenlehne in die beiden Armlehnen übergeht, eine schlichte Glasvitrine und eine Chaiselongue mit Rücken- und Armlehne. Alle Möbelstücke wirken schlicht und elegant. In Kontrast zum dunklen Mahagoni stehen die Bronze- und Messing-Applikationen, teils rund und broschenartig, teils figürlich – an der Liege etwa in Form einer aus der ägyptischen Mythologie entlehnten Sphinx. Im rechten Raumeck befindet sich ein gusseiserner, reich dekorierter Kanonenofen.

Das Empire ist die französische Stilepoche der napoleonischen Zeit von 1800 bis ca. 1830. Es stellt eine Variante des europäischen Klassizismus dar. Verglichen mit dem bürgerlichen deutschen Biedermeier wirkt es eleganter, fast feierlich. Es vereint häufig klassische Strenge und Geradlinigkeit mit ägyptischer Ornamentik, vor allem was Möbelbeschläge und -dekor anbelangt. Im Unterschied zum Biedermeier verwendet das Empire edle tropische Hölzer.

Die Tapeten (OG 240) stammen aus dem Haus des Kölnisch-Wasser-Fabrikanten C.A. Ciolina Zanoli; sie stellen die Geschichte von Amor und Psyche dar.

Möbel-Ensemble des französischen Empire-Stils. Möbel aus Mahagoni mit Messing-Applikationen

Gegenüber dem frühbarocken Zeughaus, dem heutigen Stadtmuseum, entstand Anfang der 1950er Jahre ein nüchterner Verwaltungsbau: das ❺ **Regierungspräsidium** für den Regierungsbezirk Köln. Integriert in diesen Zweckbau wurde der von Kriegszerstö-

In den nüchternen Verwaltungsbau des Regierungspräsidiums aus den 1950er Jahren wird der erhaltene Ostflügel des klassizistischen Baus der alten Bezirksregierung integriert.

rungen weitgehend verschonte Ostflügel der alten Bezirksregierung aus den frühen preußischen Jahren von 1829–1832.

Das von Matthias Biercher konzipierte Wohn- und Amtsgebäude des Kölner Regierungspräsidenten bestand aus einem dreigeschossigen Mitteltrakt, dessen schlichte, allein von Sprossenfenstern und Gesimsen bestimmte Fassade durch Freitreppe und Portikus mit aufsitzendem Balkon akzentuiert wurde. Die einzigen Schmuckelemente der zwei symmetrischen doppelgeschossigen Seitentrakte waren die Freitreppen und die Balkone über den unauffälligen Eingängen.

Gegenüber dem Präsidium steht die **Alte Wache**, heute durch den gläsernen Eingangsbereich mit dem Zeughaus verbunden. Ihre bewegte Formensprache, der florentinische Palast-Stil, hebt sich deutlich vom etwa gleich alten klassizistischen Regierungssitz ab. In der Alten Wache war das Wachpersonal für den Regierungspräsidenten und seine Mitarbeiter untergebracht.

In der Glockengasse gegenüber dem Opernhaus steht eine Nachbildung des ❻ **Stammhauses der Firma 4711**.

Das Untergeschoss wird von leicht spitzbogigen Arkaden eingenommen. Über den mittleren Arkadenbögen erhebt sich ein schmaler Balkon mit einer Brüstung aus geometrischen Mustern. Die Fassade der beiden Stockwerke darüber ist durch hohe Kreuzstockfenster gegliedert. Den Abschluss bildet eine mit Kreuzstock-Blendfenstern und an den Gürzenich erinnernden Eckwarten geschmückte Attika. Den Willen zur Repräsentation versuchten Bauherr und Architekt durch das Aufgreifen von Stilmitteln einer längst vergangenen Zeit, der Gotik, zu verwirklichen. Einige stilfremde Schmuckformen – man beachte etwa Säulenkapitelle und Balkonbrüstung – verstärken den Eindruck des Unechten, der willkürlichen Dekoration. Das Haus 4711 ist ein Beispiel für den im Zeitalter der Romantik verbreiteten Wunsch, die Gotik neu zu beleben (»Neugotik«).

Neugotisches Stammhaus der Firma 4711 in der Glockengasse

Die Herstellung von Kölnisch Wasser hatte Wilhelm Mülhens 1792 in einem benachbarten Haus aufgenommen, wobei er sein Produkt, wie die vielen anderen Kölnisch-Wasser-Hersteller auch, mit der eingeführten Firmenbezeichnung Farina (»Franz Maria Farina«) versah. Als seine Erben im Rechtsstreit um das Firmenlogo unterlagen, wählten sie 1881 die Hausnummer, welche die französische Verwaltung ihrem Stammsitz verliehen hatte, als neues Firmenlogo: »4711«.

Das Kölnisch Wasser galt ursprünglich, ähnlich wie der Klosterfrau Melissengeist, als Medizin. Ein kaiserliches Dekret, die Inhaltstoffe aller Heilmittel offen zu legen, veranlasste Mühlens, sein Wasser als Duft- und Erfrischungswasser zu deklarieren. Als *Eau de Cologne* fand es zunehmend Absatz auf dem französischen Markt und im Laufe des 19. Jahrhunderts in aller Welt. Für die wachsende Produktion war in der Glockengasse bald kein Platz mehr, sie wurde nach Ehrenfeld (Venloer Straße 241) verlagert. Am Stammsitz verblieb der Verkauf. Seit 1964 befindet sich auf dem größten Teil des Firmengeländes gegenüber der Oper die erste Einkaufspassage Deutschlands, die »Kölner Ladenstadt«, die 2004 grundlegend modernisiert und als »Opern Passagen« neu eröffnet wurde.

Nach der Garnisonskirche St. Pantaleon und der den Protestanten 1802 überlassenen Antoniterkirche ist die ❼ **Trinitatiskirche** am Filzengraben die dritte evangelische Kirche in Köln, aber der erste für Protestanten errichtete Kirchenneubau. Die Grundsteinlegung für diesen »protestantischen Dom« erfolgte 1857, die Einweihung fand drei Jahre später statt.

Für den Bau der Trinitatiskirche griff der Berliner Architekt F.A. Stüler auf das altchristliche Vorbild der Emporenbasilika zurück, allerdings ergänzt um deutliche Stilmerkmale des Berliner Spätklassizismus. Innen ergibt sich ein lang gestreckter Rechteckbau mit

Die Trinitatiskirche am Filzengraben ist der erste protestantische Kirchenneubau in Köln. Als Kontrapunkt zur romanischen Kirchenbautradition in Köln wurde eine spätklassizistische Emporenbasilika gewählt.

einfacher Kassettendecke und Emporen in beiden Seitenschiffen. Ein Triumphbogen öffnet den Blick auf die (innen) halbrunde Apsis mit dem schlichten Kanzelaltar. Die Orgel befindet sich über der Empore des gegenüberliegenden Eingangsbereichs. Der Kirchenraum ist dezent farbig gestaltet. Außen erhält der Bau seine Akzente durch den polygonalen Chor mit darüber liegender Fensterrose und vor allem durch den an einen Campanilen erinnernden Glockenturm. Mit dieser Kirche wollten die Kölner Protestanten mit der Tradition des romanischen Kirchenbaus in Köln brechen und ein Gegengewicht zum gotischen Dom schaffen. In der Trinitatiskirche feierte Kaiser Wilhelm I. 1880 den Dankgottesdienst zur Vollendung des Kölner Doms.

Der 8 **Wochenmarkt am Apostelnkloster** gehört zu den Märkten der Kölner Altstadt, die in reichsstädtische Zeit, zum Teil bis ins hohe Mittelalter zurückreichen. Im Unterschied zu den beiden großen mittelalterlichen Märkten, Alter Markt und Heumarkt, die sowohl Wochen- als auch Fernhandelsmärkte von weitreichender Bedeutung waren, gehört der Apostelnmarkt zu den kleineren Wochenmärkten, die der Quartierversorgung dienten und bis auf den heutigen Tag bestehen. Traditionell wird er jeweils dienstags und freitags teilweise noch von Selbstvermarktern aus dem Kölner Umland beschickt. Die Produkte der rund 20 Marktstände gelten jedoch nur noch zum Teil der Viertelsversorgung – dazu zählt etwa das Angebot an Obst und Gemüse (sieben Stände) und an Milchprodukten und Eiern sowie Geflügel (jeweils zwei Stände). Die übrigen Waren – Wild, Tee und Gewürze, Duftstoffe und Blumen – werden wohl überwiegend von Passanten nachgefragt.

Das traditionelle Einfamilienhaus des Mittelschicht-Bürgertums in Köln war das gereihte 9 **rheinische Dreifensterhaus**. Es weist eine schmale Straßenfront von 5–6 m Breite auf und hat pro Stockwerk drei Fenster – je nach Geldbeutel des Bauherrn gelegentlich nur zwei oder auch vier Fenster. Mit wachsender Baudichte und parallel dazu ansteigenden Bodenpreisen ragten die ursprünglich zwei- bis zweieinhalbgeschossigen Häuser bald drei bis vier Stockwerke in die Höhe; die Stockwerkhöhe betrug 10 Fuß, das entspricht 3,14 m. Aus dem frühen 19. Jahrhundert sind nur wenige Dreifensterhäuser in der Kölner Altstadt erhalten. Kriegszerstörungen und die Neuerungswut der Gründerzeit haben nur vereinzelte klassizistische Exemplare übrig gelassen. Von den

Klassizistisches Dreifensterhaus in der Benesisstraße Nr. 53

gründerzeitlichen Dreifensterhäusern hingegen sind zahlreiche erhalten, beispielsweise im Severinsviertel und in der Neustadt.

Einige klassizistische Dreifensterhäuser sind im Viertel um St. Aposteln, zwischen Apostelnstraße und Pfeilstraße, überliefert. Solch ein klassizistisches Exemplar ist das Haus Nr. 53 in der Benesisstraße. Seine hellgelbe Fassade wirkt schlicht. Über dem Erdgeschoss mit breitem Schaufenster und schmaler Ladentür (»teehaus cöln«) befinden sich zwei Stockwerke mit je drei sandsteingefassten Sprossenfenstern. Die Stockwerke sind durch schmale Gesimse markiert, die durch Mäanderfriese akzentuiert werden. Unter dem Dach befindet sich ein Rundfenster, das »Ochsenauge«. Die benachbarten Reihenhäuser (Nr. 51 und Nr. 55/57) stammen aus derselben Bauperiode, auch wenn sie andere, jedoch gleich hohe Fenster, Kreuz- bzw. T-Fenster, aufweisen und teils durch einen wenig sensiblen und unzeitgemäßen Fassadenanstrich auffallen.

Drei weitere klassizistische Dreifensterhäuser finden sich in der Pfeilstraße Nr. 17–21. In der Kettengasse Nr. 6 ist sogar ein zweieinhalbgeschossiges Zweifensterhaus aus Fachwerk erhalten. Ein besonders schönes, dezent mit klassizistischen Kartuschen und Girlanden versehenes Dreifensterhaus steht in der Apostelnstraße Nr. 20. Sein Schaufenster und die Ladentür sind jeweils von ionischen Pilastern gerahmt, also ursprünglich vorgesehen. Dieses Haus veranschaulicht, wie sich das bürgerliche Einfamilienhaus mit zwei bis drei Zimmern je Stockwerk bei steigenden Grundstückspreisen zum Mietshaus wandelte: z.B. durch Aufstockung um ein volles und ein halbes Geschoss oder durch den Ausbau des Dachstuhls. Bei den gründerzeitlichen Häusern finden sich später vielfach Erweiterungen durch hofwärtige Anbauten.

Name und Lage, draußen vor der Stadt an der Hauptausfallstraße nach Westen, deuten auf dunkle Seiten der Stadtgeschichte. Bis 1767 beherbergte das weitläufige, aus Stiftungen hervorgegangene Gelände des heutigen ⑩ **Melatenfriedhofs** neben Kapelle und Friedhof ein Leprosenhaus für unheilbar Kranke und solche mit hochansteckenden Krankheiten. Der Name »Melaten« enthält gleich mehrere diesbezügliche Bedeutungen: *malad* bzw. *malade* heißt *krank* und das griechische *melas* bedeutet *schwarz* und verweist auf den schwarzen Tod, also die Pest. Bis zum Ende des 18. Jahrhunderts war dort auch die Hinrichtungsstätte der Stadt, die letztmalig 1797 für den Kirchenräuber Peter Eick genutzt wurde.

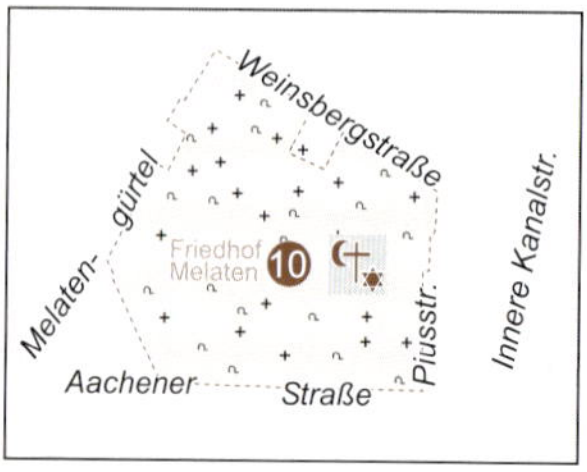

Durch kaiserliches Dekret Napoleons aus dem Jahre 1804 wurden Beerdigungen innerhalb der Stadt verboten. Auf der Suche nach einem Platz für einen zentralen Friedhof bot sich die alte Anlage um das Leprosenhaus an. Die Arbeiten zur Ge-

Grabstätte auf dem Melatenfriedhof

staltung des neuen Friedhofs, auf dem zunächst nur Katholiken beerdigt werden durften, vergab man im Jahr 1808. Am 29. Juni 1810 wurde der neue Friedhof eingeweiht. Der Rektor der Universität, Franz Ferdinand Wallraf, erhielt den Auftrag für die innere Gestaltung: Er orientierte sich an dem Pariser Friedhof Père Lachaise und ließ ein System von Haupt– und Nebenwegen anlegen. Sein Plan sah weiterhin eine künstlerisch ansprechende Ausgestaltung durch eine Vielzahl unterschiedlicher Gewächse vor. Der Friedhof sollte ein Ort der Ruhe und des Flanierens sein.

Ab 1829 durften Protestanten, die bis dahin vor der Weiherpforte ihren eigenen Friedhof hatten, und ab 1892 auch Juden auf Melaten beerdigt werden.

Der Friedhof wurde mehrfach erweitert: 1832, 1843, 1849, 1866, 1872, 1875, 1884 und 1887. Schließlich hat er eine Größe von 34 ha erreicht. Noch vor Beginn des Ersten Weltkriegs gab die Stadt angesichts der inzwischen erfolgten Eingemeindungen etlicher Umlandgemeinden den Plan eines einzigen zentralen Friedhofs auf und schuf neue Friedhöfe in den Vororten, zunächst den Süd- und dann den Nordfriedhof.

Auf dem Melatenfriedhof, über dessen altem Haupttor an der Aachener Straße der Satz FUNERIBUS AGRIPPINENSIUM SACER LOCUS (Den Leichen Kölns ein heiliger Ort) steht, befinden sich heute zahlreiche aufwendig gestaltete Grabstätten einflussreicher Kölner Familien.

An der nach Stammheim führenden Egonstraße (Nr. 152) in Köln-Flittard steht ein merkwürdiges Gebäude. Es besteht aus einem quadratischen dreistöckigen Turm und einem angeschlossenen Wohnhaus mit Wirtschaftsteil. Auf der Plattform des Turmes ist ein 8 m hoher Mast angebracht, der sechs hölzerne Arme aufweist, von denen sich jeweils zwei gegenüberstehen. Die hohen Sprossenfenster, im Erdgeschoss durch Blendläden geschützt, sowie die Formenstrenge und der sparsame Umgang mit Schmuckelementen – Fenster- und Sohlbankgesimse – und angedeutete Rustika verweisen auf den Klassizismus des frühen 19. Jahrhunderts.

Es handelt sich hierbei um ein seltenes Relikt aus der Frühzeit der Telekommunikation, um einen so genannten ⓫ **Optischen Telegrafen**. Mit Hilfe einer Schnur konnte man die Winkel zwischen Mast und Armen verändern und so insgesamt 4.096 mögliche

Der Optische Telegraf in Flittard verweist auf die Zeit, als Staatsdepeschen mit Hilfe von Signalanlagen übermittelt wurden.

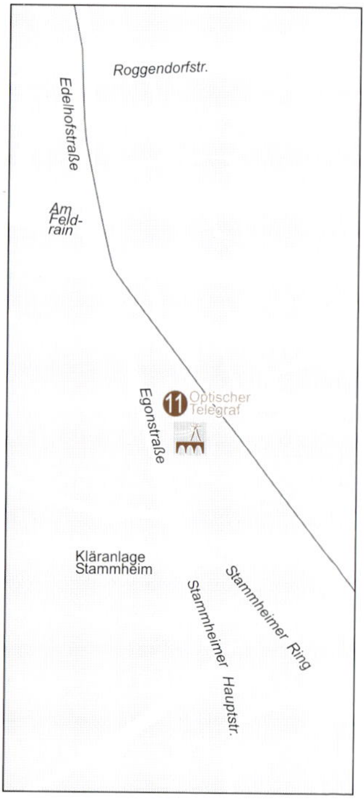

Stellungen erzeugen. Auf diese Weise übermittelte man Staatsdepeschen über die 550 km lange Distanz zwischen Berlin und Koblenz. Voraussetzungen waren Tageslicht und gute Sicht. Der 1833 fertig gestellte Optische Telegraf in Flittard war die 50. Station von Berlin aus; die mittels eines Fernrohrs zu beobachtenden Nachbarstationen standen in Schlebusch und in Köln auf der Turmhaube der Garnisonskirche St. Pantaleon. Die Übermittlung einer Depesche über die insgesamt dreiundsechzig Stationen zwischen Berlin und Koblenz dauerte rund zwei Stunden. Schon 1849 wurden die optischen Stationen durch elektrische Telegrafen ersetzt.

Die 1973 restaurierte Optische Telegrafenstation in Flittard ist eine Außenstelle des Kölnischen Stadtmuseums.
Sie kann nach telefonischer Vereinbarung (0221 – 662388) besichtigt werden.

Folgt man von der Dünnwalder Schule aus der Kunstfelder Straße, dann der schmalen Sackgasse ⓬ **Am Kunstfeld**, tauchen auf der linken Seite, mitten im Wald, Gebäude auf: Eine ca. 50 m lange gepflasterte Allee mit Kopfweiden führt durch einen großzügigen parkartigen Garten zu einem zweigeschossigen, fünfachsigen, im bergischen Stil verschieferten Wohnhaus mit weißen Sprossenfenstern, grünen Läden, kleinem Dreiecksgiebel und Krüppelwalmdach. Links und rechts hinter dem Gebäude erscheinen zwei quadratische, an Türme erinnernde zweigeschossige Backsteingebäude mit roten Ziegeldächern. Nördlich am Garten vorbei gelangt man über einen öffentlichen Weg an das Gebäude heran und befindet sich in einer nahezu geschlossenen Hofanlage mit dem beschriebenen Schiefergebäude auf der einen und – abgesehen von den erwähnten »Wohntürmen« – meist eingeschossigen, unverputzten Backsteinhäusern auf den drei anderen Seiten.

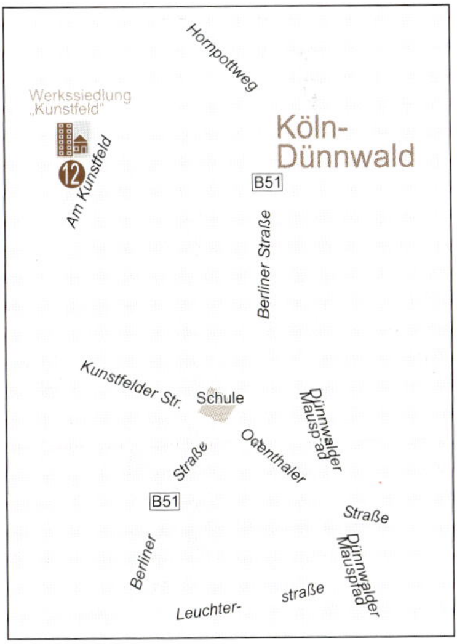

Dem Eindruck eines landwirtschaftlichen Gehöftes widersprechen die vermeintlichen Wirtschaftsgebäude: Acht »normale« Hauseingänge, eine Vielzahl von Fenstern, ausgebaute Dachgeschosse mit Schleppgauben sowie zahlreiche Kamine sprechen für eine von Beginn an vorgesehene Nutzung als Wohngebäude, zumal das Mauerwerk keine nachträglichen Veränderungen wie zugemauerte Toreinfahrten oder dergleichen erkennen lässt.

Folgt man der Straße nach Norden und übersieht die Neubauten, so findet man, in der Verlängerung der Längsachse des Schiefergebäudes, ebenfalls um etwa 50 m von der Straße zurückge-

Das größere der beiden Fabrikantenhäuser in der Siedlung. Sie sind im bergischen Stil errichtet, mit dezenten Schmuckmustern in der Verschieferung.

setzt, eine Reihe alter ein- und zweigeschossiger Backstein- und Fachwerkhäuser mit Satteldach in Einzel- und Reihenhausbauweise, die vergleichsweise einheitlich wirken. Es handelt sich ausnahmslos um Wohngebäude mit recht kleinen Einheiten, darauf deuten die zahlreichen Eingangstüren. Es gibt weder Scheunen noch Stallanbauten, weder große Hofdurchfahrten noch sonstige Hinweise auf landwirtschaftliche Aktivitäten innerhalb der Siedlung. Stattdessen ist im Hofbereich zwischen Gaststätte und dem abgewinkelten zweigeschossigen Trakt eine Anlage von sieben (!) Toilettenhäuschen erhalten. Darüber hinaus befindet sich als beinahe spiegelbildliche Begrenzung der Bebauung nach Norden, zum genannten Schieferhaus um 90 Grad versetzt ausgerichtet,

Blick in die nahezu geschlossene Hofanlage mit 10 eingeschossigen Wohnhäusern

ein ganz ähnliches verschiefertes Gebäude, das zwar nur drei statt fünf Achsen und keinen Ziergiebel aufweist, sich ansonsten jedoch ebenso von den übrigen umliegenden Häusern abhebt.

Was es mit dieser vermeintlich landwirtschaftlichen Siedlung auf sich hat, erklärt ein Blick auf die Karte: »An der Fabrige« heißt die unmittelbar westlich angrenzende Gemarkung, ohne dass heute noch irgendwelche Fabrikationsanlagen sichtbar wären. Dennoch befindet sich hier am »Kunstfeld« die älteste erhaltene Arbeitersiedlung des Rheinlandes!

Nachdem die zuständigen Behörden ihm eine Fortsetzung seiner Produktion nahe der Dünnwalder Nikolauskirche untersagt hatten, tat sich der Chemie-Fabrikant Christian Wöllner 1820 zur Neugründung einer Fabrik mit dem in Altenberg mit ähnlichen Produkten gescheiterten Remscheider Kaspar Mannes zusammen. Gemeinsam erwarben sie mitten in der Schlebuscher Heide zwanzig Morgen Land und ließen dort eine Fabrik errichten, in der Berliner Blau, Soda, Salmiak, so genannter Bleizucker und ähnliche Kunstprodukte hergestellt werden sollten. Aus dieser Sammelbezeichnung leitete sich der spätere Name der Siedlung »Kunstfeld« ab.

Natürlich waren die Gesundheitsschädlichkeit einiger Produkte und die Geruchsbelästigung am neuen Standort nach wie vor problematisch. Entsprechend schwierig war es für die beiden Unternehmer, Arbeiter für ihre Fabrik zu gewinnen, zumal sie als bergische Protestanten bei den katholischen Dünnwaldern nicht besonders angesehen waren. Die Bevölkerung wurde sogar von der Kanzel herab vor einer Mitarbeit gewarnt. So warben die Fabrikanten ihre Arbeitskräfte im protestantischen Teil des Bergischen Landes an, indem sie ihnen Häuser im heimatlichen Baustil errichteten, die für die damalige Zeit bemerkenswert gut ausgestattet waren. Außerdem konnten die etwa fünfundzwanzig Arbeiterfamilien ihren bisherigen Lebensstil neben der Fabrikarbeit weiter pflegen, da jedes Haus zur Selbstversorgung mit großem Garten und Ställen für Kleinvieh versehen war.

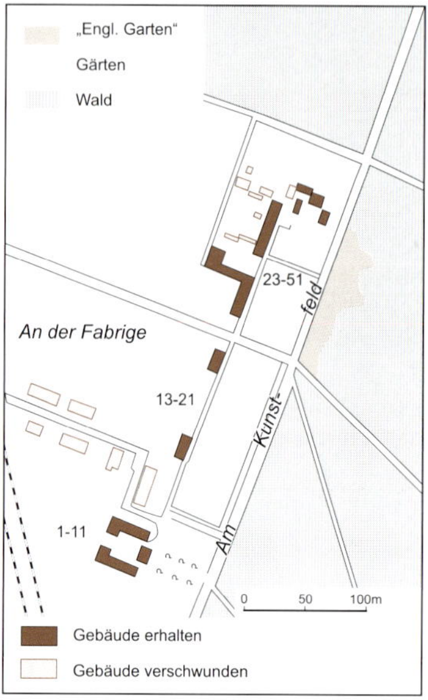

Der Kartenausschnitt zeigt die ursprüngliche Anlage der Siedlung. Zum einen wird deutlich, dass nur noch etwas mehr als die Hälfte der Gebäude erhalten ist, zum anderen zeigt sich, wie großzügig die Gartenflächen dimensioniert waren.

Was angesichts der Geruchsbelästigung heute kaum noch vorstellbar ist, war zu jener Zeit durchaus üblich und erklärt die Existenz der beiden außergewöhnlichen Schieferhäuser des Kunstfeldes: Die Unternehmer wohnten in möglichst prächtigen »Herrenhäusern« in unmittelbarer Nähe ihrer Fabriken und der Arbeiterschaft, die sie damit gleichzeitig gut unter Kontrolle hatten.

Von der ursprünglichen Fabrik, die parallel zur Häuserreihe westlich im Anschluss an die Siedlung lag, ist nichts erhalten. Auch von den Arbeiterhäusern ist nur noch ungefähr die Hälfte vorhanden. Rechtwinklig zur heutigen Häuserreihe, nach Westen zum Bahndamm hin, lag eine weitere Doppelreihe von Wohnhäusern (vgl. Kartenskizze). Außerdem war die gesamte Anlage in den Anfangsjahren von einer Mauer umgeben und bildete somit einen einheitlichen geschlossenen Komplex. Im Laufe der Zeit kam es unter wechselnden Eigentümern zu einer Teilung des Besitzes und zu einer Änderung der Produktpalette: So wurden nacheinander Drahtgewebe, Horn- und Knochenmehl und seit 1869 Dynamit produziert, bis die im Südteil der Anlage gelegene Fabrik 1870 durch eine Explosion zerstört wurde. Zwischen 1871 und den 1920er Jahren stellte die Unternehmerfamilie Morsbach in zeitweise zwei Feilenhauereien Feilen her. Gleichzeitig waren zahlreiche Bewohner der Siedlung in Heimarbeit als Weber für die Mülheimer Textilfabriken tätig. Die Feilenhauereien befanden sich in den Häusern Nr. 43 und 43a und sind nach dem Zweiten Weltkrieg in Wohnungen umgewandelt worden.

Die Ausstattung der Siedlung mit Infrastruktur war vermutlich

Eine Zeile zweigeschossiger Einfamilienreihenhäuser, die für die Arbeiter der Fabriken im Kunstfeld errichtet wurden. Neben den Häusern im Fachwerkstil wurden auch einfache Backsteingebäude erstellt.

von Beginn an sehr dürftig. Erst 1894 wurde die heute noch bestehende Gaststätte konzessioniert. Am nordöstlichen Rand der Siedlung legten die Brüder Morsbach einen kleinen englischen Garten mit exotischen Bäumen an (vgl. Kartenskizze).

Aufgrund ihrer Entstehungsgeschichte ist die Siedlung Kunstfeld der Prototyp des werkseigenen Wohnungsbaus in Köln. Schon früh im Laufe der Industrialisierung konnten viele Fabriken nur im Umland von Köln errichtet werden, weil sie z.B. zu große Flächen benötigten oder gefährliche Güter produzierten. In beiden Fällen waren die Unternehmer in Ermangelung öffentlicher Verkehrsmittel gezwungen, die benötigten Arbeitskräfte gleich mit anzusiedeln und ihnen entsprechenden Wohnraum zur Verfügung zu stellen. Hinzu kam zum einen die Absicht, entsprechende Facharbeiter dauerhaft an das Werk zu binden, aber auch sozialethische und religiöse Motive konnten den Fabrikherren nicht abgesprochen werden.

Obwohl es in Köln eine Anzahl von Werkssiedlungen ganz unterschiedlicher Größe gegeben hat, kann diese Wohnform nicht als typisch für die Kölner Arbeiterschaft bezeichnet werden, wie dies etwa im Ruhrgebiet der Fall war. Die Kölner Arbeitgeber unterstützten stattdessen sehr früh die um 1900 gegründeten Baugenossenschaften.

Auf den Spuren der Gründerzeit

Stationen: ❶ Oberlandesgericht ❷ St. Agnes ❸ Stadtmuseum ❹ Kaufhof ❺ Synagoge Roonstraße ❻ Volksgarten ❼ Volksgartenstraße ❽ Elsassstraße ❾ Versorgungsbetriebe am Zugweg ❿ Alte Universität ⓫ Südbrücke ⓬ Ellmühle ⓭ Bahnhof Deutz ⓮ Fort X (rechtsrheinisch) ⓯ Felten & Guilleaume (Carlswerk) ⓰ Straßenbahn-Endhaltestelle Thielenbruch

EINFÜHRUNG IN DAS ZEITALTER

Mit der Expansion der Industrie schritt das Wachstum der Städte fort. Allerdings entwickelte sich die Wirtschaft nicht kontinuierlich, sondern in wechselnden Phasen der Blüte, wie in den Jahren nach der Reichsgründung 1871 und in den 1890er Jahren, und der Rezession. Das Bevölkerungswachstum resultierte dabei sowohl aus Zuwanderungen als auch aus einem Geburtenüberschuss und aus Eingemeindungen von Umlandorten: Zwischen 1888 und 1914 wurden unter anderem die bis dahin selbständigen Städte Deutz, Ehrenfeld, Nippes, Kalk und Mülheim nach Köln eingemeindet. Diese Vororte waren ihrerseits in kurzer Zeit zu Städten herangewachsen, da die Kölner Altstadt längst aufgesiedelt war und im Rayon vor der Stadtmauer ein Bebauungsverbot herrschte. Somit waren die immer zahlreicher und größer werdenden Industriebetriebe gezwungen, auf freie Flächen in den Kölner Vororten auszuweichen.

Ausbau des Verkehrs- und Leitungsnetzes

Die städtische Bevölkerungskonzentration erforderte und der technische Fortschritt ermöglichte nun den Bau von leistungsfähigen Einrichtungen für die Versorgung mit Wasser, Gas und seit der Jahrhundertwende in wachsendem Maße mit elektrischem Strom. Der Stadthistoriker Mumford bezeichnet die »unterirdische Stadt« aus Kanälen, Leitungen und ersten Untergrundbahnen als die eigentliche Innovation im Städtebau des Industriezeitalters. In Köln entstanden in diesem Zusammenhang in kurzer Zeit die Wasserwerke Alteburg (1872), Severin I (1883–85) und II (1901); 1841 eine erste Gasfabrik, 1891 ein erstes Elektrizitätswerk am Zugweg. 1891 wurde das Schwemmkanalsystem für Alt- und Neustadt fertig gestellt; seit 1856 wuchs die Zahl der öffentlichen Bedürfnisanstalten für Männer. 1877 fuhr die erste Pferdebahn, 1901 bereits die erste elektrische Straßenbahn. Das Netz der Eisen- und Straßenbahnen wurde ausgebaut: Der neue Hauptbahnhof von 1894 wurde ergänzt durch den umgestalteten Güterbahnhof Gereon und die Ent-

2 St. Agnes
1 Oberlandes-gericht
Theodor-Heuss-Ring
Thürmchenswall
Eigelstein-Torburg
Eigelstein
Eigelsteinstraße
Hansaring
Gereonswall
Weidengasse
Eintrachtstraße
Turiner Straße
Domstraße
Kyoto-str.
Viktoriastr.
Ursulastraße
Kaiser-Wilhelm-Ring
Christophstraße
Gereonstraße
Kardinal-Frings-Str.
Tunisstraße
Hbf
Hohenzollernbrücke
Hildebold-platz
Gereonshof
Friesenwall
Im Klapperhof
Zeughausstr.
Stadtmuseum
3
Burgmauer
Komödienstr.
Dom
Friesenplatz
Friesenstraße
Appellhofplatz
Wallrafplatz
Roncalliplatz
Röm.-Germ. Museum
Magnusstraße
Römerturm
Am Römerturm
Auf dem Berlich
Schwalbeng.
An der Rechtschule
Kolpingpl.
Mus. f. angew. Kunst
Minoritenstr.
Rhein
Hohenzollernring
Palmstraße
St. Apern-str.
Breite Str.
Schwertnerg.
Alter Markt
Ehrenstr.
Apostelnstr.
Glockeng.
Brückenstr.
Salomonsg.
Rathaus
Ketteng.
Benesisstr.
Gr. Brinkg.
Richmodstr.
Offenb.-platz
Obenmarspf.
Mittelstr.
Krebsgasse
Brüderstr.
Gürzenich
Heumarkt
Rudolfplatz
1 (Richtung Weiden)
7 (Richtung Frechen)
Schildergasse
Nord-Süd-Fahrt
Hohe Straße
Deutzer Brücke
4
St. Aposteln
Neumarkt
Hahnenstraße
Habsburgerring
Cäcilienstraße
Augustinerstr.
Lungengasse
Clemensstraße
Paradiesg.
Sterneng.
Pforte
Stephanstr.
Rheingasse
Hohenstaufenring
Filzengraben
Mühlenbach
Mathiasstraße
Mauritiussteinweg
Hohe Pforte
Große Witschg.
Blaubach
Griechenmarkt
Schemmerg.
Gr. Griechenpforte
Waidmarkt
Rheinaustraße
Severins-Brücke
Follerstraße
Rothgerberbach
Neue Weyerstr.
Perlengraben
Weidenb.
Severinstr.
Barbarossaplatz
Friedrichstr.
Am Weidenbach
Waisenhausgasse
Luxemburger Straße
Salierring
Severinstraße
Am Duffesbach
Eifelstraße
Sachsenring
Vorgebirgsstr.
Volksgartenstraße
6
Volksgarten
Kleingedankstr.
7a
Lothringer Str.
Vondelstr.
Metzer Str.
Karolingerr.
Ubierring
Chlodwigplatz
Elsassstr.
7b
Merowingerstr.
8
Bonner Str.
Malmedy-str.
Claudiusstraße
10
Römerpark
Rolandstraße
Zugweg
Teutoburger Straße
9
Städtisches E-Werk
Friedenspark
Stationen 1 und 2
1 bis 16
siehe Detailkarten im Text
100 m

lastungs-Personenbahnhöfe Süd und West, später durch den neuen Turmbahnhof Deutz. In Köln erfolgte zudem ein massiver Ausbau der Häfen (Rheinauhafen 1898, Deutzer Hafen 1907).

Dem Liberalismus der frühen Preußenzeit wurden nun zunehmend Grenzen gesetzt. Dies zeigte sich zum einen an der Übernahme bislang privat betriebener Teile der Daseinsvorsorge durch den Staat bzw. die Kommunen, entweder um eine bessere Koordination und Kontrolle zu gewährleisten oder um gewinnträchtige Bereiche für den Staatshaushalt zu erschließen. So wurden in Köln 1873 die Gasversorgung, 1900 die Straßenbahnen in städtische Eigenregie übernommen. Auch bei der Bebauung wurden Grenzen zwischen den Rechten der Kommune und privater Grundbesitzer abgesteckt: Die kommunalen Pläne für Baufluchtlinien, Traufhöhen sowie feuerpolizeiliche Vorschriften als Vorläufer moderner Bauleitplanung setzten den Bauherren Rahmenbedingungen; die eigentliche Nutzung der Grundstücke blieb jedoch weitgehend freigestellt. Das städtische Wachstum führte nicht nur zu einer Verschiebung der bebauten Fläche nach außen, sondern auch zu einer Überformung der überkommenen Altstadt-Strukturen. Um besonders zentral gelegene Verkehrknotenpunkte, in der Regel der (Haupt-)Bahnhof, siedelten sich Betriebe des spezialisierten Einzelhandels und der gehobenen Dienstleistungen an; die Wohnbevölkerung in diesem Bereichen wurde zunehmend verdrängt, die alte Bausubstanz durch moderne Geschäfts- und Verwaltungsbauten ersetzt. Eine entsprechende Umgestaltung zu Haupteinkaufsstraßen erfuhren in Köln Hohe Straße, Schildergasse und Breite Straße. Entlang der Straßen Unter Sachsenhausen/An den Dominikanern entstand ein Banken- und Versicherungsviertel in Nachbarschaft der Reichsbank (1897). Zusätzlich wurden Straßen der Altstadt verbreitert und neue Durchbrüche geschaffen, so die Gürzenichstraße zwischen Schildergasse und Heumarkt zur neuen Rheinbrücke (1915 eröffnet) nach Deutz hin.

Bühne des Bürgertums

In zunehmendem Maße wurde die Stadt jedoch auch zu einer Bühne der Selbstdarstellung des Bürgertums. Das sich seit der zweiten Hälfte des 18. Jahrhunderts herausbildende Bürgertum umfasste Personen, die im Sinne der Aufklärung eine sich ohne Gängelung von oben vernünftig selbst regulierende, eben »bürgerliche« Gesellschaft auf der Grundlage von individueller Leistung, Bildung und Persönlichkeit forderten und sich damit von den »alten Mächten« des monarchischen Absolutismus, des privilegierten Geburtsadels und der kirchlichen Orthodoxie abgrenzten. Für dieses Bürgertum, das Fabrikanten, Kaufleute, beamtete Bildungsbürger und etliche freie Berufe (Künstler, Journalisten, Anwälte) umfasste, war die Möglichkeit, ihre Identität als soziale Gruppe ohne ständische Privilegien und gesellschaftliche Gestaltungsmacht über Bildung und Kultur auszudrücken, von großer Bedeutung. Voraussetzung für die Entfaltung bürgerlicher Kultur war ein städtisches Umfeld mit gewisser Urbanität des gesellschaftlichen Lebens, da nur unter dieser Bedingung eine relative Freiheit, vielfältige Berufsformen und vor allem eine hohe Konzentration von Kultur vermittelnden Gesellschaftsformen geboten werden konnten, wie Theater, Zeitungen, Vereine und Universitäten. »Bürgerliche Bildung« war ein zentrales Element des Bürgerlebens; die kritisch-wohlwollende Einstellung zu neuen Dingen – vor allem technischem Fortschritt – ein besonderer Prüfstein bürgerlichen Geschmacks. Aus diesem Selbstverständnis heraus förderte das Bürgertum, das per Dreiklassenwahlrecht Mitsprache im Stadtrat besaß, den Bau von Bildung und Kultur vermittelnden Einrichtungen, seien es (Hoch-) Schulen, Theater, Oper oder Museen, aber auch andere moderne Elemente städtischer Organisation wie Krankenanstalten oder elektrische Straßenbahnen.

Identität durch Geschichte
In der als Historismus bezeichneten Tradition von Herder und Hegel besaß die Geschichte eine besondere Bedeutung für die Identität des Bürgers, da in deren Verständnis alle Phänomene der Kultur nur aus ihren geschichtlichen Bedingungen heraus erklärbar sind und sich der Mensch nur durch Aneignung der Tradition erkennen und entfalten kann. Die Eigenart der Vergangenheit im Verhältnis zur Gegenwart wurde als neue Form des Geschichtsbewusstseins der Gebildeten betont, mit Ausdruck in verschiedenen kulturellen Bereichen wie Kunst, Literatur, Architektur. In diesem Bewusstsein offenbarte die Geschichte der Nation den Sinn des Lebens und band Lebende sowie Tote zusammen in der gottähnlichen nationalen Gemeinschaft. Die Entwicklung nationaler Größe wurde zur Heilsgeschichte; die Quellen der Geschichte des eigenen Volkes mit quasi religiösem Eifer gesammelt. Diese Perspektive führte zu einem Aufschwung der Geschichtsforschung, und seit den 1830er Jahren setzte eine Erfassung des Denkmälerbestandes ein.

Die stilreine Kopie früherer Baustile in der Architektur galt als Ausdruck gediegener Bildung, ebenso das Erkennen und historisch zutreffende Deuten von Stilen und ikonografischen Darstellungen. Die bürgerliche Stadt war somit in ihren Fassaden in gewisser Weise ein Tableau historischer Symbole und darin eine Selbstvergewisserung bürgerlicher Bildung. In der Kunstgeschichte des späten Historismus wurde die historisch fundierte Auswahl von Kunststilen für Bauwerke auch ideologisch begründet. So bescheinigte Wilhelm Lübkes »Geschichte der Renaissance in Deutschland« von 1873 der deutschen Renaissance Eigenständigkeit und charakteristischen Ausdruck der deutschen Verhältnisse im 16. Jahrhundert, vor allem des reformatorischen Kampfes gegen das »geisterknechtende Rom«. Lübke schlug daher vor, den Stil nach der 1871 errungenen Einheit der Nation als Spiegelbild der Erneuerung nach den Kämpfen im 16. Jahrhundert zu übernehmen. Die deutsche Renaissance wurde daraufhin der Lieblingsstil der Gründerjahre. Durch das Verständnis des Stils als Ausdruck altdeutscher, echt bürgerlicher Stadtkultur erfreute er sich großer Beliebtheit bei Repräsentationsbauten des städtischen Großbürgertums, z.B. für Rathäuser.

Die Neustadt-Muster gründerzeitlichen Städtebaus

In Köln konzentrierten sich die neuen, repräsentativen öffentlichen Gebäude in den Neo-Stilen des Historismus vor allem auf die so genannte Neustadt, welche ab 1881 auf dem inneren Drittel des aufgegebenen inneren Festungsgeländes nach Plänen von Josef Stübben und Karl Henrici heranwuchs. Das Straßennetz der Neustadt wurde, wie in vielen mitteleuropäischen Städten in der zweiten Hälfte des 19. Jahrhunderts, nach dem Vorbild der Straßenbaumaßnahmen in Paris unter dem Präfekten Haussmann gestaltet: Breite Boulevards, Diagonalstraßen zwischen wichtigen Plätzen und Achsen sowie sternförmige Straßenkreuzungen. Das Rückgrat der Neustadt bildeten die Ringstraßen als Prachtboulevards, an denen sich auch die baulichen Exponenten bürgerlichen Selbstbewusstseins aufreihten: das Kunstgewerbemuseum (1897–1900), das Völkerkundemuseum (1904–06), das Schnütgen-Museum (1908–10), das Museum für Ostasiatische Kunst (1912/13), die Baugewerbeschule (1885/86), die Handelshochschule (1898/99), die Gewerbeförderungsanstalt für die Rheinprovinz (1906/07), das Hohenstaufenbad (1884) und die Oper (1899–1902). Ebenfalls innerhalb der Neustadt entstanden das Oberlandesgericht (1907–1911), die neue Handelshochschule (1905–07) und das Residenztheater (1901). Dem vaterländischen Denkmalskult wurde mit Denkmälern unter anderem für Kaiser Wilhelm I. und Kaiserin Augusta auf dem Kaiser-Wilhelm-Ring Rechnung getragen. Als Geschichtsdenkmäler wurden auch einige Teile der ansonsten 1881 weitgehend abgetragenen mittelalterlichen Mauer erhalten.

❶ Oberlandesgericht am Reichenspergerplatz

Das große Gebäude, das den Reichenspergerplatz an der Nordwestecke bogenförmig umschließt, wirkt zunächst wie ein fürstliches Schloss der Barockzeit: Es bildet eine symmetrische Anlage mit Hauptrisalit in der Mitte und zwei Seitenrisaliten. Im fünfachsigen Mittelrisalit befindet sich über dem prunkvollen Portal eine Reihe großer Fenster, hinter denen sich ein (Fest-)Saal verbergen könnte, davor ein kleiner Balkonbereich. Die Fassade orientiert sich mit ihrem von sechs Säulen getragenen Dreiecksgiebel an den Formen antiker Tempel. Die Portalumrahmung ist mit einer Wappenkartusche (allerdings ohne Wappen), Adlerfiguren sowie von Putten getragenen Va-

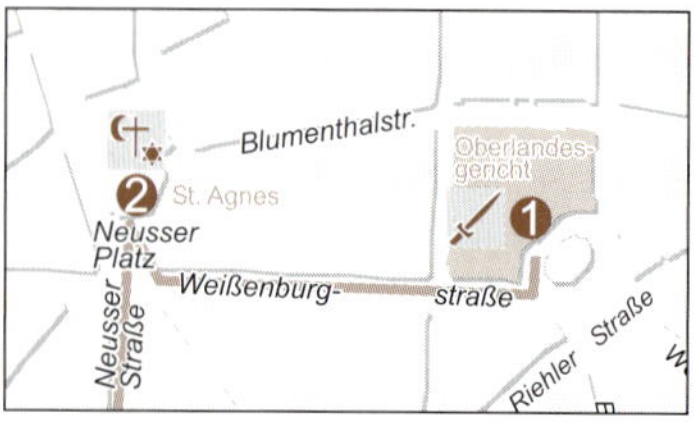

Oberlandesgericht: Figurenfries mit Justitia im Dreiecksgiebel des Mittelrisalits

sen typisch für ein barockes Schlossportal. Untypisch für ein Fürstenschloss sind hingegen die mit vier Vollgeschossen neben Keller- und Dachgeschoss recht auffällige Höhe und die kompakte Bauweise. Ebenso die nüchternen Fassaden zwischen den Risaliten und die der übrigen Gebäudeseiten, die nur eine Rustika im Erdgeschoss aufweisen und ansonsten glatt abgeputzt und lediglich durch kleinere Fenster unterbrochen sind.

Genauere Hinweise auf die Bedeutung des Gebäudes gibt die Figurengruppe im Dreiecksgiebel: Die zentrale, auf einem Thron sitzende Frauenfigur mit dem Schwert in der einen, dem Buch – mit der Aufschrift »Lex«, d.h. Gesetz – in der anderen Hand offenbart sich durch diese Insignien als Göttin Justitia. Ihre Augen sind nicht verbunden, um auszudrücken, dass sie nicht blind gegenüber dem Unrecht ist. Justitia wird flankiert von zwei männlichen Figuren, die als Helfer bzw. Advokaten zu deuten sind. Im linken unteren Giebelfeld sieht man eine auf Knien liegende, flehende Figur – offenbar eine um ihr Recht suchende Bittstellerin –, rechts eine kauernde, abgewandte Figur – offenbar der Beklagte. Es handelt sich demnach um einen Gerichtspalast. In den Außenwinkeln findet man auf Kartuschen die Baujahre eingraviert: links 1907, rechts 1911. Am Giebel des rechten Seitenrisalits wird das Programm durch zwei Figuren wieder aufgenommen: Links ein Ritter mit Schwert, rechts ein Gelehrter mit Robe, Barett und Buch, also Verweise auf die Aspekte der Justiz – Gesetzbuch und Gewalt – zu unterschiedlichen Zeiten. Der linke Seitenrisalit weist trotz ansonsten ähnlichen Aufbaus keine Figuren auf; er ist nach Kriegszerstörungen vereinfacht wieder aufgebaut worden.

Der schlossartige Charakter des Gebäudes setzt sich im Inneren mit dem zentralen Treppenhaus hinter dem Hauptportal fort. Die Treppe verzweigt sich zum ersten Obergeschoss in drei Richtungen. Das gesamte Treppenhaus ist von Galerien umgeben und überkuppelt. Vor den Pfeilern befinden sich Säulen aus poliertem

Marmor, die Kuppel wird durch barocktypische ovale Ochsenaugen belichtet. Die Vorhalle zum Treppenhaus ist oval, das Treppenhaus selbst rechteckig mit abgerundeten Ecken. Auch die hellgelbe Farbe ist typisch für fürstliche Schlösser. Dieser Gesamtcharakter war im Bauauftrag des nach Plänen von Paul Thoermer errichteten Justizgebäudes vorgegeben. Damit sollte die Unabhängigkeit bzw. Gleichrangigkeit der Justiz gegenüber Adel und Kirche dokumentiert werden – das Gerichtsgebäude als Residenz der Fürstin Justitia. Auch sollte der Bau den Besuchern Respekt einflößen, wie das Medusenhaupt unmittelbar im Scheitel über dem Eingang anschaulich demonstriert. Jenseits dieses Entrées erinnern die Bereiche im Oberlandesgericht eher an die Wirtschaftstrakte eines Schlosses: Die Gänge weisen ein einfaches Tonnengewölbe auf, die Rahmenverzierung der Türen ist schlicht. Insgesamt besitzt das Gebäude 34 Sitzungssäle und 400 Geschäftszimmer. Im Inneren gibt es drei größere sowie einige kleinere Lichthöfe. Einziges Überbleibsel der ursprünglich zahlreichen ovalen Warteecken ist die heutige Gedenkstätte für die im Ersten Weltkrieg gefallenen Justizangehörigen am Treppenhaus im ersten Obergeschoss. Der dort einst vorhandene Trinkbrunnen ist nicht mehr erhalten. Auch der ursprüngliche Deckenstuck in den Sitzungssälen ist verloren.

Der zur Bauzeit geäußerte Vorschlag, auch Landesfinanzamt (1908–11) und Oberpostdirektion (1912–14) um den Platz zu gruppieren und so ein Zentrum der öffentlichen Verwaltung innerhalb der Neustadt zu schaffen, stieß auf Ablehnung. Weitere staatliche Repräsentationsbauten der Gründerzeit in Köln waren Reichspost (1889–92), Reichsbank (1894–97), Regierungsgebäude (1910–11) und Polizeipräsidium (1904–07).

Das Gebäude am Reichenspergerplatz beherbergt heute das Oberlandesgericht, die Generalstaatsanwaltschaft und Teile des Amtsgerichts Köln.

Oberer Teil des zentralen Treppenhauses im Oberlandesgericht

Vom Ebertplatz aus führt die Neusser Straße direkt auf einen imposanten Sakralbau auf dem Neusser Platz zu, die ❷ **Agneskirche**. Das Gebäude besteht zum größten Teil aus hellem Latit, der Sockel aus dunklem Basalt, die Rahmungen der Portale und auch die Säulen im Innenraum aus rotem Sandstein. Die Kirche weist eine Reihe von typischen Elementen des gotischen Baustils auf: Spitzbögen, Maßwerk mit dem charakteristischen Drei- oder Vierblatt in den Fenstern, Fialen, Brüstungen mit Maßwerk-Geländern oder Heiligenfiguren auf Halbsäulen mit Baldachin über dem Kopf. Zur Abschreckung böser Mächte ist die Kirche mit geflügelten Drachen als Wasserspeiern bestückt. Außerdem sitzen auf zahlreichen Brüstungspfeilern Fabelwesen mit grimmigem Gesichtsausdruck, so auch auf der Brüstung des Kirchturms. Im Innern spannt sich zwischen den Säulen ein Kreuzrippengewölbe auf, im lang gestreckten Hauptchor befindet sich ein Hochaltar mit Figurenreliefs und goldenem Tabernakel, an den Seitenwänden Chorgestühl. Daneben gibt es jedoch auch Merkmale, die gegen einen Bau aus dem Hochmittelalter sprechen: Die vergitterten Fenster der Krypta im Basaltsockel des Hauptchors sind rautenartig und besitzen einen flachen Spitzgiebel (Tudorbogen) nach oben und spiegelsymmetrisch nach unten. Die Kirchenmauern lassen die gotische Leichtigkeit vermissen; sie sind solide ausgeführt und nur durch flache Pilaster gegliedert. Die im Mittelalter aus statischen Gründen üblichen außen über Bögen angebundenen Druckentlastungspfeiler fehlen; offenbar ist die Statik auch ohne diese Hilfsmittel ausreichend. Letztlich wäre mittels eines Kompasses festzustellen, dass die Kirche nicht, wie seit dem frühen Mittelalter verbindlich, geostet ist, d.h., der Chor der Kirche zeigt nicht nach Osten gen Jerusalem und die aufgehende Sonne, sondern nach Norden. Damit wurde allerdings erreicht, dass der repräsentative Haupteingang samt Glockenturm über die Achse der Neusser Straße genau auf die Eigelstein-Torburg und, in der Verlängerung, auf den Dom hin ausgerichtet ist. Diese Blickbeziehung wird derzeit allerdings durch das Grün der Alleebäume unterbunden. Offenbar spielten also bei der Ausrichtung stadtgestalterische Aspekte eine größere Rolle als traditionelle religiöse Vorschriften.

Über den beiden Spitzbögen des Vorbaus zum Hauptportal am Neusser Platz sind helle Steine mit lateinischen Inschriften eingesetzt. Die linke Inschrift ist gewidmet dem frommen Gedenken an die Frau Agnes Roeckerath, beste Frau und Mutter (»In Piam Memoriam Dominae D. Agnetis Roeckerath Uxoris Matrisque Optimae [...]«). Die heilige Agnes besaß offenbar eine profane Namensvetterin, welche letztlich namensgebend für die Kirche war; auch dies – als Programm im Eingangsbereich verewigt – wäre für eine mittelalterliche Kirche eher unüblich. Der Name Roeckerath begegnet dem Besucher erneut im Chor des vom Haupteingang linken Seitenschiffes. Vor dem Altar sind die Worte »1837 Dr. Peter Joseph Roeckerath 1905« in den Boden eingelassen. Die ebenfalls in den Boden eingefügten Buchstaben »R.I.P«, d.h. »Ruhe in Frieden«, verweisen darauf, dass sich hier die Grabstätte des Peter Roeckerath befindet. Auf dem Altar selbst, der in Inschrift und Figurenreliefs das Motiv des Petrus, der die Schlüssel zum Himmel erhält, aufgreift, ist ein Bild des Verblichenen aufgestellt. Informationen über dessen Bedeutung verrät eine kleine Inschriften-Tafel an der Außenwand des Chors: »Hier harrt der Herrlichkeit des Herrn der Stifter dieser Kirche, Dr. Pet. Jos. Roeckerath [...] welcher diese Kirche gebaut hat zur Ehre Gottes, zum Wohle seiner Mitbürger und der Zierde seiner Vaterstadt Köln sowie zum Andenken an seine zweite Ehefrau Agnes.« Nun sind Kirchenstifter, die sich in »ihrer« Kirche beerdigen lassen, kein Novum, doch handelte es sich historisch vor allem um geistliche und weltliche Fürsten. Dr. Roeckerath jedoch war kein Adeliger, sondern ein Bürger, allerdings kein unbedeutender: Die Inschrift nennt als Ämter des Toten zu Lebzeiten die Mitgliedschaft im Deutschen Reichstag, im preußischen Abgeordnetenhaus und in der Kölner Stadtverordneten-Versammlung.

Roeckerath, von Beruf ursprünglich Gymnasiallehrer, hatte durch Heirat Grundstücke von erheblichem Wert im Bereich der seinerzeit geplanten Kölner Neustadt erworben. Er besaß später im früh bebauten westlichen Teil der Neustadt allein achtzig Häuser. Als Immobilienspekulant und »Investor«, also durch den Bau und Verkauf von Häusern in der Neustadt, gelangte er zu großem Vermögen, das er zu Teilen für den Bau dieser Kirche sowie für die Anstellung eines Geistlichen stiftete. Die Kirche sollte letztlich außer Gott, den Mitbürgern und der Stadt Köln auch ihm selbst und seiner Gattin ein bleibendes, würdiges Denkmal setzen.

Und in der Tat besitzt die 1896–1903 errichtete dreischiffige Hallenkirche mit kurzem Querhaus im neugotischen Stil nach dem Dom den zweitgrößten Kirchenraum in Köln. Sie wurde von den Architekten Carl Rüdell und Richard Odenthal nach Vorgaben Roeckeraths gestaltet, der sich eine Hallenkirche mit einem Turm ohne Helm gewünscht hatte. Stiftungen wohlhabender Bürger für den Bau von Kirchen oder Kultureinrichtungen wie Museen oder

Schulen waren in der Gründerzeit verbreitet. Wie alle Kirchen in der Neustadt war auch der Platz für St. Agnes bereits in den Grundrissplanungen festgelegt. Kirchen sollten innerhalb des Gesamtkonzepts als städtebauliche Dominanten an zentralen, von mehreren Straßen sternförmig erschlossenen, Plätzen errichtet werden und über Straßenachsen in Sichtbeziehungen mit anderen, repräsentativen Gebäuden stehen.

In der gründerzeitlichen Arbeiterwohnung war die Küche der wichtigste Raum, zum einen als Kommunikationsstätte für die Familie, zum anderen als »Reich der Hausfrau«. Im Obergeschoss des ❸ **Stadtmuseums** ist das zusammengestellte Ensemble einer **Arbeiterküche um 1900** zu sehen: ein einfacher weißer Stuhl und ein passender weißer Tisch mit Besteckschublade. Im Vordergrund eine Nähmaschine, links davon eine Zinkwanne auf einem Holzbock und links im Hintergrund der Küchenherd, der nicht nur zum Kochen, Braten und Backen diente, sondern auch zum Erwärmen des Badewassers und zum Kochen der Wäsche. Es wurde oft gewaschen, da man wenig Kleidung hatte. Der »Duft« gewaschener Windeln war angesichts der hohen Kinderzahl typisch für eine Arbeitersiedlung.

Wegen der verhältnismäßig hohen Mieten lebte die Hälfte der Kölner Familien um 1900 in Zweiraumwohnungen. Um die Mietkosten bei mehrräumigen Wohnungen in Grenzen zu halten, wurden Schlafgänger einquartiert.

Der zentrale Raum einer Arbeiterwohnung war die Küche, wie sie im Stadtmuseum modellhaft zusammengestellt wurde.

Stellt man sich das Sandstein-Gebäude an der Ecke Schildergasse/Hohe Straße mit seinen hohen, schmalen Fenstern zwischen quadratischen Säulen ohne Schaufenster und ohne ❹ **Kaufhof**-Aufschriften vor, so wäre seine Funktion zunächst schwierig zu bestimmen: Für einen herrschaftlichen Palast ist die Anlage zu nüchtern und grobschlächtig, für eine Fabrik hingegen zu verspielt, vor allem das große Portal. Für ein öffentliches Gebäude wie Verwaltung oder Gericht ist die Gebäudefront trotz des Portals zu gleichförmig, es fehlen deutlich hervorragende Mittel- oder Seitenrisalite. Dennoch wirkt der Bau monumental, die durch Pilaster betonte Vertikale und die Horizontale in Form eines attikaartigen Stirnfrieses mit Rundfestern unterhalb des Daches sind ausgewogen. Tatsächlich handelt es sich hier um den Repräsentanten eines für die Gründerzeit neuen Gebäudetyps: des modernen Großkaufhauses. Erbaut wurde es 1912–14 nach einem Entwurf von Wilhelm Kreis, dem führenden Warenhaus-Architekten seiner Zeit.

Seine Eigenschaft als Kaufhaus wird durch Symbol-Elemente unterstrichen: Die Seiteneingänge bilden einen schwach vorspringenden Risalit, der nach oben mit einem flachen Dreiecksgiebel abschließt, in dem das Relief zweier Füllhörner platziert ist. Diese Giebelform ist der antiken Tempelarchitektur entlehnt, das Füllhorn symbolisiert seit der Antike reiche Ernte und die Fülle der Natur; hier die vor den Kunden ausgebreitete Warenvielfalt. Damit wird das Gebäude zum »Tempel des Warenfülle«. Denn Zweck des Warenhauses war bereits damals neben der Bedarfsdeckung auch die Bedarfsweckung. Nicht allein die Schaufenster, sondern das

Großer Lichthof im Warenhaus Tietz um 1920

Luftaufnahme des Warenhauses Tietz. Hinter dem Gebäude ist der Kamin des zugehörigen Kraftwerks zu erkennen.

Gebäude selbst sollte ein Werbemittel für die gediegene Qualität und das breite Spektrum der Waren sein. Über dem Hauptportal befindet sich die Bronzefigur eines Löwen, die rechte Vorderpranke auf einer (Welt-)Kugel, auf dem Rücken eine geflügelte Putte, die ursprünglich aus einem Füllhorn Rosen auf die eintretenden Kunden verstreute. Der Löwe steht für Leo(nhard) Tietz, den Auftraggeber des Kaufhauses, zugleich aber für Stärke und den Anspruch, (globale) Märkte zu bedienen. Zwischen den Rundfenstern des Attikageschosses zeigen Reliefs teils unbekleidete, teils mit Umhang verhüllte Männer und Frauen mit symbolischen Accessoires wie Theatermaske, Doppelflöte oder Bogen mitsamt erlegtem Vogel, die auf antike Künste und Lebensart verweisen.

Relieffigur mit Theatermaske am Attikageschoss des ehemaligen Warenhauses Tietz

Der Stahlbetonskelettbau besaß ursprünglich drei mit Glasdächern überwölbte Lichthöfe. Von diesen Höfen vermittelt die heutige, zentral hinter dem Haupteingang gelegene Rolltreppen-Halle noch eine vage Vorstellung. In den Lichthöfen gab es keine Treppen. Die großen, von der Decke herabhängenden Ampeln, die Friese an Brüstungen und Pfeilern und die Gemälde in den Segmentbögen des Daches erinnerten eher an eine Synagoge oder ein Opernhaus als an ein Ladengeschäft. Der Treppenaufgang, flankiert von je fünf Personenaufzügen, lag am Ende des zentralen Lichthofs, gegenüber dem Hauptportal. Auf das einstige Dekor der einzelnen Abteilungen lässt heu-

ROUTE 6

te nichts mehr schließen. Zur Veranschaulichung sei die ehemalige hallenartige Teppichabteilung im zweiten Obergeschoss beschrieben, die zwei Geschosse umfasste: Säulen standen vor den eichengetäfelten Wänden und trugen eine hölzerne Kassettendecke. Holzreliefs über Mäanderlinien verzierten die Schmalseiten. Das Licht fiel durch kleine, hochgestellte Fenster und erzeugte eine halbdunkle, mystische Stimmung, die die orientalischen Teppiche angemessen in Szene setzte.

Das Warenhaus war eine neue Form des Einzelhandels. In Deutschland wurde das erste 1888 in München eröffnet. Der Typus Warenhaus versammelte ein breites Warensortiment unter einem Dach: Bei Tietz erhielt man, wie heute, auf insgesamt sechs Geschossen Textilien aller Art, Glas-, Kristall- und Haushaltswaren sowie Lebensmittel; im Untergeschoss befand sich eine firmeneigene Leihbibliothek mit ca. 20.000 Bänden. Bemerkenswert ist, dass das gediegene Design von Fassade und Interieur nicht etwa mit einer gehobenen Preisklasse der angebotenen Waren einherging, sondern vielmehr eine relativ niedrige kompensierte: Die Tietz AG warb mit preisgünstigen Waren und »billigen Lebensmitteln«, was durch Filialsystem und entsprechenden Großeinkauf ermöglicht wurde. Der von der Konkurrenz erhobene Vorwurf, das Warenhaus sei »billig und schlecht« und schade dem Image des Einzelhandels, sollte durch die edle Ausstattung entkräftet werden: das Warenhaus wollte keine Werte zerstören, sondern solche schaffen. Das moderne Warenhaus verstand sich aber auch als technisches Meisterwerk: Die Aufzüge, ein Ventilationssystem, verschiedene Kühlräume und eine mehrere tausend Glühbirnen umfassende Beleuchtung wurden durch ein eigenes Kraftwerk mit Strom versorgt, das sich an der Stelle des heutigen Parkhauses nahe der Cäcilienstraße befand.

Dieses Warenhaus des1879 in Stralsund gegründete Unternehmens Leonhard Tietz war der vorläufige Höhepunkt seiner Präsenz in Köln. Bereits 1889 gab es eine erste Filiale in der Hohen Straße, welche 1902 durch ein kleineres Warenhaus mit Passage ersetzt worden ist. Dieser Passagen-Komplex wurde abgerissen und die entstandene Freifläche durch ein zusätzliches Grundstück in Richtung des neuen Straßendurchbruchs der Gürzenichstraße erweitert: Auf den nun fast 9.000 qm baute Tietz sein neues Warenhaus.

Bereits 1933 enteigneten die nationalsozialistischen Machthaber im Rahmen der »Arisierung« die Familie des Gründers, und die Tietz AG wurde von der 1879 gegründeten Kaufhof AG übernommen. Die Kaufhof AG ist seit 1986 im Mehrheitsbesitz der Metro AG.

Gegenüber auf der Schildergasse befindet sich das Gebäude des Kaufhauses »Hansen«. Es weist sowohl in Material als auch im Stil Ähnlichkeiten auf: Aus hellem, braunem Sandstein ausgeführt, besitzt die Gaube in der Mitte des Dachgeschosses einen Dreiecksgiebel, gestützt auf Blendsäulen in antikem Stil. Dies ist nicht nur auf eine gewisse neoklassizistische Mode im zeitgenössischen Kauf-/Warenhausbau zurückzuführen, sondern auch auf die Vorgabe seitens der Stadt, die am Durchbruch der Gürzenichstraße neu entstehenden Gebäude einheitlich zu gestalten. Das Haus wurde als »Geschäftshaus Palatium« 1911/12 ebenfalls nach Plänen von Wilhelm Kreis errichtet.

Wie die meisten Kirchen der Kölner Neustadt so wurde auch die Synagoge in der Roonstraße im neuromanischen Stil (1899 geweiht) erbaut. Im Gegensatz zum inneren Umbau wurden beim Wiederaufbau außen kaum Veränderungen vorgenommen.

An der Roonstraße, gegenüber dem Königsplatz, dem heutigen Rathenauplatz, wurde 1899 die größte Kölner ❺ **Synagoge** geweiht. Wie die meisten Kirchen der Kölner Neustadt ist auch die Synagoge im neoromanischen Stil gehalten. Über dem Baukomplex ragt ein mächtiger Vierungsturm auf, der die zentrale Kuppel im Inneren verdeckt. Unter seinem Pyramidendach verläuft ein Fries aus rundbögigen Drillingsfenstern, das an allen vier Seiten durch einen zentralen giebelgekrönten Mittelrisalit unterbrochen und von seitlichen minarettförmigen Türmchen flankiert wird. Die Dachspitze wird gekrönt vom Davidstern. Vor dem Vierungsturm befindet sich ein wuchtiger giebelgekrönter Vorbau, dessen auffälligster Schmuck eine große Fensterrose ist. Er wird von Vierecktürmen mit Pyramidendächern flankiert. Ihm vorgebaut ist eine niedrige Halle mit drei Rundbogen-Portalen, die wiederum von minarettförmigen Türmchen flankiert wird. Die von wechselnden romanischen Kleeblatt- und Bogenfenstern bestimmten Fassaden der beiden etwas niedrigeren Seitenflügel fügen sich harmonisch in das Erscheinungsbild der angrenzenden Wohnhäuser ein. Der von den Architekten Bernhard Below und Emil Schreiterer konzipierte Synagogenkomplex erhält seine Geschlossenheit zum einen durch die einheitliche neoromanische Formensprache, zum anderen durch die Höhenstaffelung der Giebel und Türme.

Im Inneren der Synagoge nahm man zunächst die gewaltige Vierungskuppel mit den imposanten Vierungsbogen und dahinter das Allerheiligste wahr. Auf den Galerien der Seitenarme befanden sich 600 Sitzplätze für Frauen, im Synagogenraum 800 Sitzplätze für Männer; die Kinder und der Chor fanden auf der südwärtigen Galerie Platz. Die Innenwände waren schlicht gehalten. Sie bestanden aus verputzten Backsteinen und Basaltlava. Darauf befanden sich Wandmalereien im Ravennastil: Pflanzenornamente und geometrische Motive auf blaugrünem und mattziegelrotem Untergrund (Ausmalung durch Schaper und Niederhäuser). Das Allerheiligste hob sich mit seinen edlen Materialien deutlich ab: die aus weißem Marmor bestehende Ostwand und der Thoraschrein aus Mahagoniholz.

In der Reichskristallnacht 1938 wurde auch diese Synagoge verwüstet und brannte aus. Weitere Zerstörungen richteten Bomben an. Im Jahr 1956 beschloss die Gemeindeversammlung den Wiederaufbau der Synagoge. Der Architekt Helmut Goldschmidt nahm an der äußeren Form nur geringfügige Veränderungen vor. Das Innere wurde jedoch wesentlich umgestaltet. Um in die Synagoge ein Gemeindezentrum zu integrieren, wurde in der Höhe des ersten Obergeschosses eine Zwischendecke eingezogen. Sie trennte das Gemeindezentrum im Erdgeschoss von der Synagoge darüber. Das Erdgeschoss wird heute im Wesentlichen von dem großen Gemeindesaal eingenommen. Im Westflügel ist ein Museum zur Geschichte der Juden in Köln eingerichtet, das einen besonderen Akzent auf die Judenverfolgung während des Nationalsozialismus legt.

Die beiden Architekten Henrici und Stübben entwarfen im Jahr 1880 die Bebauung der Kölner Neustadt. Erst ab 1886 sahen Stübbens Pläne für die Südstadt die Anlage eines Pendants zum 5,65 ha großen Stadtgarten in der Nordstadt vor: den 15,3 ha umfassenden 6 **Volksgarten.** Das Gelände hatte der Stadtverordnete Kaesen für die Stadt Köln erworben, die dort bereits im Besitz von zwei Festungswerken war, des Forts IV und der Lünette 3. Die Planung des Parks wurde dem städtischen Gartenbaudirektor Adolf Kowallek übertragen.

Kowalleks gründerzeitliches Parkkonzept von 1897 ist bis heute in seinen Grundzügen zu erkennen. Zwar sind das prunkvolle, auf 2.000 Besucher angelegte Restaurationsgebäude im Eingangsbereich am Eifelplatz, mit angrenzender Konzertarena, und der Pavillon für Schlittschuhläufer verschwunden; erhalten geblieben sind jedoch das Spiel mit den Höhendifferenzen zwischen der Aussichtsplattform und der zentralen Teichfläche von maximal neun

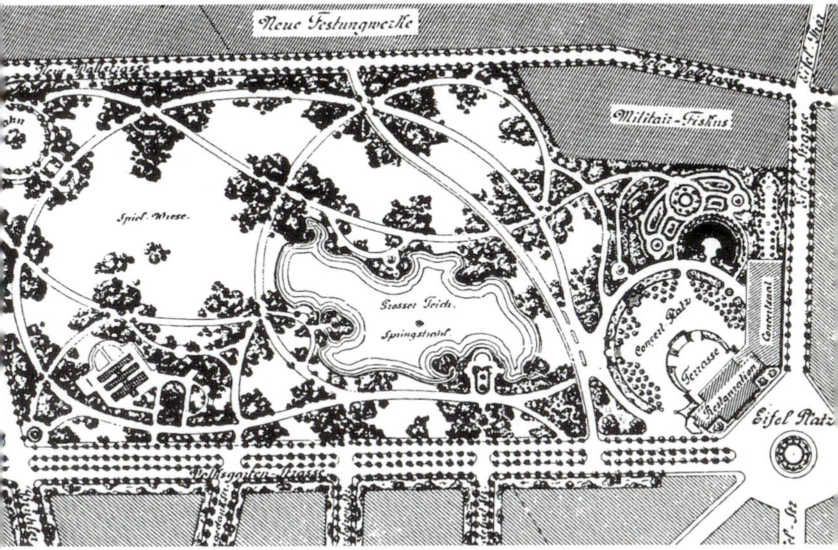

Der Volksgarten wurde als gründerzeitlicher Solitärpark in die Planung der Kölner Neustadt einbezogen. Er ist in seinen Grundzügen bis auf den heutigen Tag erhalten geblieben.

Metern sowie der Wechsel zwischen dichterem Gehölzbestand bzw. intensiverer Gartengestaltung und offenen Freiflächen. Ebenso sind noch heute die Vielfalt an teils exotischen Bäumen und Sträuchern sowie die Parkerschließung durch geschwungene Wegeführungen zu erkennen. Als »gemischten Stil« hat man das Nebeneinander von eher geometrischen Formen und freier Landschaftsgestaltung bezeichnet.

In die Parkplanung einbezogen wurden die beiden Festungswerke aus dem Vorfeld der mittelalterlichen Stadtmauer. Von der (einzig verbliebenen) Lünette in der südwestlichen Parkecke sind nur noch der erdbedeckte Wall und der mittlere Gebäudeteil erhalten. Vom Fort IV aus den frühen preußischen Jahren sind einzelne Teile, wie das halbrunde Kernwerk und Teile des Festungsgrabens, noch gut erkennbar. Jenseits des Kernwerks befindet sich ein Rosengarten.

Die im Park ausgeübten Freizeitaktivitäten allerdings haben sich gegenüber den Gründerjahren grundlegend geändert: Konzerte würden die Kölner Philharmoniker heute dort nicht mehr geben, das Schlittschuhlaufen auf dem zugefrorenen Teich ist mittlerweile verboten und auch die Reitmöglichkeiten (in der Südwestecke) sind heute nicht mehr gegeben. Dafür kann man im Sommer Tretboot fahren. Dort, wo früher ein Großrestaurant stand, gibt es heute einen Biergarten, und im südlichen Parkbereich findet man Kinderspielplätze und Liegewiesen.

Die 7a **Volksgartenstraße** ist entlang des Volksgartens nur einseitig bebaut. Nicht allein der Volksgarten, sondern auch der mit hohen Robinien bestandene Mittelstreifen der Straße sowie die bepflanzten Vorgärten der Häuser setzen einen grünen Akzent inmitten der Stadt. Im Bereich zwischen Kleingedank- und Vorgebirgsstraße (Nr. 34–42) stehen einige mehrgeschossige Gebäude. Jeweils zwei sind aneinander gebaut, so dass sie als so genannte **Halbvillen** auf drei Seiten von Garten umgeben sind. Die Fassaden aller Häuser sind aufwendig gestaltet. So findet sich z.B. am Haus Nr. 36 eine beinahe palastartig betonte Mittelachse mit einem im Parterre vorspringenden Erker und darüber angelegtem Balkon. Die Balkontür ist eingefasst von zwei verzierten Säulen und einem Segmentgiebel mit von Stuckblattwerk gerahmten Kopf und Flügeln eines Eroten (geflügelten Knaben). Oberhalb des Fenstergiebels tragen die Säulen ein Figurenrelief, das eine Gruppe von ebenfalls geflügelten Knaben mit verschiedenen Requisiten zeigt: unter anderem Buch, Schriftrolle und Zirkel, Globus sowie einen Bildhauer mit Hammer, Meißel und fast vollendeter Büste. Diese Elemente deuten auf eine (tatsächlich bestehende oder gewünschte) Beziehung des Erbauers zu den schönen Künsten und der Wissenschaft. Unterstrichen wird die imposante Wirkung des Gebäudes durch einen kleinen Dreiecksgiebel im Dach, der zwei Löwen zeigt, die ein (Familien-?)Wappen halten. Der an die Antike angelehnte Baustil der Neorenaissance sowie die reichliche Verwendung allgemein bekannter Motive, die nach außen hin Wohlstand und besonders Bildung des Bewohners präsentieren sollen, sind typisch für die Jahre der Gründerzeit. Tatsächlich sind die erwähnten Häuser zwischen 1892 und 1898 entstanden.

So genannte »Halbvilla« an der Volksgartenstraße Nr. 36. Hier am Volksgarten war bereits bei der Planung der Neustadt das kleinere der beiden zusammenhängenden Villenviertel vorgesehen.

Das Haus Nr. 36 – ebenso die benachbarten Gebäude Nr. 34, 40 und 42 – verfügt zwar über vier Geschosse, von denen jedoch zwei (Parterre und erste Etage) durch Fensterhöhe und Fassadengestaltung deutlich hervorgehoben sind. Die beiden anderen entziehen sich fast dem Blick: Das Sockelgeschoss hat kleine, vergitterte Fenster knapp über dem Erdboden, das oberste Stockwerk ist ein so genanntes »Attikageschoss« mit geringer Raumhöhe und sehr niedrigen Fenstern. Aufgrund der Uneinheitlichkeit der Geschosse und des im Parterre erkennbaren sehr großen, fast die gesamte Hausbreite einnehmenden Raums kann man kaum von einer Nutzung als Mehrfamilien-Miethaus ausgehen. Vielmehr wird es das geräumige Wohnhaus einer wohlhabenden Familie gewesen sein, mit Salon im Parterre, Schlafzimmern im ersten Obergeschoss, Gesindekammern im Attika-

Vornehme Jugendstilhäuser an der Volksgartenstraße

und Küche und Versorgungsräumen im Sockelgeschoss. Heute erscheinen zwar alle genannten Häuser in schmuckem, restauriertem Zustand, werden jedoch, meist aufgrund sehr hoher Unterhaltungskosten, entweder von mehreren Mietparteien bewohnt oder von (kommunalen) Einrichtungen oder gehobenen Dienstleistern genutzt.

Folgt man der 7b **Volksgartenstraße** in Richtung Südosten, so verlässt man mit Überquerung der stark befahrenen Vorgebirgsstraße den unmittelbaren Bereich des Volksgartens und damit auch die Zone der besonders begünstigten Wohnlage. In der Bebauung spiegelt sich diese Abstufung insofern wider, als die Straße nun nicht nur beidseitig, sondern außerdem in geschlossener Form und mit vier- bis fünfgeschossigen Häusern bebaut ist. Zudem sind alle Häuser Mehrfamilien(miet)häuser, was an der fehlenden Betonung einer einzelnen (Bel-)Etage bzw. der einheitlichen Erscheinung aller Vollgeschosse erkennbar ist. Allerdings sprechen auch in diesem Abschnitt der Straße deren großzügige Anlage mit dem baumbestandenen grünen Mittelstreifen, die Vorgärten mit meist originaler schmiedeeiserner Einfriedung sowie die schmuckreichen Häuser selbst für einen gewissen Wohlstand der ursprünglichen Bewohnerschaft: Stellvertretend seien die vier Häuser Nr. 22–16 näher betrachtet. Es handelt sich jeweils um eher schmale, zweiachsige Häuser mit Risalit und teilweise zusätzlich mit Balkonen. Ihre Entstehung in der Zeit des Jugendstils lässt sich unschwer an den reichlich verwendeten floralen Schmuckelementen und Zopfformen der Stuckfassaden ablesen; außerdem an den zahlreichen gerundeten Formen z.B. in den Fensterbögen und den geschwungenen, barockähnlichen Giebeln. Bestätigt wird dieser Eindruck durch die Inschrift »1906« am Haus Nr. 16.

ROUTE 6

Dass es sich bei diesen, in jüngster Zeit aufwendig renovierten Häusern auch heute noch um eine »gute Adresse« handelt, lässt sich auch an den Wohnungsgrößen von 120–290 qm ablesen, wie sie beispielsweise das Haus Nr. 12 aufweist.

Beispielhaft für die architektonische Verarmung infolge der Kriegszerstörungen sei kurz auf Haus Nr. 24 verwiesen. Hierbei handelte es sich ursprünglich zweifellos um ein Äquivalent zu den Häusern Nr. 16–22: Es ist ebenfalls zweiachsig, verfügt über die gleichen, deutlich höher als breit gehaltenen Fenster, weist dieselbe, für die Gründerzeit typische große Geschosshöhe auf. Auch das bei einigen Nachbarhäusern vorhandene »Ochsenaugen-Fenster« über der Eingangstür ist erhalten. Sämtliche Stuckelemente der Fassade sind jedoch zugunsten eines überstrichenen glatten Putzes verschwunden.

Eine weitere Abstufung der Wohnverhältnisse lässt sich bereits auf dem Weg zum folgenden Standort beobachten: Schon die unmittelbar hinter der Martin-Luther-Kirche von links einmündende Metzer Straße ist erheblich schmaler als die Volksgartenstraße und weist, wie die nach Osten angrenzenden Straßen, keinen Baumbestand mehr auf. Auch für Vorgärten wurde hier keine wertvolle Parzellenfläche »verschenkt«. Biegt man nach 100 Metern rechts in die **Vondelstraße** ein, so stößt man nach wenigen Schritten auf zwei Beispiele für die in diesem Viertel typischen schlichten Mehrfamilienhäuser (Nr. 9 und 15).

Gegenüber befindet sich die **Feuerwache**: ein mächtiges zweigeschossiges Gebäude mit fünf bogenförmigen großen Toren für die Einsatzwagen und einem hohen Turm an der Rückfront zum Aufhängen der nassen Schläuche. Die Feuerwache ist eine der Ursachen für den (zumindest ursprünglich) vergleichsweise geringen Wohnwert der umliegenden Straßen. Eine solche, mit erheblichem Lärm verbundene Einrichtung, dazu die nahe gelegenen städtischen Versorgungswerke am Zugweg sowie die vielen umliegenden Industrie- und Gewerbebetriebe minderten den Wert der Grundstücke in der Nachbarschaft erheblich.

Im weiteren Verlauf der Straße treten zwei zusätzliche Neuerungen im Straßenbild auf: Im Erdgeschoss einiger Häuser befinden sich kleine Ladenlokale. Sie zeigen die für den »gründerzeitlichen Wohn- und Gewerbering« typische funktionale Durchmischung nicht nur der Baublöcke, sondern auch der einzelnen Häuser an. In den Hinterhöfen fanden sich häufig kleinere Gewerbebetriebe, darauf verweisen die Tordurchfahrten in zahlreichen Häusern. Von der Geschäfts- bzw. Gewerbenutzung ist hier, wie fast überall in der Neustadt, heute nur noch wenig zu sehen. Die meisten Ladenlokale sind in Wohnungen umgewandelt worden und nur noch an den großen, ehemaligen Schaufenstern zu erkennen. Unter den noch intakten Ladenlokalen stellen die Kölner »Büdchen«, also Kioske mit Zeitschriften, Tabakwaren, Getränken etc., das Gros, daneben finden sich gelegentlich Friseure, Bäckereien oder einfache Dienstleistungsbetriebe wie z.B. Reinigungen.

In der Gründerzeit war neben der funktionalen Durchmischung außerdem die soziale Gliederung nicht nur nach Vierteln, sondern auch innerhalb eines einzelnen Hauses verbreitet. Die reinen Villenviertel – in der Kölner Neustadt etwa nördlich des Deutschen Rings, am Volksgarten sowie am Ringboulevard – blieben davon unberührt. Abhängig von den Lichtverhältnissen und dem repräsentativen Wert einer Wohnung gab es Abstufungen zwischen dem bevorzugten Vorderhaus und dem schmaleren, dem meist schmucklosen, dunklen Hof zugewandten Hinterhaus: In der Regel war nur die Fassade zur Straße verputzt und verziert; die Mauern zum Hof hin bestanden überwiegend aus unverputzten dunkelroten Backsteinen. Hinzu kam, dass die in vielen dieser Hinterhöfe angesiedelten (Klein-)Gewerbe Lärm- und Geruchsbelästigung verursachten. Aber auch innerhalb des Vorderhauses waren die Wohnungen im ersten und zweiten Stockwerk, der Beletage, hochwertiger und teurer als die übrigen, vor allem als Dachgeschoss und Souterrain. Als Beispiel möge die für das Haus Burgunder Straße 16 überlieferte Wohnungsbelegung dienen:

Vorderhaus
Unten: *Weingroßhändler, Anstreicher*
1. Stock: *Verleger*
2. Stock: *Dr. phil. Stadtsekretär*
3. Stock: *Witwe, Agenturen*
Hinterhaus
1. Stock: *o.G. (= ohne Gewerbe oder Beruf), Kutscher, Formstecher*
2. Stock: *o.G., Brieftaubenwärter*
3. Stock: *Bierbrenner, Tagelöhner, Wälzer, Postschaffner*
4. Stock: *o.G., Pferdebahnkutscher, Tagelöhner*

Am nahe gelegenen Hafen und in den zahlreichen benachbarten Industrie- und Transportbetrieben herrschte stets großer Bedarf an (ungelernten) Arbeitskräften, so dass gerade in der Südstadt ungewöhnlich viele Tagelöhner, aber auch einfache Fabrikarbeiter ansässig waren. Der Bereich um die Elsassstraße wurde zu *dem* Arbeiterviertel der Neustadt. Eine Vorstellung von den unzumutbaren Wohnverhältnissen zur damaligen Zeit vermitteln die schmucklosen, unverputzten Backsteinhäuser **8 Elsassstraße Nr. 35–47**. Sie sind der erhaltene, kleinere Teil der 1886 für 130–150 Familien (!) errichteten so genannten »Elsasskaserne«, der größten Arbeiterwohnanlage der Südstadt. Hier gab es nicht einmal abgeschlossene Wohnungen, sondern lediglich aneinander gereihte kleine Räume, die nur über unzureichende Sanitäranlagen verfügten. Im Rahmen der Sanierung des Severinsviertels entstanden 1987–1991 in den alten Gebäuden fünfunddreißig abgeschlossene Wohnungen (inkl.

Hinter der »Elsass-kaserne« erinnern Kamin und Gebäude einer stillgelegten Fabrik sowie das Stahlskelett einer Gewerbehalle an die ehemalige Industrie.

Nr. 31–33) mit moderner, aber einfacher Ausstattung, so dass die Mieten für die bisherigen Bewohner bezahlbar blieben. Außerdem wurde der ursprüngliche Charakter der einst dreiflügeligen »Colonie« durch einen Anbau (Nr. 31–33, in etwa auf den alten Grundrissen) wieder herausgestellt.

Durch eine Lücke in der Bebauung gelangt man in den Innenbereich des Blocks, dort befindet sich heute eine Spielfläche für Kinder und Jugendliche. Von der ehemaligen Gewerbetätigkeit zeugt hier lediglich das »Skelett« der offenen Halle einer in den 1980er Jahren geschlossenen Holzhandlung. Dahinter blickt man auf die letzten Reste neustädtischer Industrie: Schornstein und Fabrikgebäude der erst 2001 stillgelegten Firma »Schneider-Clauss & Co. Metallwaren«. Außerdem sind mehrere Hinterhäuser bzw. -höfe der Elsassstraße einsehbar.

9 Versorgungsbetriebe am Zugweg

Ein Komplex von Gebäuden wie »aus alten Zeiten« nimmt den gesamten Baublock zwischen Zugweg, Bonner Wall, Ohmstraße und Rolandstraße am Südrand der Kölner Neustadt ein. Quer zum Grundstückseck zwischen Zugweg und Rolandstraße stehen gelbe Klinkerbauten mit hohen Rundfenstern und jeweils von schmuckfreudigen Giebeln gekrönten Mittelrisaliten. Dieser aufwendig gestalteten Gebäudefront war ursprünglich eine dreieckige Parkfläche vorgelagert.

Den Zugang zum Gebäudekomplex am Zugweg markiert ein von Efeu umrankter Rundturm, der an einen Burgturm oder den Turm der mittelalterlichen Stadtbefestigung erinnert. Sein Abschluss mit Zwerggalerie und gestuftem Turmhelm weist allerdings eher sakrale Formen auf. An den Turm schließt sich eine lange kirchenschiffartige Halle an, deren Fassade längs des Zugwegs von Strebepfeilern, hohen Rundbogenfenstern, vor allem aber von einem querschiffartigen, von kleinen Rundtürmen flankierten Mittelrisalit geprägt ist. Auch die roten Klinkerbauten längs des Bonner Walls weisen ausgeprägte sakrale Stilformen auf, wobei dort an die Gotik erinnernde Spitzbögen mit maurischem Einschlag (rot-schwarze Klinkerverzierung) hervortreten. Die hohen Schornsteine – ursprünglich waren es vier – verweisen eindeutig auf die industrielle Funktion des Gebäudekomplexes.

Zwischen 1883 und 1905 entstanden hier am Stadtrand das **erste Kraftwerk Kölns und ein zentrales Wasserwerk.** Im rheinwärtigen Teil des gelben Klinker-Riegels wurde 1883 das Pumpwerk Severin I errichtet, das aus Tiefbrunnen gewonnenes Wasser ins Rohrleitungsnetz bzw. zum Wasserturm in der Färbergasse pumpte. Direkt an das Pumpwerk schloss man im Jahr 1891 eine Elektrische Centralstation an: das Maschinenhaus des ersten Kölner Kraftwerks. Schon 1900 entstand ein weiteres Maschinenhaus am Zugweg. Wenig später wurde am Bonner Wall ein zweites Druckpumpwerk (Severin II) fertig gestellt. Daneben baute man ein Kesselhaus, das Dampf für die Pumpwerke und die Kraftmaschinen des E-Werks erzeugte. Das in den Tiefbrunnen gewonnene Trinkwasser wurde in einem unter der Rasenfläche des Innenhofs gelegenen Wasserspeicher gesammelt. Der unterirdische Wasserspeicher ist seit 1901 über das »Einlaufhaus« (Ohmstraße) zugänglich. Beim Bau dieser wichtigen Versorgungseinrichtungen sahen sich die städtischen Ingenieure vor ein dreifaches Problem gestellt: Zunächst mussten die Öffentlichkeit und die Stadtverordneten davon überzeugt werden, dass solche Versorgungseinrichtungen von den Kommunen und damit aus Steuergeldern finanziert werden mussten. Erst in den 1870er Jahren fand eine Kommunalisierung von Versorgungsbetrieben in Preußen immer mehr Befürworter. Ohne den sanften Druck vonseiten des Regierungspräsidenten wären die Kölner Stadtväter nicht bereit gewesen, solche zuvor von privaten Konzessionären erbrachten Leistungen unter kommunale Regie zu stellen. Sodann galt es, die technischen Probleme zu lösen. Beim Bau des Kraftwerks bedeutete dies die Erzeugung einer ausreichenden Stromspannung, um das gesamte Stadtgebiet mit Elektrizität zu versorgen. Dies war erst ab 1885 möglich, nachdem der Wechselstrom erfunden war. Zu Beginn der 1890er Jahre entstand am Zugweg das erste Wechselstrom-Kraftwerk Deutschlands, unter

Gegen Ende des 19. Jahrhunderts entstanden im Süden der Kölner Neustadt (am Zugweg) das erste Kraftwerk Kölns und ein zentrales Wasserwerk, gleichsam in Form von »Kathedralen der Technik«. Die Versorgungsbetriebe arbeiten, mit moderner Technik versehen, heute noch. Das Ensemble steht unter Denkmalschutz.

maßgeblicher technischer Hilfestellung der Ehrenfelder Helios AG, einem Pionier auf dem Gebiet der Wechselstrom-Entwicklung. Ab 1905 wurden die Generatoren durch Dampfturbinen angetrieben. Beim Bau des Wasserwerks am Zugweg (Pumpstationen Severin I und II) konnte man sich auf die Erfahrungen stützen, die man beim Bau der ersten Kölner Pumpstation Alteburg gewonnen hatte. Zwischen 1887 und 1901 wurden am Zugweg sechs 20 m tiefe Brunnen ausgehoben und ein Tiefbehälter von 20.000 m^3 Fassungsvermögen angelegt. Der Ausbau des Leitungsnetzes wurde ab 1892 verstärkt vorangetrieben, als die Hamburger Cholera-Epidemie den Stadtvätern nochmals vor Augen geführt hatte, wie dringend notwendig die öffentliche Wasserversorgung war. Gleichzeitig wurden die öffentlichen Brunnen geschlossen und ein Zwangsanschluss an die Wasserleitung verfügt. Um den anfänglich hohen Pro-Kopf-Verbrauch von 167 Litern Wasser pro Tag zu steuern, sahen sich die Stadtwerke zu einer weiteren teuren Investition gezwungen, dem Einbau von Wasseruhren. Das dritte Problem war dem gegenüber relativ einfach zu lösen. Als Ausdruck ihres Stolzes auf die technischen Errungenschaften und der allgemeinen Hochstimmung in der Spätphase der Gründerjahre wählten die Architekten feudale und sakrale Bauformen und griffen auf Stilmittel des Mittelalters (Neuromanik und Neugotik) und der frühen Neuzeit (Neorenaissance, Neobarock und Klassizismus) zurück (»Historismus«). An den Bauten am Zugweg manifestiert sich die Idee, »Kathedralen der Technik« zu schaffen. Das Zugweg-Ensemble steht heute unter Denkmalschutz. Es produziert immer noch Strom und versorgt den Kölner Süden mit Trinkwasser.

⑩ Alte Universität

In der Südostecke der Kölner Neustadt, an der Claudiusstraße, befindet sich ein querrechteckiger schlossartiger Gebäudekomplex, dessen Schaufront mit Mittelrisalit und wuchtigen pavillonartigen Eckbauten eindeutig auf den gegenüberliegenden Römerpark ausgerichtet ist. Der rheinseitige Ostflügel ist deutlich weniger akzentuiert. Hier ist die Fassade lediglich durch einen Rundbau unterbrochen. Das heutige Erscheinungsbild des Gebäudes ist das Ergebnis des Wiederaufbaus nach Kriegszerstörungen in den 1950er Jahren. Dabei wurde auf etliche Schmuckformen verzichtet. So ersetzte man beispielsweise die variantenreiche Dachlandschaft durch einheitliche Walmbedachung. Anstatt den östlichen Ovalbau mit gestuftem Kuppeldach zu rekonstruieren, entschied man sich für einen schlichten Rundbau und beim westlichen Mittelrisalit verzichtete man auf den Dreiecksgiebel und das zweigestufte Walmdach mit krönender Uhrenhaube.

Den ursprünglichen spätgründerzeitlichen Bauzustand lässt das Luftbild gut erkennen.

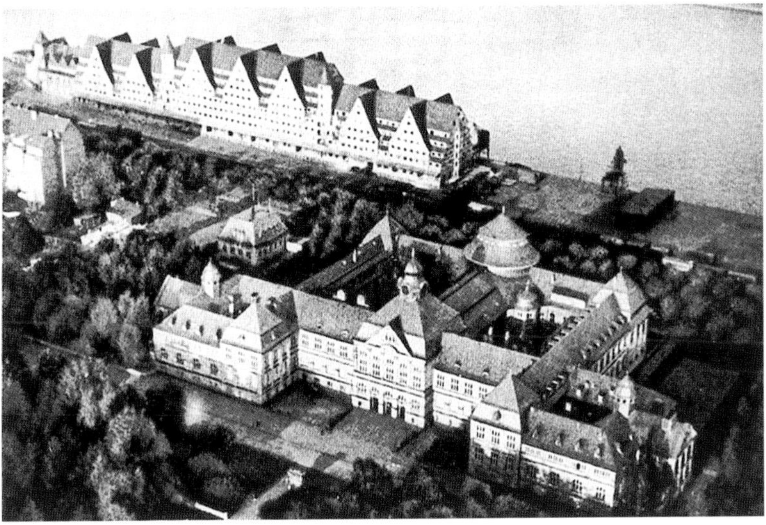

Die neobarocke Vierflügelanlage der »Alten Universität« wurde in den Jahren 1905–07 /1914 erbaut. Der repräsentative Bau nahm zunächst die wieder gegründete Kölner Universität auf, diente unter den Nationalsozialisten als Gauverwaltung, nach dem Krieg als Verwaltungsbau der Lufthansa und seit 1970 wieder als Hochschuleinrichtung (FH Köln).

Ein West-Ost verlaufender Mitteltrakt teilt die unbebaute Innenfläche der Vierflügelanlage in zwei große Lichthöfe. Auf der Schauseite ist er als risalitartig vorspringender viereckiger Pavillon mit aufwendiger Dachkrönung gestaltet, auf der Rheinseite mündet er in einen überkuppelten Ovalbau. Die Schaufront wird zum einen von dem Mittelrisalit bestimmt. Seine drei Türen, die hohen Sprossenfenster im Obergeschoss und der Dreiecksgiebel mit Kölner Wappen und dem schmuckvollen Dachaufbau verweisen auf seine Funktion als Haupteingang. Einen weiteren Akzent erhält die westliche Schaufront durch die wuchtigen Eckpavillons, die kleine Lichthöfe umschließen. Dass es sich bei dem Bau nicht um eine originale barocke Schöpfung handelt, sondern der Architekt (E. F. Vetterlein) vielmehr mit barocken Formen und Schmuckelementen spielt, zeigt ein Blick auf die Fassadengestaltung: Sie ist eher schlicht, auch im Originalzustand sparsam in den Schmuckformen, aber variantenreich. Im Gegensatz zu der im Barock üblichen einheitlichen Fensterfront wird mit Rundbogenfenstern im Erdgeschoss, hohen Rechteckfenstern im Obergeschoss und lanzettförmigen Fensterbrüstungen in den Eckrisaliten variiert. Bei dem Bau handelt es sich um die neobarocke Variante des Historismus. Erbaut wurde die imposante Anlage in den Jahren 1905 bis 1907 und im Jahr 1914 um den Südflügel erweitert.

Eindrucksvoll ist auch die Gestaltung der Eingangshalle und des Treppenhauses. Das Foyer wird durch einen schmiedeeisernen radförmigen Kronleuchter von 2,5 m Durchmesser beleuchtet und von einer Balustrade im ersten Geschoss umschlossen. Die Haupttreppe führt vom Foyer in Etappen bis zum Obergeschoss hinauf. Die Stirnseite des oberen Treppengeschosses schmückt heute ein zentrales Bild des großen Kölner Unternehmers und Hochschulförderers Gustav Mevissen. In das Tonnengewölbe ist ein Tageslicht spendender Lichtschacht eingelassen, von dem ein schöner Jugendstilleuchter herabhängt.

Den ursprünglich vom städtischen Gartendirektor Kowallek angelegten Römerpark vor der Schaufront des Gebäudes hat sein Nachfolger Encke 1912/13 umgestaltet und an den neobarocken Bau angepasst. Im Eingangsbereich des Parks ließ er eine halbkreisförmige Balustrade aus Muschelkalk errichten, deren Pfosten einst Pflanzenkübel trugen. Die Ost-West verlaufende Parkachse wird von rechteckigen Beeten gebildet und von einem kleinen Rechteckplatz abgeschlossen. Ursprünglich war der Römerpark streng symmetrisch angelegt. Noch heute ist er von einem Wegenetz bestimmt, das in Ovalen und Halbkreisen verläuft. Formal stellt er einen »Stadtgarten im Stil des Historismus« dar.

Der schlossartige Bau war ursprünglich für die 1901 eröffnete Handelshochschule bestimmt, die erste kommunale Hochschule Deutschlands, die zunächst in der Kölner Handelsschule am Hansaring (heute Hansagymnasium) untergebracht war. Als der Neubau 1912 auch noch die »Hochschule für kommunale und soziale Verwaltung« aufnehmen musste, waren Erweiterungen unumgänglich. Während des Ersten Weltkriegs diente das Hochschulgebäude zwischenzeitlich als Militärhospital. Nach dem Krieg drängte der Studiendirektor der Handelshochschule, Christian Eckert, den Kölner Oberbürgermeister Konrad Adenauer, die verschiedenen Kölner Hochschuleinrichtungen zu einer Hochschule mit Promotionsrecht (Universität) zusammenzufassen. Die Stadt Köln hatte nie den Verlust der alten Universität (Schließung durch die französische Besatzung 1798) und die Bevorzugung Bonns als Standort für die Rheinische Universität (1818) verwunden. Im Jahr 1919 stimmte der preußische Staat einer Universitätsneugründung zu. In einem Staatsvertrag wurde festgelegt, dass die Universität zu Köln in staatlicher Regie geführt und ihre Kosten von der Stadt getragen werden sollten. Die feierliche Eröffnung fand am 12.6.1919 im Gürzenich statt. Erster Rektor war der Universitätspromotor Christian Eckert. Standort der Universität wurde der repräsentative Bau in der Claudiusstraße. Der platzte bald aus allen Nähten (WS 1926/7: 4.751 Studenten). Im Jahr 1929 wurde der Grundstein für die neue Universität im Grüngürtel gelegt; durch die Weltwirtschaftskrise verzögert war sie erst 1934 bezugsfertig.

Nach dem Umzug der Universität Köln in den Schlichtbau der »Neuen Universität« am Albertus-Magnus-Platz wurde der repräsentative Bau in der Claudiusstraße im Volksmund zur **Alten Universität**. Dort zog die NSDAP-Verwaltung des Gaus Köln-Aachen mit zahlreichen Parteiorganisationen ein. Bis zu ihrer Zerstörung Ende 1944 war sie die dem Führer direkt unterstellte Machtzentrale. Als solche erfuhr sie einige Umgestaltungen. So wurde das

Treppenhaus zu einer NS-Ehrenhalle: Ein großes Führerbild, zahlreiche NS-Embleme und eine Gedenktafel für die Gefallenen schmückten die Stirnwand des Treppenhauses. Nach dem Wiederaufbau wurde die »Alte Universität« vorübergehend Verwaltungssitz der Deutschen Lufthansa AG, bis sie 1970 wieder für den Lehrbetrieb zur Verfügung stand. Seither sind dort Teile der Fachhochschule Köln untergebracht, unter anderem das Rektorat und die Hochschulverwaltung, das Geisteswissenschaftliche Zentrum (das Ingenieurwissenschaftliche Zentrum hat seinen Sitz in Deutz) und die Wirtschaftswissenschaften. Insgesamt ist die mit 18.000 Studenten größte deutsche Fachhochschule in dreiundzwanzig Fachbereiche gegliedert.

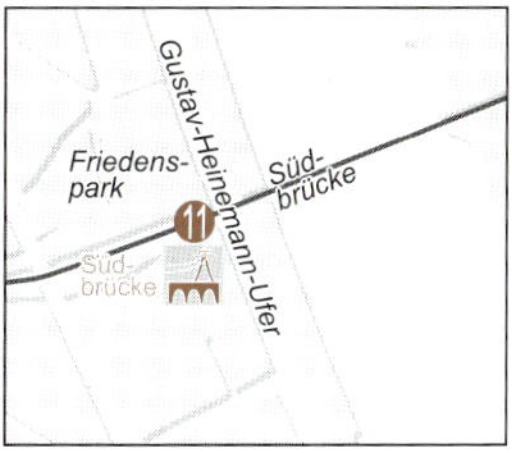

Wer die ⑪ **Südbrücke** von der linken Rheinseite aus überqueren möchte, muss heute die Treppe im südlichen der unmittelbar am Rhein gelegenen Türme benutzen. Westlich davon, jenseits der Rheinuferstraße, befindet sich die eigentliche Station des Spaziergangs unterhalb eines weiteren Turmpaares, dessen Aufgänge jedoch wegen baulicher Mängel gesperrt sind. Von einer verwilderten Grünfläche aus, die zum Friedenspark führt, kann man den nördlichen der beiden Türme gut betrachten.

Die aus rötlichem Sandstein errichteten, die Brücke flankierenden Türme erinnern architektonisch kaum an ein Brückenbauwerk. Die Erker ähneln mittelalterlichen Wohntürmen, der Treppenaufgang mit Portikus gemahnt eher an ein sakrales Gebäude. Die Stilelemente sind der Romanik zuzuordnen: Dazu gehören Säulen mit glattem Schaft und verziertem Würfelkapitell. Sie befinden sich am Portikus, zwischen den Fenstern, sowie zwischen den drei Rundbogenfenstern über dem Portikus; Auch das Tonnengewölbe des Portikus sowie die verzierten Portallaibungen und Bildreliefs im Bogenfeld entsprechen dem Stil der Romanik. Die Verzierungen der Friese bestehen zumeist aus einem verschlungenen Band; auf einzelnen Ziersteinen, wie z.B. unterhalb des Erkers, sind entweder Fratzen dargestellt, ineinander verschlungene Greifvögel mit Schlangen oder Echsen mit Löwen. Trotz des kirchenartig anmutenden Portikus sind also keine rein christlich-religiösen Motive zu finden, wenn man einmal absieht von entsprechenden Figuren, die man zur Abwehr des Bösen auch an mittelalterlichen Kirchen angebracht hatte. Das Bogenfeld enthält stattdessen eine vereinfachte Darstellung der Südbrücke selbst, um die herum drei Frauen gruppiert sind, die sich bei den Händen halten. Unterhalb der Brücke ist ein Raddampfer auf dem Rhein abgebildet. Im Relief darunter ist eine Gruppe von Männern dargestellt, teilweise mit Zylinder, die offenbar von Notenblättern Lieder absingen; vielleicht den Lobgesang auf die Brücke. Der tiefere Sinn dieser Abbildungen erschließt sich erst in Zusammenhang mit dem entsprechenden Bogenfeld über dem südlichen Treppeneingang: Auch darauf halten sich drei Frauen bei den Händen. Bei diesen Damen handelt es sich allerdings um Nixen, die statt der Brücke einen aus den Wellen ragenden Fels umfangen, um dessen Spitze sich ein Ring legt. Im Eck unten links ist ein Drachenkopf zu sehen, rechts ein Zwerg mit Bart. Offenbar handelt es sich hier um eine Anspielung auf die Nibelungensage: Symbolhaft dargestellt ist das von den Rheintöchtern bewachte Rheingold, vom Zwerg Alberich zum Ring geschmiedet. Ein Relief auf dem Erker darüber, auf dem ein Mann, wohl Siegfried, einen Drachen tötet, ergänzt den Motivkreis. Der Fries unter den Rheintöchtern zeigt wiederum eine Reihe von Männern mit gehörnten Helmen und Trinkhörnern in den Händen, also Germanen beim Trinkgelage. Die Zusammenschau aller Motive lässt damit die Deutung zu, dass an die Stelle des alten Goldschatzes im Rhein nun die Brücken getreten sind; zugleich wird auf eine historische Kontinuität des »deutschen Rheins« von der germanischen Vorzeit bis zum Tag des Brückenbaus verwiesen.

Die Brücke hat damit weit mehr als einen praktischen Wert: Sie ist zugleich historisches Symbol. Sie repräsentiert Wehrhaftigkeit sowie Macht und mittelalterliche Tradition des deutschen Kaisertums, was für öffentliche Bauten mit nationalem Anspruch zur Zeit Kaiser Wilhelms II. typisch war. Zugleich bediente die Ikonografie den neoromantischen Zeitgeist, der die germanische (nationale) Sagenwelt favorisierte. Diese Symbolik wird ergänzt durch die Sta-

Südbrücke um 1927. Im Vordergrund die rechtsrheinische Portalturmanlage.

Südbrücke, rechtsrheinischer Portalturm: Motive aus der Nibelungensage im Bogenfeld über dem südlichen Treppenzugang

tue eines alten Mannes mit langem Bart am nordexponierten Brückenpfeiler mitten auf der Rheinuferstraße. Er hält einen gezahnten runden Stein (wohl ein Mühlstein oder Zahnrad als Symbol für produzierendes Gewerbe) und ein Schiff in der Hand, darunter links befinden sich Weinstöcke mit Reben, rechts ein Bergmann. Es handelt sich hier um eine Allegorie von Vater Rhein, die dessen (wirtschaftliche) Bedeutung herausstellt: als Transportweg, als Antriebskraft und als Standort für Weinbau und Bergbau. Die Reliefs am Erker über dem nördlichen Portikus nehmen mit der Darstellung der Weinpresse und -lese das Weinbau-Motiv wieder auf.

In den Portaltürmen befand sich der Treppenaufgang zu den Fußstegen der Brücke. Zugleich stimmten sie den Besucher auf den ideologischen Kontext ein. Die Turmpaare, obwohl sie an Stadttore erinnerten, enthielten keine zusperrbaren Tore. Allerdings zeigen die waagerechten Schießscharten mit nach außen schräg ausweitenden Wangen im Erdgeschoss, dass die Brückenaufgänge verteidigt werden konnten. Die Auffahrtsrampen und Strompfeiler der Süd- und der Hohenzollernbrücke gehörten zum Befestigungssystem: In den niedrigen Räumen hinter den Scharten waren Geschütze postiert, um die Brücke selbst und den Rheinübergang verteidigen zu können.

Die üppigen historisierenden Brückentürme des Architekten Franz Heinrich Schwechten stehen im Gegensatz zu der eigentlichen eisernen Brückenkonstruktion: Die Brückenbögen sind eine rationale, Material sparende Konstruktion in offener Gerüstbauweise, die auch das Stadtbild wenig stört. Dieser in den 1840/50er Jahren in den USA entwickelte Bogensehnenträger, bei dem die Fahrbahn an Stahlstäben an den Bögen hängt, hatte sich bereits bei anderen Rheinbrücken als statisch und ästhetisch zufrieden stellend erwiesen. Das engere Fachwerk zwischen den beiden Bogengurten dient der Stabilisierung. Maße für Höhe und Pfeilerabstände waren durch Vorgaben der Strombauverwaltung festgelegt: So musste die Hauptschifffahrtsöffnung zwischen den Pfeilern mindestens 150 m breit (hier: 157 m) und 9,10 m hoch sein, gemessen ab dem höchsten schiffbaren Wasserstand. Die Stadt Köln nutzte die Brücke als Rheinquerung für Fußgänger, Gas-, Wasser- und Stromleitungen. In den Treppentürmen gab es Räume für Brückengeld-Einnehmer, da die Stadt Bau und Wartung der Stege zu finanzieren hatte. Diese Gebühr wurde bis kurz nach dem Ersten Weltkrieg erhoben.

Die Südbrücke baute man in den Jahren 1906–1910, um die Kastenbrücke zum Hauptbahnhof vom Güterverkehr zu entlasten; sie sollte den Rangierbahnhof Kalk-Nord und den Bahnhof Köln-Süd – von dort aus waren die Rangierbahnhöfe Eifeltor und Nippes erreichbar – miteinander verbinden.

Obwohl die originalen Turmhauben und Portalbögen nicht mehr vorhanden sind, ist der ursprüngliche Charakter dieser Brücke noch gut zu erkennen. Somit erhält man auch einen Eindruck vom ursprünglichen Aussehen der 1907–1911 entstandenen, später in »Hohenzollernbrücke« umbenannten »Nordbrücke« zwischen Deutz und dem Hauptbahnhof, die vom selben Architekten und Bildhauer gestaltet wurde.

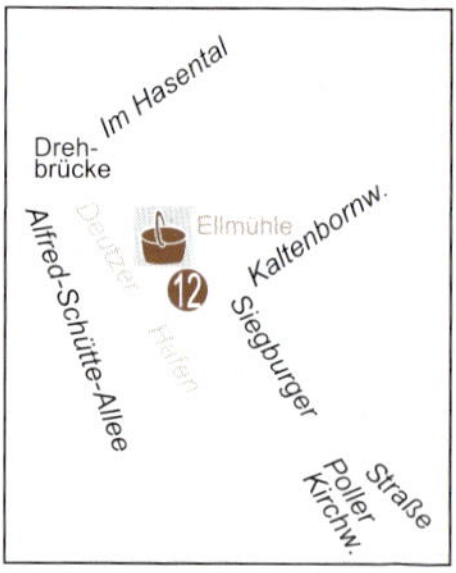

Am südlichen Ende des Gebäudekomplexes der ⓬ **Ellmühle** in Deutz führt eine kurze Kopfsteinpflaster-Straße von der Siegburger Straße zum Becken des Deutzer Hafens; von dort hat man einen guten Blick auf die Hafenfront der Mühle. Nördlich im Anschluss an das verputzte, helle Eckgebäude mit kleinen Fenstern zum Hafen hin liegt ein aus Ziegeln errichteter Trakt, der sich in zwei Teile gliedern lässt: zunächst ein Gebäude mit sechzehn Fensterachsen und einem asymmetrisch platzierten, flach vorspringenden Risalit, der ein Treppenhaus markiert; nördlich davon ein Gebäude mit sechs Achsen. Beiden gemein sind die Rundbogenfenster in den unteren Geschossen, teilweise mit einer gemauerten Stufe in der Fensterlaibung, die ein aus drei flachen Ziegelstufen bestehendes, waagrechtes Band von den darüber gelegenen fünf Geschossen abgrenzt, welche rechteckige Fenster aufweisen. Im nördlichen Gebäudeteil handelt es sich dabei um einzelne, größere Fenster mit eisernen Gittersprossen, im südlichen um Paare schmaler Fenster. Das siebte Geschoss erinnert an eine Art Attika mit kleineren Fenstern. Beim nördlichen Gebäude liegen zwischen den Fensterachsen im dritten bis fünften Geschoss senkrechte, dunklere Ziegelbänder, die darauf schließen lassen, dass die höheren Geschosse erst später aufgesetzt wurden. Im Norden schließen sich zwei weitere Gebäude an: ein ebenfalls aus Ziegeln gemauertes mit drei zusätzlichen Geschossen und einem durch betongerahmte Fensterfelder bezeichneten Treppenhaus über alle Etagen sowie ein hell gestrichenes.

Die beiden sechzehn- und sechsachsigen Ziegelgebäude lassen sich aufgrund ihrer Bauweise (Rundbogenfenster, Sims) als älteste Gebäudeteile in die Gründerzeit einordnen. Ihre ursprüngliche Funktion lässt sich anhand der Architektur nicht eindeutig bestimmen. Doch schon im Jahr 1909, dem Jahr der Betriebsaufnahme, handelte es sich hier um eine Großmühle der Brüder Jakob und Karl Auer. Das Unternehmen war 1850 von deren Vater Heinrich Auer als Dampfmühle in Nippes gegründet worden.

Hafenfront des gründerzeitlichen Mühlengebäudes mit Gleisen für die Getreideanlieferung per Bahn.

Die ungewöhnliche Höhe der Gebäude ist zum einen auf die benötigten umfangreichen Lagerflächen für Getreide und Mehlsäcke zurückzuführen, zum anderen auf den Mahlvorgang: Das Getreide (Weizen, Roggen) wurde von oben, unter Ausnutzung der Schwerkraft, durch eine Abfolge von Mühlen mit Riffelwalzen und nachgeschalteten waagerechten, maschinell gerüttelten Sieben von unterschiedlicher Maschenweite geführt, um so – von Stufe zu Stufe – einen immer höheren Feinheitsgrad des Mahlgutes zu erhalten, bis hin zum fertigen Mehl.

Nicht nur die Größe, sondern auch die Lage verdeutlicht den Maßstab industrieller Versorgungseinrichtungen der Gründerzeit:

Das 1850 gegründete Dampf-Mühlenwerk Heinrich Auer GmbH an der Neusser Straße 182 in Nippes ist der noch bescheiden anmutende Vorläufer der Deutzer Großmühle von 1909.

Getreide konnte nun zum einen per Bahn angeliefert werden: Drei Gleise führten zum Hafenbecken; das Erdgeschoss der alten Gebäude besitzt noch Reste von Verladerampen, und auch auf der Ostseite der Mühle ist noch ein Gleisrest zu finden (ursprünglich für den Abtransport des Mehls). Diese Gleise waren an den Güterbahnhof Köln-Kalk angebunden. Getreide konnte jedoch auch in großen Mengen per Schiff angeliefert werden. Gerade dies macht den weiten Einzugsbereich der Mühle deutlich, die nun auch Übersee-Getreide verarbeitete. Die etwas schrägen, aus Basaltsteinen gemauerten Hafenmauern stammen noch aus der Zeit des Industriehafen-Baus 1907. Nicht zuletzt war das Werk auch über die Siegburger Straße gut zu erreichen. Ein großes Getreide-Einzugsgebiet ermöglichte nicht nur die Produktion größerer Mengen, sondern auch die Mischung verschiedener Sorten, um Mehle gleichmäßiger Qualität oder für bestimmte Anwendungen zu erzeugen.

Zur Siegburger Straße hin liegt am Tor 2 ein ebenfalls aus Ziegeln errichtetes Gebäude mit einem stark gegliederten Baukörper: Die Fassade besitzt links einen Risalit, rechts einen Erker mit Dreiecksgiebel, dazwischen im ersten Obergeschoss ein recht großes Fenster und darüber im Dach eine Gaube mit vier kleineren Fenstern; im Erdgeschoss sind große Rundbogenfenster zu erkennen. Auch die Front zum Hof zeigt einen asymmetrischen Risalit über drei Stockwerke mit drei Fenstern im Erdgeschoss, zwei im ersten Obergeschoss und einer durchgehend verglasten, einem Wintergarten ähnlichen Fensterfront im Dachgeschoss. Rechts daneben sitzt im Dach eine Gaube mit zwei Fenstern und Dreiecksgiebel. Diese Variation der Raumzuschnitte und Fenster-Anordnungen in den einzelnen Etagen und Gebäudepartien lässt weniger auf Büro- oder Mietwohnhaus schließen als vielmehr auf den Privathaushalt des Mühlenbesitzers oder Geschäftsführers mitsamt eines kleinen Kontors. Die meist hohen und recht schmalen Fenster

Die beiden Mühlenkomplexe der Heinrich Auer Mühlenwerke in Deutz; Aufnahme wahrscheinlich aus den 1920er Jahren. Jeder Komplex besaß eine eigene, durch den Kamin gekennzeichnete Kraftanlage. Im Vordergrund Umschlag-Brücken zum Becken des Deutzer Hafens.

sowie die einfachen Zierformen wie Dreiecksgiebel erlauben es, den Bau des Hauses gleich der Mühle in die späte Gründerzeit zu datieren.

Vom Tor 1 aus, um das sich helle Gebäude der Nachkriegszeit gruppieren, ist im Hof ein aus Ziegeln gemauerter, hoher Kamin zu sehen: das einzige Ziegelmauerwerk in diesem Bereich der Mühle. Es handelt sich dabei um einen Rest der Dampfmaschinen-Anlage, die einen nicht mehr erhaltenen älteren, aber ähnlich hohen und ausgedehnten, nördlichen Mühlenkomplex mit Antriebskraft versorgte. Der Kamin der Kraftanlage für den noch erhaltenen südlichen Mühlenkomplex ist dagegen nicht mehr vorhanden.

Die Ellmühle fungiert bis heute als Getreidemühle. Dort stellt die Firma Kampffmeyer Mühlen GmbH, als Teil der Holdinggesellschaft VK Mühlen AG, Mehle der Marke »Aurora« her.

Das Empfangsgebäude des ⑬ **Deutzer Bahnhofs** vereinigt zwei verschiedene Gebäudetypen: Zum einen erinnert der Bau an ein barockes Schloss mit zentralem Hauptgebäude, symmetrisch dazu angeordneten niedrigeren Seitenflügeln, die an den Enden vorspringen, und einer symmetrischen Rampe als Auffahrt zum Eingang. Aus dieser schlossähnlichen Anlage fällt der Mitteltrakt heraus. Die überkuppelte Halle mit ovalem Grundriss und hohen Fenstern überragt deutlich die Seitenflügel mit den hohen Walmdächern. Der eingeschossige Eingangstrakt mit mehreren einfachen Portalen führt im Bogen um diesen Zentralbau herum. Die Fassade ist insgesamt aus grauem Werkstein ausgeführt und durch flache ionische Pilaster zwischen den Fensterachsen gegliedert.

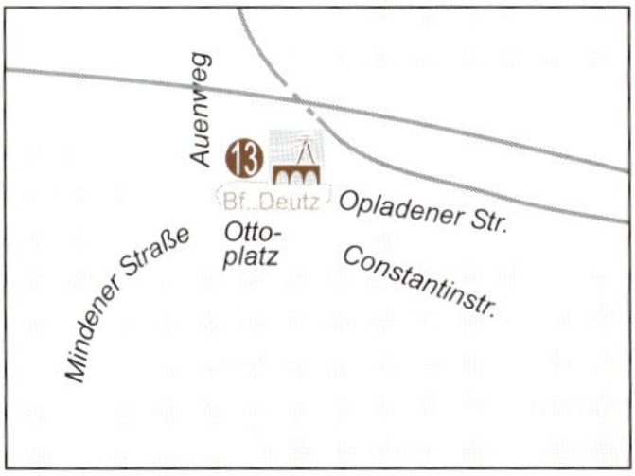

Das Aufgreifen von Bau- und Schmuckformen vergangener Stilepochen ist typisch für die gründerzeitliche Architektur. Für die neu zu gestaltenden Zweckbauten griff man auf Vorgaben der Renaissance, des Barock und des Klassizismus zurück, vorwiegend auf sakrale und feudale Repräsentationsarchitektur. So entstanden »Schlösser« und »Kathedralen« des Industriezeitalters, die vom Stolz auf technischen Fortschritt und wachsendem Wohlstand, aber auch vom Pathos und der – teilweise aufgesetzten – Bildung der Zeitgenossen zeugten.

Auch hier belegt die aus reiner Zweckmäßigkeit nicht zu erklärende monumentale Ausführung besonders der Haupthalle, dass der Deutzer Bahnhof, wie viele Großstadtbahnhöfe der Gründerzeit, nicht nur Zweck-, sondern auch Repräsentationsbau war und den Reisenden Geschmack, Wohlstand, Bildung und technischen Fortschritt der Stadt präsentieren sollte: im Gewand eines absolutistischen Fürstenschlosses mit übergewichtigem Zentralbau. Der

ROUTE 6

Bahnhof ist mit diesen Assoziationen und seinem monumentalen Charakter typisch für Bahnhofsgebäude seiner Zeit. Untypisch ist der Zentralbau mit den bescheidenen Eingängen. Der klassische gründerzeitliche Großstadt-Bahnhof, wie der alte Kölner Hauptbahnhof von 1886–95, besaß als Fassade der zentralen Vestibülhalle einen großen, häufig durch zwei Türme flankierten Bogengiebel: Diese Anspielung auf ein Stadttor galt als das charakteristische Erkennungszeichen eines Bahnhofsgebäudes.

In seinem Inneren weist das Gebäude keine Schmuckelemente mehr auf. Einfache Verzierungen wie ein antikes Kassettenmotiv finden sich noch im Tunnel, der zu den Gleisen führt und heute teilweise durch Gastronomieeinrichtungen belebt ist. Die gedrungenen Säulen an der Treppenunterführung zu den Gleisen 11 und 12 besitzen massive Kapitelle mit Löwenkopf-Motiv, d.h., auch diese Unterführung wurde in der Gründerzeit angelegt. Daraus ist zu schließen, dass der Charakter des Deutzer Bahnhofs als Kreuzungsbahnhof mit Gleisen auf zwei verschiedenen Niveaus nicht erst mit der neuen ICE-Trasse entstanden ist, sondern bereits aus der Entstehungszeit des Bahnhofs stammt. Die ursprünglich drei Bahnsteige (Gleise 1–8) der oberen Ebene waren wie beim Hauptbahnhof mit einer heute nicht mehr existierenden 175 m langen, dreischiffigen Eisen-Glas-Halle überdacht. Alle Bahnsteige besaßen eine Erfrischungshalle, eine Bedürfnisanstalt und einen Aufzug zum heute nicht mehr existierenden Tunnel zur Gepäckabfertigung.

Der Deutzer Bahnhof wurde 1913/14 nach Entwürfen von Hugo Röttcher als »zweiter Hauptbahnhof« errichtet. Er entstand im Zuge eines grundlegenden Kapazitätsausbaus des innerstädtischen Eisenbahnsystems: So wurde 1907–11 die Eisenbahnbrücke (Hohen-

Bahnhof Deutz 1927: Empfangsgebäude; im Hintergrund die Bahnsteighalle

zollernbrücke) von zwei auf vier Gleise erweitert, der Hauptbahnhof von acht durchgehenden und vier Sackgleisen auf neun durchgehende Gleise. Deutz war seit 1845 Kopfbahnhof der Köln-Mindener Eisenbahn, seit 1872 auch Endstation der von Elberfeld über Mülheim führenden Strecke der Bergisch-Märkischen Bahn. Die Verstaatlichung der Eisenbahnen 1882 ermöglichte einen Verbund der bisher konkurrierenden Netze. Mit dem Ausbau Anfang des 20. Jahrhunderts wurde die Strecke der Bergisch-Märkischen Bahn am Bahnhof Deutz-Tief (Gleise 11 und 12) unmittelbar südlich der Ost-West-Strecke der Köln-Mindener nach Osten abgeknickt und weiter zum neuen Bahnhof Köln-Kalk geleitet; damit existierte eine durchgehende rechtsrheinische Nord-Süd-Verbindung, die den Hauptbahnhof nicht berührte und heute wieder als ICE-Verbindung genutzt wird.

Das Deutzer Empfangsgebäude zählt zu den wenigen Großbauten in Köln, die die ca. 1910 einsetzende neoklassizistische Strömung in der Architektur mit Elementen des Barock vertreten. Für die Gründerzeit wiederum typisch war beim Deutzer Bahnhof die Kombination von architektonisch aufwendigem Empfangsgebäude und nur lose verbundener, rational gestalteter Bahnsteighalle (siehe auch Südbrücke).

Die Beseitigung der Sackgleise und die gleichzeitige Einführung richtungsgebundener Gleise beim Hauptbahnhof machten es notwendig, die Abfertigung der Bahnpost (Pakete, Drucksachen, Seepost) zu verlegen. Dazu wurde nördlich unweit des Deutzer Bahnhofs an der Deutz-Mülheimer Straße ein neuer Postbahnhof mit dreizehn Sackgleisen errichtet, von dem nur noch das Dach der Gleishalle erhalten ist. Auf Geländeteilen des Bahnpostamt-Gebäudes befindet sich heute das Dorint-Messehotel.

Bahnhof Deutz: Säulen mit Löwenkopfkapitell an der Unterführung zu Gleis 12

Über eine geteerte Zufahrt am Nohlenweg gelangt man abwärts in einen Graben, dessen Ostseite durch ein lang gestrecktes, aus roten Ziegeln gemauertes Gebäude begrenzt ist. Die beiden Etagen des Gebäudes sind gegliedert durch paarweise angeordnete Rundbogenfenster. Der Haupteingang im Mittelgebäude wird betont durch zwei flankierende Pilaster, deren Kapitelle mit Rundbogenfries und angedeuteten Zinnen darüber an einen mittelalterlichen Wehrturm erinnern. Diese Verzierungen deuten zum einen die Funktion des Gebäudes an, sind aber vor allem ein Tribut an die zeitgenössische Burgenromantik. Es handelt sich hier um die so genannte Kehlkaserne des ⓮ **Forts X** mit den Unterkünften der Besatzung. Sie besteht aus einem Mitteltrakt und zwei zehn Grad abgewinkelten Seitenflügeln.

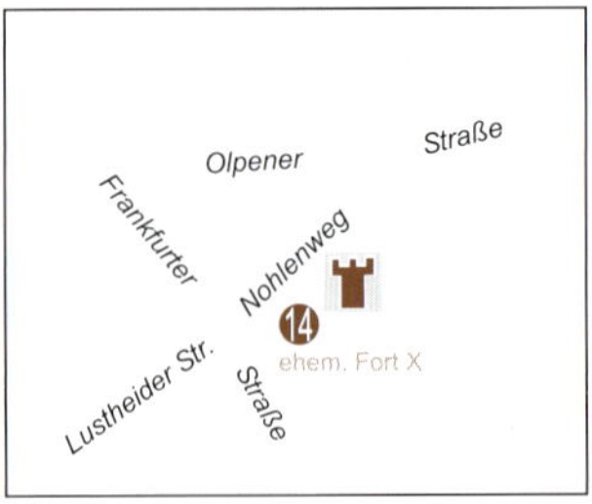

Die eigentliche bewehrte »Frontseite« ist wie bei allen Kölner Befestigungen beseitigt worden und lässt sich nur noch anhand von Spuren rekonstruieren. Der grabenartige Hof vor der Kehlkaserne setzt sich auch jenseits der Gebäude nach Norden und Süden als Graben weiter fort. Der nördliche Graben knickt nach einigen Metern scharf Richtung Ost-Südost ab und wird an diesem Knick deutlich tiefer; dort lässt sich ungefähr die originale Tiefe des ursprünglich 9 m breiten, trockenen Grabens erkennen, der das Fort zur Feldseite – im Norden, Osten und Süden – umgab. Im Graben selbst stehen noch Fragmente der Ziegelmauern, die ihn einst zu beiden Seiten 6 m hoch begrenzten. Hinter der den Graben nach innen zur Kehlkaserne begrenzenden, 6 m hohen und frei stehenden Mauer stieg in flachen Stufen der Hauptwall an, dessen Krone 15 m über Grabenniveau lag; auch dieser Hauptwall ist an

Rekonstruktionszeichnung der ursprünglichen Anlage von Fort X sowie (rechte Seite) Zeichnung der heute sichtbaren Reste im Gelände

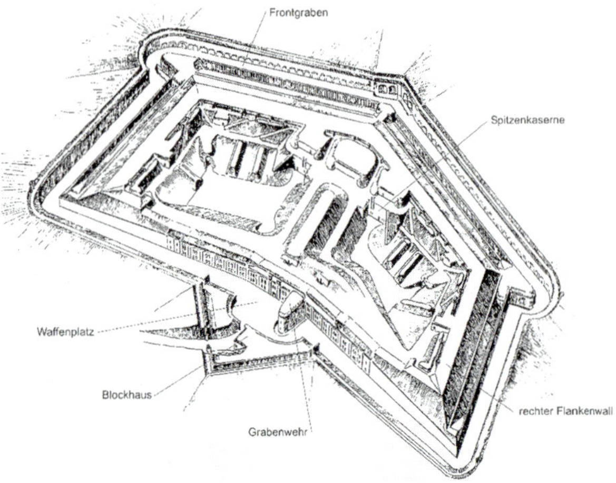

dieser Stelle noch in Ansätzen vorhanden. Im oberen Viertel des Graben-Außenhanges verläuft ein Weg, der durch einen nach Norden hin anschließenden Wall gesäumt wird. Der Weg entspricht ungefähr dem ursprünglichen »gedeckten Gang«, auf dem Einheiten am Rand des Grabens mit Blick auf das äußere Schussfeld patrouillierten. Unter dem gedeckten Gang, hinter der äußeren Grabenmauer, lag ein Gewölbe, von dem aus in den Graben eindringende Gegner beschossen werden konnten. Den weiteren Verlauf des trockenen Grabens zeichnet ein Weg nach, der noch heute durch eine leichte Mulde im großen Bogen um eine Wiese von Norden nach Süden führt. Die große Wiese im Zentrum der Anlage entspricht dem Kern des Forts. Dort, wo heute auf einem sanften Wall zwischen Wiese und umlaufendem Weg Bäume und Sträucher wachsen, lag ungefähr der Hauptwall, hinter dem sich zur heutigen Wiese hin die Bettungen der 15cm-Ringkanonen befanden; dabei war die Krone des Hauptwalls 8,5 m höher als der Innenhof des Forts. Aus dem Wall ragte stark gemauerte Schulter- und Spitzgrabenwehr für je vier 8cm-Geschütze in den Graben vor. Im Wall, vom Hof aus zugänglich, lag die Spitzenkaserne mit Munitionsräumen und Depots. An der Außenseite der erhaltenen flachen Hauptgraben-Mulde deutet ein kleiner Wall, der nach außen flach abfällt, das ehemalige 20 m breite Schussfeld (Glacis) an.

Von einem Weg auf der Westseite der Wiese kann man auf das eingezäunte Dach der Kehlkaserne blicken: Die Oberfläche ist unregelmäßig und zeichnet die Deckengewölbe nach. An zwei Stellen ragen Kamine auf. Dies und die Brüstung über dem Mitteltrakt der Kehlkaserne zum Grabenhof hin verweisen darauf, dass sich über dem Dach einstmals eine 8 m starke Erdauflage zum Schutz vor Steilfeuer befand. Zudem schloss sich an die Kehlkaserne auf ihrer Beschussseite zum zentralen Hof eine Erdböschung an.

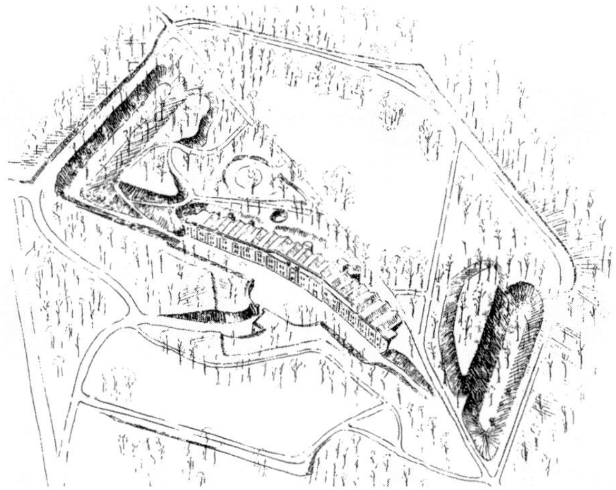

Kehlkaserne von Fort X

Im Vergleich mit dem Fort X des inneren Festungsgürtels (vgl. Route 5) ist das Kernwerk dieses Forts tiefer in das Gelände eingebettet: Es gibt keine über den Erdhorizont aufragenden Gebäudeteile mehr. Außerdem ist das Fort wesentlich breiter und konnte mehr Geschütze aufnehmen. Der Weg zum Fort verläuft schräg über eine Biegung, damit das Fort zunächst verdeckt lag. Nach Einführung der Brisanzgranate, die beim Einschlag explodierte, wurden die Festungsanlagen zusätzlich verstärkt. Erdabdeckungen schützten zu Anfang des 20. Jahrhunderts erst ab einer Stärke von 6–8 m gegen Geschosse der Landartillerie. Da solche Schüttungen sehr viel Raum benötigten und auffällige Hügel erzeugten, verwendete man nun Eisenbeton, der ab 3 m Dicke vor Volltreffern selbst schwerster Geschosse schützte, meist mit aufliegenden Sandpolstern. Zudem verstärkte man die Festung mit neuen Gebäuden für die Nahverteidigung und durch Infanterieeinheiten im Zwischenfeld.

Fort X ist Teil des äußeren Festungsgürtels. Das Wachstum der Stadt mit Industrievororten außerhalb der Rayongrenze beschränkte die Sicht von den inneren Festungsanlagen ins Umland; zudem sorgten Entwicklungen der Waffentechnik für immer größere Reichweiten der Artillerie. Aus den entsprechenden Erfahrungen im deutsch-französischen Krieg resultierte ein neues Befestigungskonzept, das einen Fortgürtel in der schwach besiedelten Peripherie vorsah. Bei einer mittleren Entfernung von 6,5 km zum Dom und einer Schussweite der 15cm-Ringkanonen von 8 km, als schwerstem Geschütz der Forts, sollte verhindert werden, dass die Stadt in ihrer ganzen Ausdehnung beschossen werden konnte.

Im Juni 1872 erließ Kaiser Wilhelm I. die Kabinettsorder zur Neuumwallung Kölns. Sie erfolgte linksrheinisch 1873/74–77 und rechtsrheinisch 1877–81. Insgesamt entstanden zwölf große »neudeutsche« Forts, entwickelt von dem preußischen Generalinspektor General von Biehler, die als Standard-Architektur auch bei anderen deutschen Festungen errichtet wurden. Außerdem baute man dreiundzwanzig kleinere Zwischenwerke mit eingeschossiger Kehlkaserne. Die Befestigungswerke verteilten sich auf insgesamt 42 km Länge, verbunden durch eine Militär-Ringstraße. Damit wurde Köln zur größten und mächtigsten Festung im Deutschen Reich.

Nach dem Ersten Weltkrieg mussten die strategisch wichtigen Teile der Festungsanlagen beseitigt werden; so die Auflage der Siegermächte. Die frontseitigen Gräben wurden verfüllt. Oberbürgermeister Konrad Adenauer gelang es, die Kehlkasernen der Forts mit den stadtwärts gelegenen Gräben zu erhalten, um den Gebäuderaum zu bewahren und die Schleifungskosten zu senken. Bei der Umgestaltung des Befestigungsbereichs zu Grünlangen in den 1920er Jahren zeichnete man die Ausmaße der alten Anlagen durch Baumanpflanzungen nach.

⑮ Felten & Guilleaume, Carlswerk

An der Schanzenstraße befindet sich, zwischen zwei mehrgeschossigen Häusern, ein Werkstor in Form einer Gebäudebrücke mit verschiefertem Satteldach und kleinem Uhrturm, darunter die Pförtnerloge, in der heute ein Kiosk residiert. Das Gebäude rechts des Brückentrakts, das so genannte »Vorstandsgebäude«, besitzt ein mit hellem Werkstein verkleidetes Erdgeschoss; die beiden Etagen darüber sind aus Ziegeln errichtet mit Ecken und Fensterrahmungen aus gestuftem Werkstein. Darüber schließt ein steiles Mansarddach das Gebäude ab. Parallel zur Schanzenstraße liegen acht Fensterachsen, wobei die beiden äußeren Achsen je einen leicht vorspringenden Risalit bilden. Zum Tor hin knickt das Gebäude in stumpfem Winkel mit drei Fensterachsen ab. Die Fenster selbst sind hoch und relativ schmal, darüber schließen sich Rundbogenfelder an; zusammen mit den Werksteinmustern als Indikator lässt sich das Haus in die Gründerzeit datieren. Gegen eine Nutzung als Wohngebäude sprechen die Größe des Hauses und vor allem das Fehlen von Eingängen zur Straße hin.

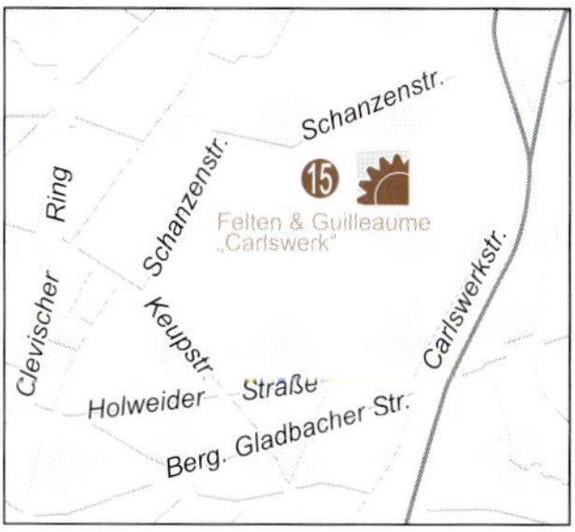

Doppelgiebel des 1903/04 errichteten Elektrizitätswerks der Stadt Mülheim

Das Gebäude zur Linken des Brückentrakts besitzt ebenfalls noch die typisch gründerzeitlich hohen, aber recht schmalen Fenster, wirkt aber im Ganzen monumentaler: Es besitzt einen niedrigen Sockel aus dunklem Werkstein. Die Fensterachsen verlaufen als helle, glatt verputzte Flächen mit kleinen Zierfeldern zwischen den Etagen über drei Geschosse und werden durch breite, eckige Pilaster aus Ziegeln getrennt. Das vierte Obergeschoss ist als Attikageschoss durch ein horizontales, etwas vorragendes Band abgetrennt, aber im gleichen Stil gehalten. Darüber befinden sich zwei weitere, glatt verputzte Geschosse ohne Gliederung mit quadratischen Fenstern, die offenbar nachträglich aufgesetzt worden sind. Die Ziegel-Pilaster sind im weitesten Sinne der klassizistischen Architektur entliehen. Die Fassade zierende hohe Säulen bzw. Halbsäulen waren ein in vielen Stilepochen beliebtes Mittel zum Ausdruck von Macht und Größe. Solche Formen eines Neo-Klassizismus traten zum Ende der Gründerzeit häufiger auf (vgl. Deutzer Bahnhof).

In der Symmetrieachse des Mitteltrakts ist ein recht unscheinbares Portal platziert. Dieses ist mit fünf Stufen etwas erhöht und besitzt eine beiderseits leicht vorspringende Werksteinrahmung mit rechteckigen Fächern. Über der Doppeltür ist in der Steinrahmung eingemeißelt die Inschrift **Felten & Guilleaume Actien Gesellschaft** zu finden. Es handelt sich um ein Verwaltungsgebäude der Firma. In Relation zur wuchtigen Fassade drückt dieser vergleichsweise bescheidene Zugang eher selbstbewusstes Under-

statement aus. Rechts im Anschluss an das »Vorstandsgebäude« befindet sich ein Bau mit dreiachsigen, durch Halbsäulen gegliederten, viergeschossigen Seitenrisaliten und einem dreigeschossigen Mitteltrakt. Die Bauweise dieser unteren Geschosse ähnelt der des »Vorstandsgebäudes«, lediglich die Fenster sind größer, »fabrikhafter«. Tatsächlich handelt es sich hier nicht um ein Verwaltungs-, sondern um ein Lagergebäude aus dem Jahr 1914. Die darüber liegenden zwei bzw. drei Etagen zeigen einen anderen Stil und sind offenbar ebenfalls nachträglich ergänzt worden.

Gründerzeitliches Gebäudeensemble auf dem F&G-Gelände: rechts eine ältere, eingeschossige Halle mit Sheddach, links ein neueres, dreigeschossiges Gebäude mit Lisenen und Rundbogenfries

Links im Anschluss an das Gebäude mit dem Haupteingang ist ein elfgeschossiges Bürohochhaus im Stil der Nachkriegszeit angefügt worden, dessen Flachdach von einem Würfel mit dem »F&G«-Logo gekrönt ist. Insgesamt drückt das Ensemble in seiner Architektur nicht nur Kraft und Selbstbewusstsein aus, sondern auch das stetige Wachstum der Firma seit den eher bescheidenen Anfängen am Standort Mülheim von 1905.

Auch am Werksgelände lässt sich das Wachstum der Firma ablesen. Hinter dem Werkstor, jenseits eines mit Basaltsteinen gepflasterten Hofs, erstreckt sich quer die Ziegelfront einer Halle. Sie besteht aus sieben Torachsen, wobei die alten Rundbogentore zum Teil zugemauert, zum Teil zu rechteckiger Form erweitert wurden. Jedes Tor ist seitlich von Lisenen und oben von einem Rundbogenfries eingefasst, oberhalb der Tore sind drei blinde Rundbogenfenster in die Mauer eingelassen. Über dem mittleren Tor formt ein eiserner Maueranker die Jahreszahl 1873; es handelt sich hier um die älteste Werkshalle des »Carlswerks« der Firma Felten & Guilleaume. Diese einfachen, neuromanischen Stilelemente sind charakteristisch auch für viele spätere Werkshallen auf dem Gelände. Hinter den Fassaden der Hallen verbergen sich jedoch funktionelle Stahlträger-Konstruktionen. Belichtet werden sie meist von oben durch Sheddächer, wobei die Sheddach-Fenster nach Norden ausgerichtet sind, um ein gleichmäßiges Streulicht ohne starken und tageszeitlich wechselnden Schattenwurf zu erhalten. Die älteren Hallen sind meist eingeschossig. Etwa ab 1890 entstanden zwei- bzw. dreigeschossige Bauten. Zwischen 1873 und 1949 wurden auf diese Weise weite Teile des Areals zwischen Schanzenstraße, Keupstraße, Holweider Straße und Carlswerkstraße bebaut. Dabei orientierte man sich überwiegend an den durch die Ur-Halle vorgegebenen Fluchtlinien im Rechteckraster. Die Blockzwischenräume dienten dem Schienen- und Kfz-Verkehr.

Wenn man sich vom Haupttor Richtung »E-Werk«/«Paladium« bewegt, sind etliche Werksgebäude zu sehen, die südlich an die Schanzenstraße angrenzen. Die zur Straßenfront gerichtete Fassade der heutigen Veranstaltungshalle E-Werk ist ein Höhepunkt der Industriearchitektur auf dem Gelände. Der Doppelgiebel des 1903/04 errichteten Ziegelbaus weist gotische Stilelemente auf wie schmale Fialtürme, angedeutete Spitzbögen und zwei, entfernt an Fensterrosen gotischer Kathedralen erinnernde große Rundfenster, die je von zwei kleineren flankiert werden. Am südlichen Eck ragt ein oben achteckiger Turm mit kuppelartigem, verschiefertem Dach auf, ebenfalls eine Reminiszenz an Kirch- oder Burgturm. Der eingeschossige Vorbau besitzt Segmentgiebelfenster, darüber aber eine Zinnenreihe, die ebenfalls durch schmale Vertiefungen mit angedeuteten Spitzbögen verziert ist. Anleihen aus der Sakral- und (feudalen) Profanarchitektur sind Ausdruck des Stolzes auf die neue Energie und ihre vielfältigen Nutzungsmöglichkeiten.

Das Elektrizitätswerk wurde durch und für die Stadt Mülheim errichtet und in den 1930er Jahren stillgelegt. Die Hallen übernahm F&G. Die Seitenwände der zweischiffigen E-Werk-Halle, mit ihren großen Segmentbogenfenstern und Lisenen aus Ziegeln in den Zwischenräumen, sind weitaus schlichter gestaltet. Auf der Rückseite steht eingezäunt ein erhaltener alter Güterwaggon mit dem Firmenlogo »F&G Neptun«. Unmittelbar östlich des E-Werks kreuzt eines von ursprünglich drei Hauptanschlussgleisen des Geländes die Schanzenstraße.

Der Ursprung der Seilerei »Felten & Guilleaume« liegt zwischen Rathaus und Gürzenich, »In der Höhle«. Bereits 1827 wurde die expandierende Fabrikation aus der engen Altstadt an den Kartäuserwall verlegt, wo man 1838 mit der Produktion von Drahtseilen begann. Im Jahr 1865 war F&G der einzige Kabelhersteller in Europa außerhalb Englands, der seine Erd- und Wasserkabel sowie ver-

Haupteingang zum gründerzeitlichen Verwaltungsgebäude der »Felten & Guilleaume Actien Gesellschaft«

zinkten Eisendraht für Freileitungen weltweit vertrieb. Wegen eines vorübergehenden Dissenses der Vettern Franz Carl und Emil Guilleaume kaufte Emil ein Grundstück in Mülheim. Es lag in der Nähe eines Hochofens und Walzwerks und durch die Nähe zu Rhein und Eisenbahn gleichzeitig verkehrsgünstig. Dort wollte Emil Versuche auf eigene Rechnung durchführen. Nach einer erneuten Annäherung überließ Emil die Grundstücke in Mülheim im Jahr 1873 Franz Carl im Tausch gegen eine leitende Position im neuen Betrieb. Es wurden weitere Grundstücke zugekauft und daraufhin 1873/74 die neue, »Carlswerk« genannte Fabrik mit 5.400 qm Fläche fertig gestellt. Dort befanden sich zunächst die Bereiche Drahtzieherei, Verzinkerei und Patentierung.

Im Jahr 1877 wurden die Kabelfabrikation, später auch die Büros der Metallbetriebe in Mülheim konzentriert und ab 1878 eine Fabrik zur Gaserzeugung aus Braunkohlenbriketts betrieben, bis man 1933 auf Koksofengas aus dem Ferngasnetz umstellte. Mit der Expansion des Telefonwesens produzierte die Firma ab 1883 Kabel mit imprägnierter Hanfisolation und Bleimantel und ab 1885 Kupferdrähte, was 1886 den Bau einer eigenen Kupferschmelze nach sich zog. Zuvor, im Jahr 1879, sicherte sich F&G die Europa-Lizenz der US-amerikanischen Erfindung des Stacheldrahts. Nach der Entwicklung einer Technik, Gussstahl sehr dünn auszuziehen, stellte man auch Klaviersaiten her. Daneben wurden Springfedern, Drahtmatten und Drahtgeflechte für Bergbahnen produziert. Weitere neue Produktentwicklungen im Carlswerk führten zum Bau einer Fassondrahtzieherei, einer neuen Drahtwarenfabrik für alle Produkte aus Draht (1889), einer größeren Kabelfabrik für Starkstromkabel (1892/93), eines vergrößerten Kupferwerks mit neuem Raffinierofen (1890/96) sowie ab 1894 einer Produktionsstätte für Gummiwaren zur Isolation. Nach 1899 entstanden neue Laborgebäude, eine eigene Kraftzentrale zur Stromerzeugung, ein 35 m hoher Wasserturm und eine vergrößerte Maschinenwerkstatt als Reparaturbetrieb mit eigener Eisengießerei. Des Weiteren entstanden eine Drahtstiftefabrik (1906), ein großes Seilereigebäude für Seilbahnkabel (1913), je ein neues Gebäude für die Verzinkerei sowie für Energiekabel (1914). In den Eisen- und Stahlbetrieben wurde die Stahlmetallurgie für verschiedene Verwendungszwecke verbessert, was die Qualität erhöhte und damit die Anwendungsbereiche der Drahtseile erweiterte.

Parallel zur Werksexpansion in Mülheim erwarb die Firma im In- und Ausland Beteiligungen im Kabel- und Metallbereich sowie an Transportanlagenherstellern als Kabelabnehmer, d.h., F&G entwickelte sich zum multinationalen Konzern. Im Jahr 1887 hatte der Mülheimer Großbetrieb etwa 1.450 und 1911 bereits ca. 6.500 Beschäftigte. Er bot seinen Mitarbeitern ein breites Spektrum sozialer Fürsorgemaßnahmen: Krankenkasse, Sparkasse, Beamten- und Arbeiterfonds, Konsumanstalt, Kinderbewahranstalt, Werksbücherei, Sportstätte und Wohnhäuser.

Die Entwicklung der Firma ist typisch für die hochindustrielle Phase, die weniger durch Neuansiedlungen oder Neugründungen, sondern vorwiegend durch Expansion der bestehenden Betriebe gekennzeichnet war. Diese weiteten dabei in der Regel ihre Produktpalette stark aus. In Köln verdrängten dabei Metall- und chemische Industrie die Textilindustrie und Zuckersiedereien von den Spitzenplätzen. Die Metallverarbeitung wurde zur bedeutendsten Branche des produzierenden Gewerbes der Stadt. Heute existiert der Firmenname F&G nach mehreren Übernahmen nicht mehr. Auf dem Gelände führt die »Drahtwerke Köln GmbH« das Metallgewerbe fort; ein großer Teil der nicht mehr benötigten Flächen wurde an Fremdfirmen vergeben.

Die ⓰ **Endhaltestelle Thielenbruch** der Stadtbahnlinien 3 und 18 wirkt mit vier Gleisen und zwei Bahnsteigen etwas überdimensioniert. Und es gibt weitere Indizien für eine ursprünglich andere Funktion des Gebäudes: Die Einfahrseite ist mit einem Rolltor abschließbar. Hinter dem Ende der beiden Bahnsteige sind Reste von

Schienen erkennbar: Es muss offenbar ursprünglich sechs Gleise gegeben haben. Unter den beiden mittleren Gleisen befinden sich mit Gitterrosten gesicherte Gruben, von denen aus Fahrzeuge von unten repariert werden können. Das Dach ist flach gewölbt und besitzt in seiner Mitte auf der ganzen Länge ein großes verglastes Oberlicht zur Beleuchtung der Halle.

Gebäude des ehemaligen Bahnhofs Thielenbruch. Die freie Schotterfläche davor verweist darauf, dass hier einst weitere Gleise verliefen.

Diese war demnach als Werkstatt zur Reparatur von Schienenfahrzeugen angelegt.

Von den beiden Giebelfassaden ist nur noch die nach Osten zeigende in ihrer alten Form erhalten. Glatt geputzte, weiße Flächen sind durch rötliche Backsteinpartien im Sockel, in Gesimsen und Fenstereinfassungen gegliedert. Ein Adler als Symbol für das Deutsche Reich mit dem Kölner Stadtwappen in der Giebelspitze weist das Gebäude als städtisches aus. Der Stufengiebel hat ein ansatzweise gotisches Gepräge; die Ornamente im Werkstein von First- und Eckpfeiler-Bekrönungen sind eher abstrakt, expressionistisch gestaltet. Die hohen Fenster des im gleichen Stil errichteten, südlich an die Halle anschließenden KVB-Schulungszentrums legen die Vermutung nahe, dass der Baukomplex aus der Gründerzeit stammt, allerdings aus ihrer Endphase: Die 1904–06 errichteten Gebäude dienten als Abstell- und Reparaturhalle mit einer Kapazität von vierzig zweiachsigen Wagen und als Bahnhofsgebäude der von Köln und Mülheim kommenden Vorortbahnlinien. Nördlich der Endhaltstelle liegt, getrennt durch einen Mitteltrakt mit Gastronomie, eine weitere Halle, die das Straßenbahn-Museum beherbergt. In der einheitlich in Backstein ausgeführten Halle mit flach zur Mitte ansteigender Dachkonstruktion und quer laufenden verglasten Oberlichtern liegen sechs Gleise parallel, darunter in der zum Rolltor hin gelegenen Hälfte wiederum Wartungsgruben. Es handelt sich hier um eine 1925/26 angebaute, etwas längere zweite Depot- und Werkstatthalle für vierundfünfzig zweiachsige Wagen. Da in den Hallen nur Wagen dieser Vorortbahn gewartet wurden, kann man von einem steigenden Volumen des Straßenbahnverkehrs am Anfang des 20. Jahrhunderts ausgehen.

Das Straßenbahn-Museum ist jeden zweiten Sonntag im Monat von 11.00 bis 17:00 Uhr geöffnet, mit Pause im Januar und Februar.

Am alten Bahnhofsgebäude mit dem heutigen Schulungszentrum läuft noch ein Außengleis vorbei, welches in einer Wendeschleife beide Hallen umrundet. Die ausgedehnte, freie Gleisschotterfläche lässt erahnen, dass sich unmittelbar daneben früher mindestens ein weiteres Gleis befunden haben muss. Verlängert man die Flucht des aus Köln kommenden Einzelgleises nach Osten in den Wald hinein, so findet man dort eine schnurgerade Schneise, auf der in wesentlichen Teilen ein Rad- und Fußweg nach Schlodderdich verläuft. Diese Trassenspuren sind Reste der ursprünglich von Thielenbruch weiter nach Bergisch Gladbach führenden, 1906 angelegten Vorortbahn; auch die Gemeinde Merheim, zu der Thielenbruch gehörte, war bis 1914 selbständiger Vorort.

Das Umfeld des Bahnhofs macht die Motive zum Bau dieser Bahnen deutlich: Zum einen wurden neue Wohnsiedlungen wie die ab 1905 entstandene Villenkolonie um die Thielenbrucher Allee schneller erreichbar, zum anderen Naherholungsgebiete wie das Waldgebiet Thielenbruch/Schluchter Heide erschlossen. Im Jahr 1958 wurde der Bahnbetrieb von Thielenbruch nach Gladbach eingestellt und 1963 die heute vorhandene Wendeschleife gebaut. Nach Einweihung eines neuen, großen Depots in Merheim 1994 löste man die Werkstatt Thielenbruch auf und verlegte 1995 die Endhaltestelle von außen hinein in die Gründerzeit-Halle. In der jüngeren Halle eröffnete 1997 das Museum. Der Gebäudekomplex ist einer der wenigen erhaltenen Relikte aus der Hochphase der Straßenbahnen an der Wende vom 19. zum 20. Jahrhundert.

Im Straßenbahnmuseum ist eine Reihe von vormals in Köln verkehrenden Straßenbahnwagen ausgestellt; zudem wird die Entwicklung des Bahnnetzes auf Karten und in Texten gut dokumen-

Preußischer Adler mit Kölner Stadtwappen an der östlichen Giebelfassade der Halle des Straßenbahndepots Thielenbruch

tiert. Für die Anfänge des Straßenbahnverkehrs besonders interessant sind zwei Exponate: Wagen 211 aus dem Jahr 1894 ist ein typischer Vertreter aus der 1877 in Köln beginnenden Zeit der Pferdebahn. Der kurze Radstand verweist auf die Enge der Gleiskurven, besonders in der Altstadt. Der relativ niedrige Wagen mit offenem »Kutschbock«, auf den man beidseitig aufsteigen konnte, war in dieser Pionierzeit der Straßenbahn noch deutlich dem etablierten Konstruktionsprinzip einer Kutsche nachempfunden. Die Pferdebahn bot zwar nicht die Flexibilität einer normalen Kutsche oder eines Pferdeomnibusses, der Lauf auf Schienen ermöglichte jedoch eine ruhigere Fahrt. Außerdem konnten ein bis zwei Pferdestärken wegen des geringeren Reibungswiderstandes mehr Passagiere ziehen. Wenn man sich vergegenwärtigt, dass 1899 im Kölner Netz 765 Pferde eingesetzt wurden, werden mit Blick auf die notwendige Fütterung und den anfallenden Pferdekot die Probleme und Grenzen dieses Systems deutlich. Wagen 407 aus dem Jahr 1902 repräsentiert folgerichtig die erste Garnitur elektrischer Straßenbahnen, die zwischen 1901 und 1903 fast im kompletten Netz die Pferdebahn ersetzten. Der Wagen besitzt ebenfalls engen Radstand und wirkt noch kutschenähnlich. Das Schild »Rundbahn Dom-Opernhaus« erinnert daran, dass Köln einst eine gegenläufig im Kreis durch die Altstadt fahrende Bahnlinie besaß. Beide Wagen wurden in Köln hergestellt (Wagen 211 von Herbrand, Wagen 407 von Van der Zypen & Charlier) und dokumentieren die lange und erfolgreiche Geschichte des industriellen Waggonbaus in Köln.

Auf den Spuren der Zwischenkriegszeit

Stationen: ❶ Alte Messehallen ❷ Hochbunker Mülheim ❸ St. Engelbert ❹ Industriegelände Köln-Nord ❺ Flughafen Butzweilerhof ❻ Alt-/Neu-Ehrenfeld ❼ Bickendorf ❽ Kleinstwohnungssiedlung Vogelsang ❾ Vom Aachener zum Decksteiner Weiher ❿ Neue Universität ⓫ Großmarkthalle ⓬ EL-DE-Haus

EINFÜHRUNG IN DAS ZEITALTER

Für die siebenundzwanzig Jahre vom Ende des Ersten Weltkriegs bis zum Zusammenbruch Deutschlands 1945 bietet sich eine Gliederung in zwei Abschnitte an: (1) die vierzehnjährige Zeit der Weimarer Republik mit einem einjährigen revolutionären Vorspiel und die (2) zwölfjährige Herrschaft Hitlers.

Weimarer Republik – Krisen, kurze Glanzzeit und das Ende

In den ersten fünf Jahren ihres Bestehens sah sich die Weimarer Republik vor fast unlösbare Probleme gestellt. Zehn Millionen heimgekehrte Soldaten und 1919 noch einmal eine Million entlassene Kriegsgefangene drängten auf den Arbeitsmarkt und erhöhten die inflationsbedingte Arbeitslosigkeit beträchtlich (1923 ca. 4 Mio.). Die Inflation erreichte 1923 astronomische Werte, zugleich ermöglichte sie es dem Staat aber auch, sich seiner Kriegsschulden zu entledigen. Im »Diktat von Versailles« waren der jungen Republik kaum zu leistende Reparationszahlungen, auch in Form von Sachleistungen, auferlegt worden, die in nachfolgenden Verhandlungen zwar reduziert werden konnten, aber dennoch von demokratischen Politikern akzeptiert werden mussten. Weite Kreise des deutschen Volkes empfanden die Bürde als ungerecht und unannehmbar und kreideten ihre Akzeptanz den Weimarer Demokraten als Schwäche an. Diese erste deutsche Demokratie war im Volk nicht verankert; weite Teile der Bevölkerung standen ihr ablehnend gegenüber, dies umso mehr, als die Regierungen aus SPD, Zentrum und DDP auf die Unterstützung rechter und linker Gruppen angewiesen waren und oft genug scheiterten (16 Regierungen in 14 Jahren), ohne die anstehenden Probleme gelöst zu haben. Mit der Reform der Währung wurden die »Goldenen Jahre« der Weimarer Republik eingeleitet (1924–1929). Die Wirtschaft begann sich zu erholen. Die Reparationsleistungen gegenüber den Entente-Ländern konnten erbracht werden; diese vermochten ihre Kriegsschulden in den USA zu begleichen, und von dort floss Kapital in Form von Krediten in die deutsche Wirtschaft zurück. Die Industrie erlebte einen Aufschwung bei den Exporten; die schwache Binnennachfrage offenbarte Nachwirkungen der Inflationskrise. Außenpolitisch gelang es, dank geschickten Manövrierens zwischen Ost und West durch Außenminister Stresemann, wieder Fuß zu fassen. Mit dem Dawes Plan (1924) und dem Young Plan (1930) konnten die Reparationsforderungen deutlich gesenkt werden. 1926 trat Deutschland dem Völkerbund bei.

Wegen der weiträumigen Verteilung der einzelnen Standorte werden die Stationen dieser Route ausschließlich über Detailkarten im Text lokalisiert.

Diese kurze Blütezeit wurde durch die Weltwirtschaftskrise (1929–1933) jäh unterbrochen. Deutschland traf es besonders hart. Die Industrieproduktion sank auf 50% des Standes von 1928 ab, die Arbeitslosigkeit stieg 1932 auf 30,8% an. Am 30. Januar 1933 beauftragte Reichspräsident Hindenburg Adolf Hitler, dessen NSDAP von dem wirtschaftlichen Chaos am meisten profitierte, mit der Regierungsbildung.

Köln – Infrastrukturausbau und Wohnungsbau unter Konrad Adenauer

Die Kölner Wirtschaft litt in den frühen Nachkriegsjahren nicht nur unter der anschwellenden Inflation, sie musste auch mit den Beschränkungen fertig werden, die sich aus der Rheinlandbesetzung (1918–1925) ergaben. Der 1919 gewählte junge Oberbürgermeister Konrad Adenauer betrieb wirtschaftsfördernde Infrastrukturpolitik: Wiedereröffnung der Börse (1919) und der Messe (1924), Ausbau des Niehler Handelshafens auf der Grundlage aktiver Erwerbslosenförderung, Umwandlung des Militärflughafens Butzweilerhof in einen Zivilflughafen (1925), Bau der ersten Autobahn Köln–Bonn (1929–32). Ferner gelang es ihm, zwei industrielle Großunternehmen in Köln anzusiedeln, die Fordwerke (1929) und das Glanzstoff-Courtaulds-Unternehmen, und mit dem Umzug des Westdeutschen Rundfunks nach Köln war die Grundlage für die Entwicklung zur Medienstadt nach 1945 gelegt. Auch die Wiedereröffnung der Universität geht unter anderem auf Adenauers Initiative zurück.

Die im Versailler Vertrag verfügte Entfestigung Kölns bot Gelegenheit, ein Grünflächenkonzept für die Stadt zu erstellen, das von Fritz Schumacher ausgebaut und in den ersten Flächennutzungsplan Deutschlands integriert wurde.

Mit viel Fantasie und großem Erfolg hat man in den schwierigen 1920er Jahren in Köln versucht, die kriegsbedingte Wohnungsnot einzugrenzen. Mit Hilfe eines Verbundsystems aus Mietergenossenschaften und einer städtisch gesteuerten gemeinnützigen Aktiengesellschaft (GAG) gelang es, 9.000 Wohnungen zu bauen (vgl. H.A., Karte 44).

NS-Herrschaft und Staatsterror

(2) Unmittelbar nach seiner Ernennung zum Kanzler begann Hitler die »Machtergreifung« zu untermauern. Innerhalb weniger Monate

waren die Parteien und die parteinahen Organisationen ausgeschaltet. An die Stelle der Länder und Regierungsbezirke traten die dem »Führer« unterstellten Gaue. Nach dem »Führerprinzip« war das Reich in weitere Untereinheiten, bis hinab zu den Zellen und Blöcken gegliedert. Das »Ermächtigungsgesetz« (1933) ermöglichte es Hitler, Gesetze ohne parlamentarische Zustimmung zu erlassen, mit deren Hilfe er seine ideologischen Ziele quasi legal verfolgen konnte. So ermöglichte es ihm das »Gesetz zur Wiederherstellung des Berufsbeamtentums« (1933), ein staatliches Machtinstrument, die Bürokratie, von allen unerwünschten Beamten zu säubern. Bei der »Gleichschaltung« des zweiten Machtinstruments, des Militärs, stieß er auf einige Schwierigkeiten.

Mit Hilfe der »Nürnberger Gesetze« (1935) gelang ihm die gesellschaftliche Ausgrenzung der Juden. Wo legales Vorgehen nicht ausreichte, scheute sich das Regime nicht, Terror einzusetzen. Ein erstes Terrorinstrument war die SA. Nach ihrer Ausschaltung (»Röhm-Putsch« 1934) übernahmen die SS und die ihr zuarbeitende Polizei deren Aufgaben. Ein Hauptziel des NS-Terrors war die »Reinhaltung« und »Gesundung« des »deutschen Volkskörpers«. Seine Opfer waren Geisteskranke (Euthanasieprogramm 1939) wie Homosexuelle, vor allem aber nichtarische Gruppen wie Sinti und Roma und die »bösen Gegenspieler« der »guten Arier«, die »bösen« Juden. In vielen kleinen, gesetzlich abgesicherten Schritten wurden Juden aus dem Wirtschaftsleben und aus der Gesellschaft ausgeschlossen, ab 1939 zur Emigration gedrängt und ab 1941 den Vernichtungslagern im Osten zugeführt.

Ein weiterer Aspekt des staatlichen Terrors war die Zwangsrekrutierung von ausländischen Arbeitskräften für die auf Kriegsproduktion umgestellte deutsche Wirtschaft. Mitte 1944 schufteten unter teils härtesten Bedingungen 5,7 Mio. ausländische Frauen und Männer in der deutschen Industrie.

Verfolgung und Terror waren das eine Herrschaftsinstrument, Einbindung der »Volksgenossen« in die Parteiorganisationen und Verführung durch Faszination waren zwei weitere. Mit der Befriedigung von Gefühlen und Emotionen, den meisterhaft inszenierten Massenaufmärschen und nicht zuletzt den anfänglichen innen- und außenpolitischen Erfolgen gewann der Diktator das Vertrauen weiter Teile der Bevölkerung. Was den Demokraten nicht gelungen war, die Stabilisierung der Wirtschaft etwa und die Abschaffung der Arbeitslosigkeit, was sie nicht zu träumen gewagt hatten, territoriale Rück- und Zugewinne und die Beseitigung der »Schmach von Versailles«, das schaffte Hitler offensichtlich mit links. Nur nach den schrecklichen Zielen dieser Politik fragte kaum jemand. Die von Anfang an ins Auge gefassten Kriege und Eroberungen sollten am Ende 55 Mio. Tote, 35 Mio. Verwundete und 3 Mio. Vermisste fordern.

Köln – Terrorsystem und gigantomane Planung

Als rheinische Metropole spielte Köln eine zentrale Rolle innerhalb des nationalsozialistischen Terrorsystems. Zu den Terrorstätten zählten die Gestapo-Zentrale im EL-DE-Haus, die Sondergerichte, die zentrale Hinrichtungsstätte im Klingelpütz, Außenstellen des KZ Buchenwald, Sammellager für Deportationen und die vielen Zwangsarbeiterlager (vgl. H.A., Karte 52). Dieses dunkle Kapitel Kölner Geschichte wird heute vom NS-Dokumentations- (und Forschungs-)Zentrum im EL-DE-Haus aufgearbeitet. Die Pläne zur Neugestaltung der »Hansestadt« Köln wurden glücklicherweise nicht umgesetzt. Das am Deutzer Ufer vorgesehene Gauzentrum vermittelt einen Eindruck von der Gigantomanie der Konzepte (vgl. H.A., S. 160 + Karte 54). Das »Künftige Verkehrsgerüst der Hansestadt Köln« wurde nach 1945 jedoch weitgehend verwirklicht (Einpassung Kölns in ein Netz von Radial- und Ringstraßen); die Nord-Süd-Achse wurde gebaut, die West-Ost-Achse ebenfalls, allerdings durch Riphahn auf ein städtebaulich vertretbares Maß reduziert.

❶ Alte Messehallen

Die Wiederbelebung der Kölner Messe war ein von Oberbürgermeister Konrad Adenauer tatkräftig vorangetriebenes Vorhaben zur Förderung der kriegsbedingt darniederliegenden Kölner Wirtschaft. Im Jahr 1922 stimmte der Stadtrat den Messeplänen zu und bewilligte 152 Mio. Mark für den Bau der Messehallen. Im Jahr darauf wurde die Kölner Messegesellschaft ins Leben gerufen, deren Gesellschafter die Stadt Köln und die Kölner Wirtschaftsverbände waren. Kurz bevor die Inflation gegen Ende des Jahres 1923 ihren Höhepunkt erreichte, wurden die Messehallen fertig gestellt. Wegen der Rheinlandbesetzung und der schwierigen Wirtschaftslage konnte die Messetätigkeit allerdings erst im folgenden Frühjahr mit der »Allgemeinen Nahrungs- und Genuss-

mittel-Ausstellung« (Anuga) eröffnet werden. Zur Eröffnung erschienen unter anderem Reichspräsident Ebert und Reichskanzler Marx, auch um die Verbundenheit mit dem besetzten Teil Deutschlands zum Ausdruck zu bringen

Das Messegelände, zwischen Deutzer Bahnhof und Rheinufer gelegen, umfasste 32.000 qm überbauter Fläche. In der zweigeschossigen Südhalle befand sich mittig integriert der von Arkaden und Säulen in Kolossalordnung hervorgehobene Eingangstrakt mit dem Messeamt. Zwischen der parallel zum Rheinufer ausgerichteten Westhalle und der Osthalle lag die »Große Halle«, ein exklusiver Versammlungs- und Konzertsaal für 4.000 Besucher (Kongresshalle). Den nördlichen Abschluss bildeten der Messehof mit Gastronomie- und Kongressräumen und eine Parkanlage, der Messehofgarten. Die Hallen waren architektonische Schlichtbauten, die Fabrikhallen ähnelten und von den Kölnern als »Adenauers Pferdeställe« verspottet wurden.

In architektonischer Schlichtbauweise entstanden noch vor dem Höhepunkt der Inflation die alten Messehallen, von den Kölnern als »Adenauers Pferdeställe« verspottet. Sie erhielten für die PRESSA eine neue Gestaltung mit expressionistischer Klinkerverkleidung und dem Messeturm als Wahrzeichen der Kölner Messe.

Ihr heutiges Erscheinungsbild erhielten die »Rheinhallen« wenig später aus Anlass des Großereignisses der 20er Jahre, der Internationalen Presseausstellung (PRESSA) im Jahre 1928. Die so genannte »PRESSA« sollte 5 Mio. Besucher anlocken. Der renommierte Architekt Adolf Abel ummantelte das Hallen-Karree mit rotem Klinker und passte es dem expressionistischen Stilempfinden der Zeit an. In der Nordwestecke entstand der 85 m hohe Messeturm, bis heute das Wahrzeichen der Kölner Messe. Östlich eines Rondells, des späteren Tanzbrunnens, errichtete Abel das halbrunde Staatenhaus, und entlang des Rheinufers entstand eine ausgedehnte Parkanlage mit den Rheinterrassen als Restaurationsbetrieb.

Für die nächste große Ausstellung, die für das Jahr 1940 vorgesehene »Internationale Verkehrsausstellung« (IVA), sah die nationalsozialistische Planung eine überdimensionierte Erweiterung der Ausstellungsfläche auf beiden Rheinufern und einige megalomane Messebauten vor, die wegen des Krieges jedoch nicht realisiert wurden. Eine Ausnahme bildete das »Haus der Deutschen Reichsbahn«, ein Dreiflügelbau mit vorspringenden Seitenflügeln, der allerdings den Bomben zum Opfer fiel. Mittelpunkt der IVA sollte die Stadt selbst sein, deren Verkehrsnetz für die Ausstellung gründlich umgestaltet werden sollte, unter anderem durch den Bau der Rodenkirchener Autobahnbrücke und die Nord-Süd-Fahrt – beide Projekte verwirklichte man erst in den Nachkriegsjahren.

Bereits in den 1920er Jahren diente das Messegelände nicht nur verschiedenen Branchenmessen, sondern auch vielen regelmäßigen Ausstellungen (etwa Anuga, Westdeutsche Landwirtschaftsschau); ferner fanden dort einige kulturelle und politische Veranstaltungen statt. In den 30er Jahren traten die internationalen Messen dann gegenüber »Deutschen Wochen« und Parteitagen der NSDAP zurück. Mit Kriegsbeginn beschlagnahmte die Wehrmacht weite Bereiche der Messe, ab 1942 waren alle Messetätigkeiten untersagt. Die Messehallen dienten nunmehr als Lager für Kriegsgefangene, später für Zwangsarbeiter, KZ- und Gestapo-Häftlinge.

Gegen Ende des Krieges wurden die Rheinhallen zu 85 % zerstört. Doch schon im Jahr 1950 war der Wiederaufbau abgeschlossen. In den folgenden beiden Jahrzehnten begann die Messeerweiterung um die Osthallen. Ende der 1970er Jahre umfasste die Ausstellungsfläche der Kölner Messe über 200.000 qm.

An der Berliner Straße Nr. 18 in Mülheim befindet sich ein auffälliges Gebäude. Der frei stehende, etwa 15 m hohe, grau gestrichene Bau besitzt einen leicht vorspringenden, rechteckigen Turm an der nördlichen Giebelseite, dessen Funktion nicht eindeutig zu bestimmen ist: Er wirkt wie der Rumpf eines Kirchturms, aber auch wie ein gedrungener Kamin oder ein Wehrturm ohne Zinnen. Das eigentliche Gebäude weist keine Verzierungen auf, nur unter dem an den Traufseiten leicht vorspringenden Satteldach sind Blendarkaden angeordnet, die zusammen mit der Wehrturm-Assoziation einen leicht mittelalterlichen, burgartigen Eindruck hinterlassen; aber auch ein Kirchenschiff wäre denkbar, wenn nicht die Fenster fehlten. An der Mauer sind Spuren der Verschalungsbretter zu erkennen, d.h., der Bau wurde aus Schüttbeton hergestellt, kann daher frühestens aus dem späten 19. Jahrhundert stammen. Der Zugang erfolgt über einen seitlichen Vorbau, sollte also vom Hauptbau fern gehalten werden. Ein weiterer, umfänglicherer Vorbau mit großen Glasflächen und Dachterrasse beherbergt heute ein Café und ist erst später an das Hauptgebäude angefügt worden. Dieses wirkt insgesamt massiv, hat aber mit wenigen Ausnahmen keine Wandöffnungen, es bietet also Schutz vor Außeneinwirkungen, ist jedoch nicht aktiv zu verteidigen, beispielsweise durch Schießscharten. Eine entsprechende Bauweise ist nur bei ❷ **Hochbunkern** der 1940er Jahre zu finden.

Bunker sind per Definition bombensichere Bauwerke, sie mussten also auch einen Volltreffer durch Sprengbomben mit Aufschlagzünder aushalten können: Die starken Decken und Wände sollten den Durchschlag der Bombe verhindern. Außen konnte die Sprengdruckwelle frei nach allen Seiten entweichen. Die Mauern bestehen aus Stahlbeton: Im Inneren befindliche Stahlgittermatten halten den Beton bei Druck und Erschütterungen zusammen.

Seitdem im Ersten Weltkrieg der Luftkampf eingeführt worden war, hatten alle traditionellen Stadtbefestigungen ihren Sinn verloren; die Städte konnten nun frei aus Flugzeugen beschossen und bombardiert werden. Um die Bevölkerung dagegen zu schützen, musste sozusagen eine Mauer gegen den Himmel errichtet werden, was in Form der Bunker mit besonders starken Gebäudedecken geschehen ist. Seit Anfang der 1930er Jahre wurde im Deutschen Reich der Luftschutz organisatorisch aufgebaut und durch experimentelle Forschungen weiterentwickelt. Im Jahr 1939 erließ man erste Ausführungsbestimmungen zum »Bau von Luftschutzräumen außerhalb von Gebäuden«, also Bauwerke mit reiner Bunkerfunktion. In Köln wie anderswo baute man zunächst private Tiefbunker bzw. Hausschutzräume und vor allem Röhren- und Stollenbunker, d.h., die Luftschutzanlagen wurden unter der Erde angelegt. Erst nach dem Erlass des »Führer-Sofortprogramms« zur sofortigen Errichtung von Bunkern im Oktober 1940 angesichts zunehmender Luftangriffe der Briten kam es zum planmäßigen Bau vorwiegend von Hochbunkern. Durch Erfahrungen aus Bad Wildungen – dort führte 1939/40 die geplante Verlegung des Hauptquartiers der Luftwaffe wegen der kurzen Baufrist bis zur Einsatzbereitschaft vor allem zur Errichtung von Hochbunkern – konnte nachgewiesen werden, dass oberirdische Schutzräume nicht schlechter waren als unterirdische. Bei gleicher Materialmenge, gleichem Schutzgrad sowie kürzerer Bauzeit konnte hier jedoch für sechsmal mehr Personen Schutzraum geschaffen werden.

Hochbunker mussten der ansässigen Bevölkerung bekannt und gut zugänglich, aber zugleich vor dem Feind getarnt sein. Der Tarnung dienten beim Mülheimer Bunker das Satteldach (die eigentliche Bunkerdecke ist waagerecht) und der Turm, der aber auch für Belüftung sorgte. Das für die Bevölkerung sichtbare Äußere sollte Uneinnehmbarkeit suggerieren, aber nicht bedrohlich wirken, und erinnerte häufig gezielt an archaische Wehrbauten; auch sollten Bunker nach dem (gewonnenen) Krieg ein Denkmal für die Heimatfront darstellen.

Der Weg vom seitlichen Eingang – ursprünglich befand sich spiegelsymmetrisch dazu ein zweiter Eingangsvorbau – zum Treppenhaus verläuft um zwei Ecken. Dies hatte den Zweck, Druckwellen abzufangen und eine Gasschleuse einzufügen. Der Eingang war durch eine schwere Stahltür verschließbar. Im Inneren ist die alte

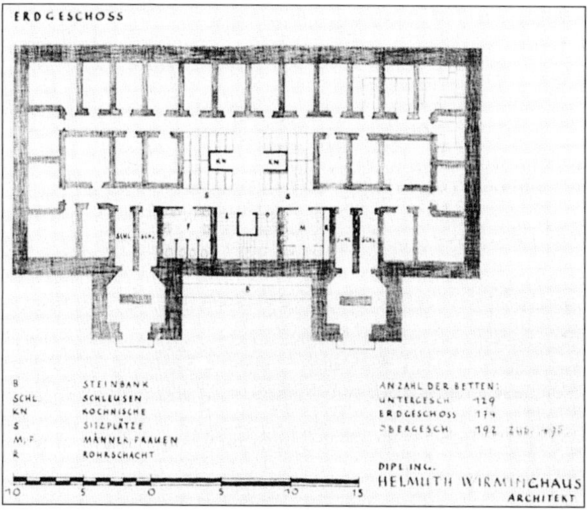

Der innere Aufbau eines Hochbunkers: Grundrissplan des Bunkers Rupprechtstraße von 1939

ROUTE 7

Hochbunker Mülheim

Raumaufteilung nicht mehr zu erkennen. Heute befinden sich im Erdgeschoss Seminarräume, im ersten Obergeschoss Ausstellungsräume und im zweiten Obergeschoss ein Zuschauerraum mit Bühne, der zwei alte Etagen umfasst. Allein die niedrigen Decken der beiden unteren Etagen und die spärliche Beleuchtung von außen durch einige nachträglich eingesprengte Fenster vermitteln noch einen schwachen Eindruck von der ursprünglichen Atmosphäre. Die typische Aufteilung erfolgte durch zwei lange Gänge pro Etage, an denen sich beidseitig kleine Zellen für je sechs Personen befanden; das entsprach einer Fläche von 0,5 m_ pro Person.

Laut einer Vorschrift von Juli 1941 war jeder Hochbunker mit mindestens zwei Eingängen plus breitem Treppenhaus, elektrischer Beleuchtung, gefilterter Belüftung, Heizung, Toiletten, Erste-Hilfe-Raum, Waschgelegenheiten, Wasserversorgung und Dienstraum für den Bunkerwart auszustatten. Der Mülheimer Bunker aus dem Jahr 1944 war demnach nur noch eine »abgespeckte« Version: Er besaß keine sanitären Anlagen, die Außenwände sind nur 1,10 m und die Decke 1,40 m stark; vorgeschrieben waren für einen Bunker dieser Größe mindestens 2 m. Auf den Materialmangel ist offenbar auch das weitgehende Fehlen von Schmuckelementen zurückzuführen.

Die Bunker boten keinen hundertprozentigen Schutz: Volltreffer von Bomben großer Sprengkraft konnten deutliche Schäden anrichten. Problematisch waren zudem seit 1943 die Flächenbombardierungen. Die dadurch entstandenen Großbrände in der Umgebung verursachten eine starke Aufheizung des Bunkerinneren. Gegen Kriegsende förderte die Überfüllung der Bunker bei zunehmender Aufenthaltsdauer die Ausbreitung von Krankheiten und Ungeziefer.

Der 1991 gegründete Verein »Kulturbunker Mülheim« nutzte das vordem leer stehende Gebäude eine Zeit lang als Kulturzentrum. In den Jahren 1998–2000 wurde es, nachdem man 1996 seine Funktion als Schutzbunker offiziell aufgehoben hatte, zur Begegnungsstätte für den Stadtteil umgebaut. Es ist der einzige öffentlich zugängliche ehemalige Bunker in Köln.

Im Jahr 1888 wurden zahlreiche Vororte Kölns eingemeindet, so auch Riehl. Dort hat man 1928 mit dem Neubau einer Kirche am Riehler Gürtel begonnen. Die von Dominikus Böhm geplante und bis 1931 fertig gestellte Kirche ❸ **St. Engelbert** ist ein frühes Meisterwerk des modernen Kirchenbaus, der seine Impulse durch die erschütternden Erfahrungen des Ersten Weltkriegs, der Liturgiebewegung der frühen 20er Jahre, die unter anderem den Altar als Zentrum der Gemeindefeier verstand, und die mutige Verwendung neuer Baumaterialien erhielt.

St. Engelbert in Riehl – ein frühes Meisterwerk modernen Kirchenbaus

Die Architekten – besonders Dominikus Böhm, Professor an den Kölner Werkschulen – trennten sich von Bauformen der Vergangenheit. Diese Tendenz war auch im Wohnungsbau zu beobachten. Man suchte nach einer neuen Sachlichkeit und rückte die *Funktion* des Raums in den Vordergrund.

Der Grundriss der Kirche ist ein Kreis von ca. 30 m Durchmesser. Darüber erhebt sich eine Betonkonstruktion aus acht parabolischen Hallen, die von der Außenwand in den Raum hineinstoßen und im Scheitelpunkt in 25 m Höhe als kräftiges Kuppelzelt zusammenlaufen. Im Aufriss und im Grundriss erhält der Gemeinderaum eine meditative Atmosphäre. Die Lamellenbauweise erweckt den Anschein, der Hauptraum sei von Kapellen umgeben, und verstärkt damit die Zentralität. Der fast quadratische, dem Eingangsbereich gegenüberliegende Altarraum wird von großen Fensterflächen links erhellt und hebt sich deutlich von dem eher dunkel gehaltenen Gemeindezelt ab. Der Bau ist in Stahlbeton errichtet, der im Inneren zur Verbesserung der Akustik mit Bimskies vermischt ist. Außen umgibt ihn eine Backsteinhaut, die keine statische Funktion hat. Neben der Kirche steht ein rechteckiger, schlanker Glockenturm, ein frei stehender Campanile, dem Böhm bewusst ein »architektonisches Eigenleben« gegeben hat.

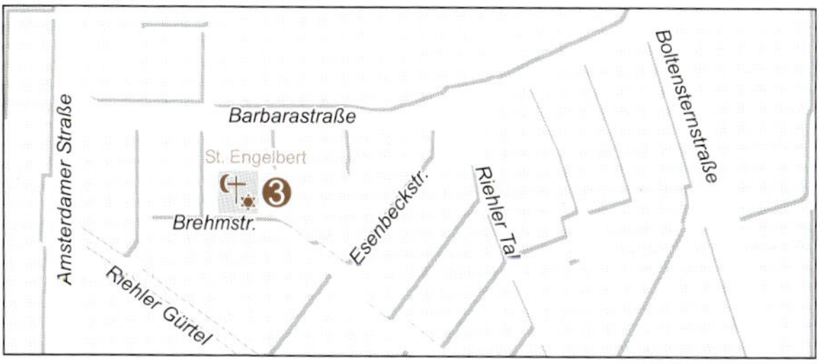

ROUTE 7

4 Industriegebiet im Kölner Norden: von der ehemaligen Glanzstoff Courtaulds, Neusser Landstraße 2, bis zum Tor 1 der Ford Werke

4a An der **Ecke Neusser Landstraße/Bremerhavener Straße** befindet sich ein frei stehendes, dreistöckiges Ziegelgebäude. Der Zugang erfolgt durch ein (heute nicht mehr besetztes) überdachtes Tor mit Pförtnerloge. Dem Dach des Gebäudes ist ein mit patiniertem Kupferblech ummantelter, kubischer Uhrturm aufgesetzt. Bauwerke mit gut sichtbaren Uhren waren neben Bahnhöfen häufig Fabrikgebäude. In Zeiten, da Armband- und Taschenuhren noch als Luxus galten, war man, um pünktlich zu sein, auf öffentliche Uhren bzw. Werksuhren angewiesen. In Zusammenhang mit dem Tor lässt der Uhrturm auf einen ehemaligen Produktionskomplex schließen. Bei dem Gebäude selbst mit seinem über Treppenstufen erreichbaren überdachten Eingang dürfte es sich allerdings eher um einen Verwaltungsbau gehandelt haben. Dafür sprechen auch die Felder aus ornamental verlegtem Backstein unter den Fenstern und die repräsentative Lage auf einer kleinen Anhöhe, mit vorgelagerter Rasenfläche und Ausrichtung der Vorderfront auf die Kreuzung Militärring/ Neusser Landstraße. Diese zurückhaltenden Verzierungen mit geometrischen Mustern an einer sonst nur durch schwache Pilaster zwischen den Fensterachsen gegliederten Fassade sind typisch für die expressionistische Ziegelarchitektur der 1920er Jahre.

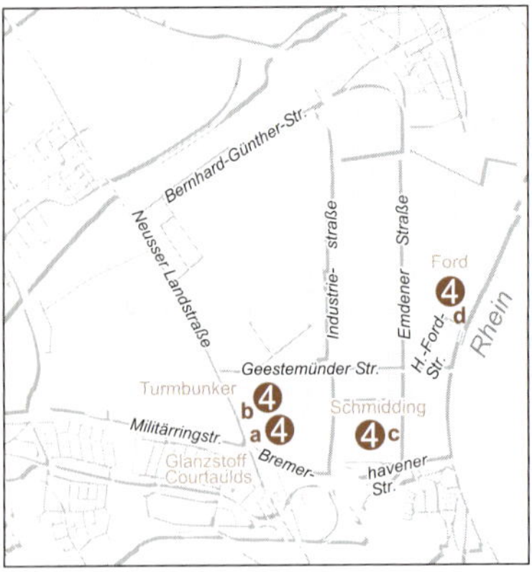

Hinter dem Gebäude, wo die eigentlichen Produktionsanlagen zu erwarten wären, blickt man auf ein fragmentiertes Gewerbegebiet mit verschiedenen Unternehmen. Wenn man das Gebäude durch das Tor verlässt, findet man entlang der Neusser Landstraße nach Norden einen geschlossenen Riegel verschiedener Ziegelbauten, darunter ein weiteres, überdachtes, in seiner Höhe offenbar für LKW-Lieferantenverkehr vorgesehenes Tor mit beidseitiger Pförtnerloge. Das Tor weist keinerlei Verzierungen auf und ist offenbar jünger als das zum Verwaltungshaus. Hinter dem Tor in nordöstlicher Richtung fällt ein als Festsaal genutztes Hallenfragment mit Sheddächern auf. Dabei handelt es sich um den einzigen erhaltenen Vertreter älterer Produktionsanlagen, der von neueren Betriebsgebäuden (Waschanlage, Speditionshallen) umgeben ist. Sheddächer sorgten mit ihren Oberlichtbändern für eine ausreichende Belichtung auch größerer Hallenkomplexe und sind typisch für Industriearchitektur. Auf die Art der Produktion geben weder diese Bauart der Hallen noch die heute von ihnen zugänglichen Teile einen Hinweis.

Es handelt sich um das 1926/27 zur Herstellung von Viskosefasern errichtete Werk der **Glanzstoff Courtaulds GmbH**. Sie war 1925 vom britischen Unternehmen Courtaulds und den Vereinigten Glanzstoff-Fabriken AG aus Wuppertal (Mehrheit bei der Allgemeene Kunstzijde Unie in Arnhem, NL) paritätisch als gemeinsames Unternehmen gegründet worden. Der Standort Köln wurde gewählt aufgrund eines Angebots des Oberbürgermeisters Adenauer im Rahmen seiner aktiven Industrieansiedlungspolitik. Standortvorteile waren zudem ausreichend viel Grundwasser, der Rhein als leistungsfähiger Vorfluter, die gute Verkehrslage, eine breite Rohstoffbasis und die bereits vorhandene chemische Industrie. Die Fabrik entstand auf dem Gelände des ehemaligen Exerzierplatzes der Kölner Garnison im ehemaligen Festungsbereich mit Resten eines gesprengten Forts. Auf der Fläche von 300.000 qm (1928 erweitert um 200.000 qm) baute man das Fabrikationsgebäude mit eigenem Kraftwerk. Die Produktion lief ab April 1928. Im Jahr 1967 wurde das Unternehmen wegen Uneinigkeit der Inhaber über Investitionen aufgelöst.

Tor zum im Hintergrund sichtbaren Verwaltungsgebäude der ehemaligen Glanzstoff Courtaulds GmbH

Auf dem ehemaligen Gelände der Glanzstoff-Courtaulds GmbH für Viskosefasern an der Neusser Landstraße befindet sich ein turmartiges Gebäude aus Ziegeln mit verschieferter Haube, das auf den ersten Blick an den Rumpf einer Windmühle erinnert. Das Gebäude besitzt jedoch keine Fenster, sondern nur wenige kleine Luftlöcher und in der Haube längliche Scharten. Im unteren Teil liegen vier, mit Eisentüren verschlossene Eingänge: einer halb in der Erde zum Untergeschoss, zwei über dem Sockel zum »Erdgeschoss« und ein weiterer, etwas erhöhter Zugang mit Feuertreppe bis zum Boden, offenbar eine Art Notausgang. Das Innere des Gebäudes ist wiederum vollständig aus

Bunkerturm von 1939 auf dem Gelände der ehemaligen Glanzstoff Courtaulds GmbH

ROUTE 7

Schüttbeton gefertigt, die Muster der Verschalungsbretter sind überall zu erkennen; die Ziegel dienen also nur der Verkleidung des Gebäudes nach außen. Der Zugang ins Untergeschoss ist als Schleuse angelegt, d.h., man tritt in einen kleinen Vorraum, von dem aus im rechten Winkel zu beiden Seiten weitere Stahltüren das Innere schützen. Es handelt sich hier um den einzigen erhaltenen **4b Turmbunker** Kölns. Bunkertürme wurden gewöhnlich als Luftschutzbauten für die Beschäftigten von Industriebetrieben errichtet. Ihre windmühlenähnliche, konische Form diente zum einen der Tarnung, zum anderen sollten Bomben an der Außenseite abgleiten können. Von außen lässt sich anhand abgesetzter Ziegelbänder die Zahl der Etagen abschätzen: mit Souterrain und ohne Haube neun Geschosse. Der Bunker konnte darin bis zu 700 Personen aufnehmen. Die verschieferte Haube war drehbar und mit einer Flakstellung bestückt.

An der **4c Emdener Straße Nr. 10** befindet sich ein ebenfalls relativ vollständig erhaltener, ganz aus Ziegeln errichteter Fabrikationskomplex. Rechts neben dem Tor steht ein viergeschossiges Verwaltungsgebäude mit niedrigem Satteldach, dessen rechteckige Fenster von einem schmalen, hellen Werksteinband gerahmt sind. Die Fenster des dritten Obergeschosses lassen diese Rahmung allerdings vermissen; auch haben die Ziegel hier eine andere Färbung, was auf eine spätere Aufstockung hindeutet. Ein schmaler Risalit nimmt Eingang und Treppenhaus auf. Er ist an den Ecken mit schmalen, etwas vorspringenden, waagerechten Ziegelbändern verziert, hat ein dünnes Doppelfenster-Band und einen werksteingerahmten Eingang mit kleinem Vordach. Auch hier sind die einfachen, geometrischen Zierelemente charakteristisch für den expressionistisch geprägten Baustil der Zwischenkriegszeit. Hinter dem Tor liegt ein Hof, dahinter ein Hallengebäude mit großer Werksuhr: die Maschinenhalle. Südlich schließt sich ein kleinerer Hof mit überdachten Kfz- und Fahrradabstellplätzen an, dahinter ist ein eckiger Kamin neben einer Halle mit Satteldach sichtbar: die ehemalige Kraftzentrale der Fabrik.

Luftaufnahme der Schmidding-Werke in Niehl um 1938.

Das Gelände wird heute noch zu Teilen von der **Firma Schmidding** genutzt, die 1878 von Kupferschmiedemeister Wilhelm Schmidding am Kartäuserhof gegründet worden war. Im Verlauf des 19. Jahrhunderts wandelte sich die Verarbeitung von Kupferblechen von handwerklicher zu industrieller Produktion, und man spezialisierte sich auf den Bau von Apparaten für

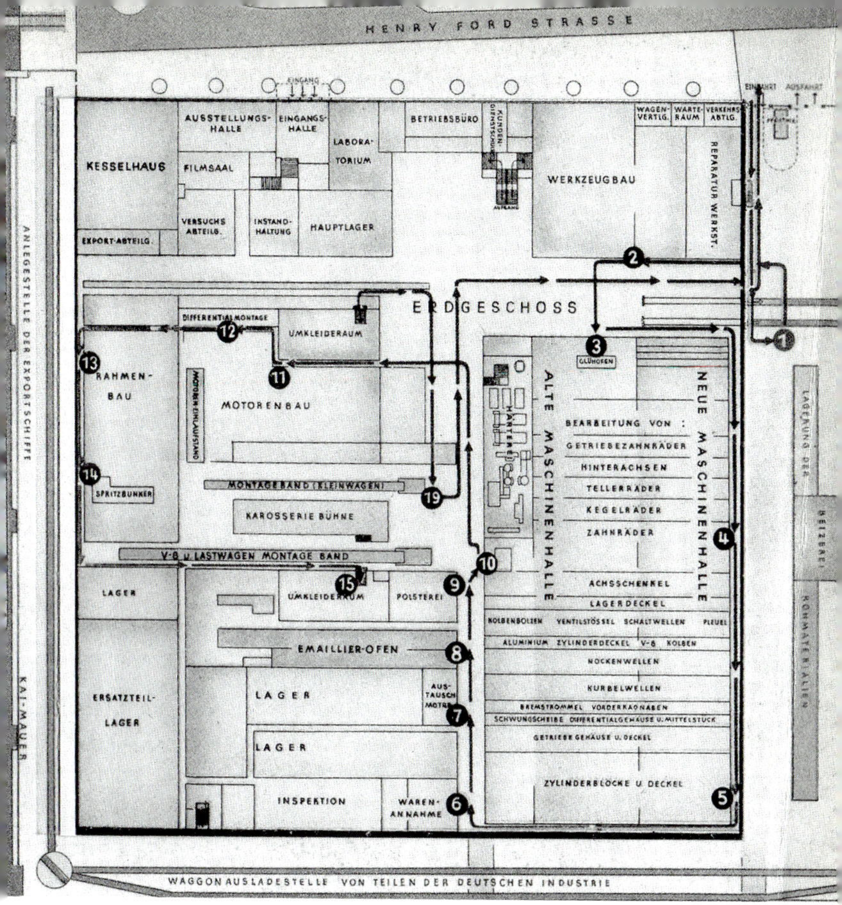

»Führungsplan für die Besichtigung des Kölner Fordwerkes« aus den 1930er Jahren.

Brauereien und die chemische Industrie. Im Jahr 1915 siedelte die Firma aus Raummangel nach Köln-Mansfeld in den Zwickel zwischen Brühler und Bonner Straße um, 1938 wurde die Produktion schließlich in die neuen Werksanlagen an der Emdener Straße verlagert. Von den 80.000 qm Betriebsfläche wurden nur 28.000 qm zwar großzügig, aber planmäßig aufeinander bezogen bebaut, so dass ausreichend Expansionsreserven verblieben. Unmittelbar hinter der Maschinenhalle lag das Laborgebäude, nördlich davon jenseits eines Hofes und parallel zur Maschinenbauhalle die etwas höhere Apparatebauhalle. Am südlichen Rand des Geländes lag ursprünglich eine kleine Gleisanlage mit Anschluss zum Hauptgleis entlang der Emdener Straße.

4d Henry-Ford-Straße, Ford Werke AG, Tor 1

Vom Tor 1 aus lässt sich das aus Ziegeln unmittelbar am Rhein errichtete älteste Gebäude der Ford Werke erkennen. Das Gelände selbst ist für Besucher nicht zugänglich. Der Gebäudeteil an der zum Tor 1 und zum Rhein hin ausgerichteten Ecke ist höher als der Rest und besitzt mit seinen fünf durchgezogenen, von schmalen

Rippen flankierten Fensterachsen und den fünf Normalgeschossen einen hallenartigen Charakter. Da der ehemals vorhandene Kamin abgetragen wurde, lässt es sich erst auf den zweiten Blick als Kesselhaus des alten, firmeneigenen Kraftwerks identifizieren. Hinter der übrigen Südfassade des Gebäudes befanden sich ein Flügel mit Büros im ersten Obergeschoss sowie im Erdgeschoss Ausstellungshalle, Filmsaal, Labor, Betriebsbüro, Lager und eine Werkzeugbau-Abteilung. In dem nahezu quadratischen Gebäude waren, dem Gedanken effizienter Verknüpfung der Arbeitsabläufe und der Werksgemeinschaft des Unternehmensgründers Henry Ford folgend, alle Betriebsfunktionen quasi unter einem Dach untergebracht: neben weiteren Lagern und Umkleidräumen eine Abteilung für Motoren- und Rahmenbau, Bereiche für die Bearbeitung von kleineren Teilen (Zylinderblöcke, Nockenwellen, Getriebezahnrädern, Hinterachsen u.a.) sowie zentral die beiden eigentlichen Montagebänder für Kleinwagen und Lastwagen. Der Gebäudekomplex wurde ohne Zwischenwände errichtet und nur von Säulen getragen und in eingeschossigen Bereichen durch Oberlichter beleuchtet. Ursprünglich besaß das Werk eine eigene Brunnenanlage mit Wasserturm. Die repräsentative Wirkung des Gebäudes sollte nicht durch Verzierungen, sondern durch die ausgewogenen Proportionen – dominierende Horizontale mit vertikalen Elementen aus Kesselhaus und Wasserturm – erzielt werden.

Das Werk ist nur durch eine schmale Kaianlage mit Gleis und Kran vom Rhein getrennt, so dass die fertigen Kraftwagen auf kurzem Wege zu den Exportschiffen umgeschlagen werden konnten. Den südlichen Abschluss der werkseigenen Kaianlage markiert eine schmale, hohe Basaltmauer mit einem zum Fluss hin überragenden Gesichtsprofil, das einen Arbeiterkopf mit Mütze darstellen soll: eine expressionistische Bildhauerarbeit von Willy Meller.

Das auf Betreiben von Oberbürgermeister Konrad Adenauer zur Stärkung der Kölner Wirtschaft angesiedelte Werk konnte nach Baubeginn 1930 bereits im April 1931 seinen Betrieb aufnehmen und 1933 mit ca. 700 Beschäftigten vier Kfz-Modelle herstellen. Mit dem »fordistischen System« der Fließbandproduktion handelte es sich seinerzeit um eine der modernsten Automobilfabriken Europas.

Unmittelbar südlich des Ford-Geländes erstreckt sich eine schmale Rasenfläche entlang des Rheins, zum Fluss hin abgeschlossen durch eine steile Mauer mit Eisenringen und Pollern zum Vertäuen von Schiffen, d.h., der Abschnitt war als Schiffslände angelegt. Auf dem Rasen ist an einigen Stellen eine rheinparallele Schiene sichtbar, auf eine korrespondierende zweite Schiene verweisen Spuren von Verschraubungen auf den obersten Steinen der Kaimauer. Da die Spurweite für Eisenbahngleise zu weit ist, wird es sich hierbei um Schienen für ehemalige Hafenkräne gehandelt haben. Dieser Bereich grenzt unmittelbar an eine öffentliche Straße, war also nicht unternehmenseigen, sondern der allen

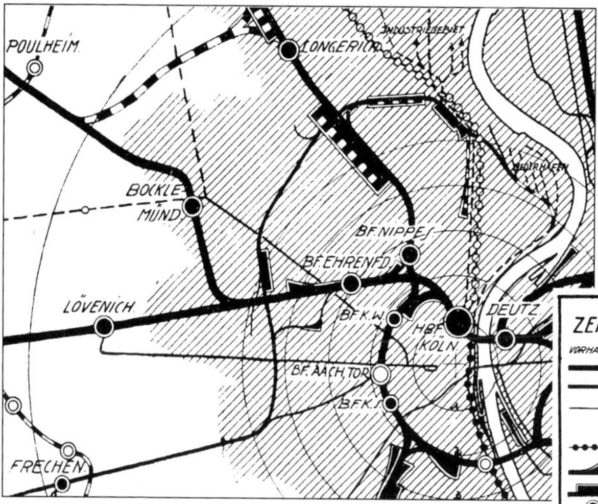

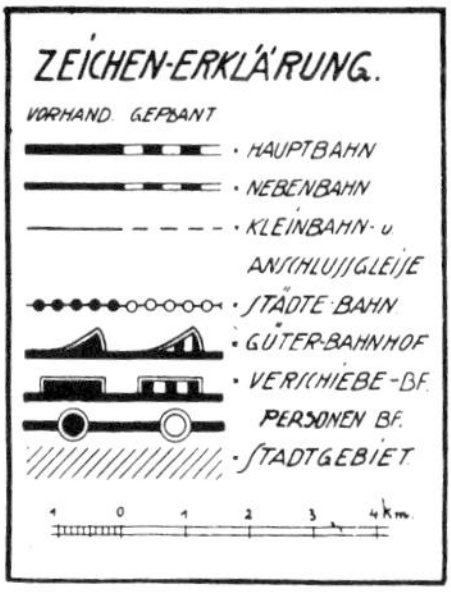

Kölner Bahnnetz um 1920 mit Ausbauplanungen. Im Norden zu erkennen: die vorgesehenen Erschließungsgleise für das Industriegebiet und den Hafen Niehl mit Anschluss an die Gürtelbahn

Firmen zugängliche Hafen für das gesamte nördliche Industriegebiet.

Nachdem Gewerbeflächen im Industriezeitalter weitgehend »wild« gewachsen waren, tritt in diesem Areal erstmalig in Köln der Typ des einheitlich erschlossenen, geplanten Industriegebietes auf. Für seine Konzeption im Generalplan von 1923 war Fritz Schumacher verantwortlich. Das Gebiet von ca. 460 ha Größe lag auf dem Gelände eines vormaligen Exerzierplatzes im äußeren Rayon. Zu der kommunalen Infrastruktur gehörte neben der Hafenlände auch ein Erschließungsnetz von Bahngleisen, das von einer zentralen Achse entlang der Emdener Straße ausging und über die Gürtelbahn Verbindung mit dem Reichsbahnnetz und der Braunkohlen-Bahn nach Benzelrath hatte. An dieses System waren sowohl Glanzstoff Courtaulds als auch die Schmidding KG angebunden. Das Gebiet sollte planmäßig durch drei Nord-Süd-gerichtete Straßenzüge in vier Streifen und diese wiederum durch fünf quer verlaufende Straßen zweiter Ordnung in Blöcke von 400 m Breite geteilt werden. Von den Nord-Süd-gerichteten Straßen wurden nur die Industriestraße und die Emdener Straße realisiert, von den Querstraßen existiert allein die Geestemünder Straße durchgehend. Der Ausbau sollte schrittweise nach Bedarf erfolgen. Neu war ebenfalls die von Schumacher geforderte konsequente räumliche Trennung des reinen Gewerbegebiets von reinen Wohngebieten. Zwischen beiden lag zusätzlich ein Grünstreifen, der im Süden, parallel zur Bremerhavener Straße noch erkennbar ist. Durch Vermischung von Wohnen und Arbeiten käme es laut Schumacher zu unrationellen Anlagen, Mangel an Konzentration gleicher Interessen, zur Entwertung ganzer Quartiere durch Lärm und Luftverunreinigung und damit zur Notwendigkeit nachträglicher Umgestaltungen.

ROUTE 7

❺ Ehemaliger Flughafen Butzweilerhof, Butzweilerstraße Nr. 35

Das Hauptportal der unscheinbaren Empfangs- und Abfertigungshalle des ersten Kölner Flughafens ist gekennzeichnet durch einen Adler der Weimarer Republik – der NS-Reichsadler besaß breite und schmale Schwingen sowie einen Kranz mit Hakenkreuz in den Krallen – und darunter drei Kronen aus dem Kölner Wappen. Sowohl Adler als auch Kronen sind in Basaltlava gehauen, aus der auch weitere Schmuckelemente wie die Fensterlaibungen gestaltet sind. Mit diesem Relief war zum einen der Flughafen als Tor von Köln zum Deutschen Reich ausgewiesen, zum anderen symbolisiert der Adler auch »unpolitisch« die Herrschaft über die Luft. Vom Dom/Hauptbahnhof aus konnten die Fluggäste mit PKW oder Bussen auf gerader Straße in etwa zwanzig Minuten direkt bis zum Eingang vorfahren. In der Halle hat man durch eine große Fensterfront direkte Sicht auf das Rollfeld. Umgekehrt konnten ankommende Passagiere bereits durch die verglasten Eingangstüren die Domtürme erkennen.

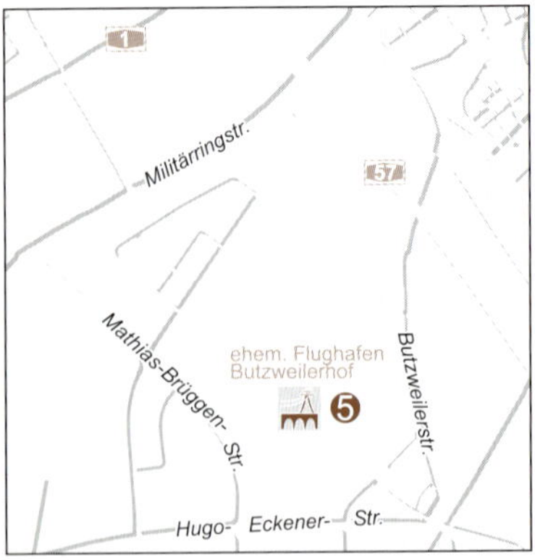

Der Hallenboden besteht aus Solnhofener Marmor, zum Rand hin unterbrochen durch Streifen aus dunklen Schieferplatten. Von der Decke hingen Messinglampen mit Glühfadenröhren. In den Nischen zu beiden Seiten des Windfangs hinter dem Haupteingang befanden sich kleine Kioske mit Tabak- und Süßwaren, links zum Fenster hin waren in mehreren Vitrinen Kölner Erzeugnisse ausgestellt, um die ankommenden Fluggäste auf Kölner Spezialitäten hinzuweisen. Auf der rechten Seite befanden sich hinter einer erhaltenen niedrigen Mauer die Schalteröffnungen für die Gepäckauf- und -ausgabe. Damit war die Passagierabfertigung sehr funktional aufgebaut und ermöglichte einen schnellen Weg vom Bus oder PKW zum Flugzeug und umgekehrt.

In Anbetracht der Tatsache, dass diese Halle das komplette Terminal darstellte und Köln Ende der 1930er Jahre nach Tempelhof der zweitgrößte Flughafen des Deutschen Reichs war, wird deutlich, welche bescheidenen Ausmaße der Flugbetrieb damals noch besaß: Freizeitflugreisen waren unüblich; bei den Passagieren handelte es sich zumeist um Politiker, Geschäftsleute und Künstler.

Vor der Halle zum Rollfeld hin befindet sich ein mit Kopfsteinen gepflasterter Bereich, davor eine Plattform aus Beton: Dorthin rollten die Flugzeuge, um die Passagiere aus- und einsteigen zu lassen. Die in den 1930er Jahren beliebte Junkers JU 52 konnte z.B. siebzehn Fluggäste und drei Flugbegleiter aufnehmen. Außen, über dem rollfeldseitigen Hallenfenster, ist das »Stationsschild« KÖLN aus einzelnen Reliefbuchstaben als Rekonstruktion angebracht. Vor dem Westflügel, links auf dem Rollfeld, liegt ein geplätteter, von niedriger Mauer umgebener Bereich. Dort erstreckte sich die Außenterrasse des Restaurants, auf der ersten Etage gab es ein Café mit Balkon. Diese Außengastronomie wurde vornehmlich von Schaulustigen besucht, aus zwei Lautsprechern wurden die an- und abfliegenden Flugzeuge, Ziele, Stecken und berühmte Persönlichkeiten an Bord ausgerufen.

Portal zur Haupthalle des Flughafens Butzweilerhof. In Basaltlava gehauener Adler, darunter drei Kronen als Symbole aus dem Kölner Stadtwappen.

Im Empfangsgebäude waren neben der Gastronomie Kasino, Damenzimmer und getäfelter Warteraum für ein Publikum mit gehobenen Ansprüchen untergebracht. Es sollte in Abgrenzung zum Massenverkehr der Eisenbahn eine intime, persönliche Stimmung geschaffen werden. Im Ostflügel befanden sich Verwaltung und Büros der Luftfahrtgesellschaften. In der Etage über der Empfangshalle residierte die Flughafendirektion. Das an die Empfangshalle anschließende Erdgeschossteil des Ostflügels mit mehreren Glastüren zum Rollfeld diente der Gepäck- und Frachtabfertigung. Hier ist heute eine kleine Ausstellung zur Kölner Luftfahrtgesichte untergebracht.

Die östlich anschließenden Gebäude dienten als Betriebshof mit Werkstätten der Schmiede, Schlosser, Elektriker und Anstreicher. Östlich des einstigen Betriebshofs liegt eine Halle, deren Größe ihren Zweck als Schutzgebäude für Flugzeuge erkennen lässt: Dort konnten fünf Junkers JU 52 mit 30 m Spannweite eingestellt werden. Die ursprünglichen Schiebetore ersetzte man später durch Rolltore, die verglaste Partie über den Toren ist noch immer im Originalszustand. Am östlichen Eck der Halle in Richtung Rollfeld ragt ein turmartiges Gebäude mit vier Etagen hervor: der vormalige Turm der Luftaufsicht, der ursprünglich einen, heute nicht mehr vorhandenen, gläsernen Dachaufbau besaß.

Das eigentliche Rollfeld für Starts und Landungen begann jenseits der Betonplattform, wo sich nun Baracken aus der Nachkriegszeit erstrecken. Für heutige Verhältnisse ungewöhnlich war das Fehlen von befestigten Rollbahnen. Das Rollfeld war nach der Erweiterung 1927 ein Rasenkreis von ca. 1.000 m Durchmesser und hatte mit 29 ha eine bedeutende Größe. Hier konnten die Piloten den Windverhältnissen entsprechend gegen die Windströmung starten und auch landen. Die Flugzeuge konnten von allen Seiten auf das Feld einschweben. Auch die mit zwei Geschossen eigens niedrig gehaltenen Flughafengebäude stellten kein Hinder-

Schaulustige auf der Außenterrasse des Flughafen-Restaurants zum Rollfeld hin

nis dar. Die Grasnarbe war selbst nach starkem Regen ausreichend trocken und auch bei großer Hitze nicht staubig. Die noch kleinen und leichten Flugzeuge zerstörten die Grasnarbe kaum, sie benötigten keine befestigten Rollbahnen. Die Fläche war an zwei Landwirte verpachtet, deren Schafherden das Gras kurz hielten und düngten. Windsäcke auf der Halle und ein in der Mitte des Rollfeldes eingebauter, ständig qualmender Rauchofen zeigten die Windrichtung an. Am Rande des Rollfelds befanden sich rot-weiße Signalböcke. Für den Nachtbetrieb war eine Landebeleuchtung mit Petroleumlampen angelegt worden: Weiße Lampen kennzeichneten Aufsetzpunkt, rote das Ende des Auslaufes. Ein starker roter Lichtstrahl diente als Ansegelungsfeuer, um den Flughafen aus den Lichtern der Großstadt hervorzuheben. Flachstrahler am Dachrand kennzeichneten die Gebäude.

Eine mit Fesselballonskultpur bekrönte Stele aus der Mitte der 1990er Jahre vor dem Haupteingang nennt die wichtigsten Daten der Zivil-, Militär-, Sport- und Ballonluftfahrt und damit auch des Butzweilerhof-Flughafens: Auf dem Gelände des Butzweilerhofs eröffnete 1909 ein Reichsluftschiffhafen mit großer, 30 m hoher Halle, ab 1914 Startplatz für Kriegzeppeline. Der zivile Luftverkehr wurde, neben Versorgungsflügen für die britische Rheinarmee, nach dem Ersten Weltkrieg von den Engländern begonnen, die den Flughafen entsprechend ausbauten. Am 22.05.1926 wurde deutscher Luftverkehr auch über dem Rheinland wieder zugelassen, und die Stadt Köln übernahm den Butzweilerhof, betrieben durch die »Rheinische Luftverkehrsgesellschaft mbH« als gemeinsamer Interessenvertretung von zwölf Städten des rheinischen Wirtschaftsgebietes mit der Stadt Köln als Hauptgesellschafter. Im Juli 1926 erfolgten täglich bereits vierundzwanzig Starts und Landungen mit steigender Tendenz, so dass die Kapazitäten bald erschöpft waren.

Die Gebäude dieses Flughafens, meist eingeschossige Baracken als Provisorium auf Basis der britischen Militärflugstation, lagen nördlich des Turms der Flugaufsicht. Dazu gehörten zwei Hallen für Flugzeuge der Fluggesellschaften mit 10 m und 5,5 m Höhe, beide beheizbar; dazwischen eine Tankanlage für 25.000 Liter Benzin und Benzol, die in jedem gewünschten Verhältnis gemischt werden konnten. Das Gemisch wurde in Motortankwagen gefüllt, die auf einer befestigten Piste zu den daran abgestellten Flugzeugen fuhren. Von den Gebäuden, die im Zweiten Weltkrieg weitgehend zerstört wurden, ist heute nichts mehr erhalten. In den Jahren 1935/36 erfolgte der Neubau des Flughafens mit größeren Kapazitäten, dessen Gebäude vollständig erhaltenen sind. Der Entwurf stammte von Professor Hans Mehrtens aus Aachen.

Mit dem Beginn des Zweiten Weltkriegs wurde der Flughafen beschlagnahmt und zu Kriegszwecken genutzt – wegen der zunächst großen Entfernung zu den Fronten hauptsächlich als Rettungs- und Reparaturlandeplatz. Nach dem Zweiten Weltkrieg wurde der Zivilflugverkehr nach Wahn verlagert. Der Butzweilerhof etablierte sich als Motor-, Segel- und Modellflughafen, bis der Luftsport 1980 von der Stadt wegen Lärmbelästigungen eingestellt und der Flughafen aus wirtschaftlichen Gründen zum Gewerbegebiet wurde. Auf großen Teilen des Rollfeldes breitet sich unter anderem das Medienzentrum Ossendorf aus, während sich die Flughafengebäude selbst zurzeit im Besitz der Bundeswehr befinden.

6-8 Ehrenfeld, Bickendorf, Vogelsang. Auf den Spuren des genossenschaftlichen Wohnungsbaus der 1920er Jahre
Grundgedanke des schon vor dem Ersten Weltkrieg einsetzenden genossenschaftlichen Wohnungsbaus war es, menschenwürdige und gesunde Lebensverhältnisse für einkommensschwache Bevölkerungsschichten zu schaffen.

Um den Ausgangspunkt und die Fortschritte des genossenschaftlichen Wohnungsbaus der 20er Jahre verständlich zu machen, beginnt die Spurensuche in Alt-Ehrenfeld, zwischen Gutenberg- und Hansemannstraße. Am Beispiel einiger genossenschaftlicher Bauvorhaben in Ehrenfeld, Bickendorf und Vogelsang werden sodann verschiedenartige Konzepte für preiswertes und menschenwürdiges Wohnen vorgestellt.

Unser Spaziergang beginnt in **6a Alt-Ehrenfeld**, und zwar auf der östlichen Seite der Venloer Straße zwischen Gutenberg- und Hansemannstraße; einem typischen Beispiel für den spekulativen und renditeorientierten Wohnungsbau der Gründerzeit. Das Terrain ist durch ein schematisch-rechtwinkliges Straßennetz erschlossen, wobei die von der Hauptstraße (Venloer Str.) abzweigenden Wohnstraßen schmal und engmaschig angelegt sind. Dem begrenzten öffentlichen Raum entspricht eine hohe Bebauungsdichte. Die drei- bis viergeschossigen Baublöcke sind geschlossen und deshalb schlecht belüftet. Zudem beherbergen die engen Hinterhöfe vielfach Lärm und Schadstoffe emittierende Gewerbe. Die Wohnqualität wurde auch durch eine hohe Belegungsdichte und, zumindest im ursprünglichen Zustand, durch hygienische Ausstattungsmängel (fehlende Bäder, Gemeinschaftstoiletten) gemindert.

6b Das [6] **Takuviertel** in Neu-Ehrenfeld steht exemplarisch für die Fortschrittlichkeit des genossenschaftlichen Wohnungsbaus gegenüber dem privaten Wohnungsbau der Gründerzeit. Der Takuplatz ist gleichsam das Gravitationszentrum von stadtteilschaffenden genossenschaftlichen Wohnungsbauaktivitäten im Nordwesten Kölns, die sich über einen Zeitraum von fast 60 Jahren (1903–1960) erstreckten. Die Genossenschaftswohnungsbaugesellschaft Ehrenfeld (zuvor Arbeiterwohnungsgenossenschaft Ehrenfeld) errichtete zwischen 1920 und den 1950er Jahren 4.000 Wohnungen in Einfamilien- und Mehrfamilienhäusern samt der dazugehörigen Infrastruktur. Davon entstanden 2.500 in der Weimarer Zeit und 1.500 nach Kriegsende. Die Straßen verlaufen leicht geschwungen. Die von Vorgärten gesäumten Wohnstraßen münden jeweils versetzt in die Hauptstraße (Iltisstraße). Der öffentliche Raum ist um begrünte Freiflächen und um Plätze erweitert, die Standorte für die Viertelsversorgung bieten. Siedlungsmittelpunkt ist der St.-Ansgar-Platz mit der St.-Barbara-Kirche (1929). Die Baublöcke sind zur besseren Durchlüftung offen. An die Stelle der Blockinnenbebauung mit Gemengelage treten Hausgärten und Kinderspielplätze (»Reformblöcke«). Die großzügige Durchgrünung beruht auf dem Einfluss der Gartensiedlungsbewegung.

6c Die von der GAG Köln um 1927 erbauten 198 Wohnungseinheiten im **Bereich der Alpener Straße** zeugen von dem Bestreben des genossenschaftlichen Wohnungsbaus, eine hohe Grundstücks- und Wohnflächenausnutzung mit Reformblöcken und einer guten Wohnqualität zu verbinden. Die dreigeschossigen Langbauten werden jeweils von viergeschossigen kubischen Kopfbauten abgeschlossen, in die Ladenlokale integriert waren. Die Wohnhäuser sind als Dreispänner ausgeführt, d.h., in jedem Geschoss befinden sich drei Wohnungen, zwei à 61,3 qm und eine à 40,7 qm. Alle Wohnungen haben WC und Balkon. Eine zusätzliche Kleinwohnung ist im Dachgeschoss eingerichtet. Im Keller befindet sich eine Waschküche mit Badegelegenheit. Im Unterschied zum sozialen

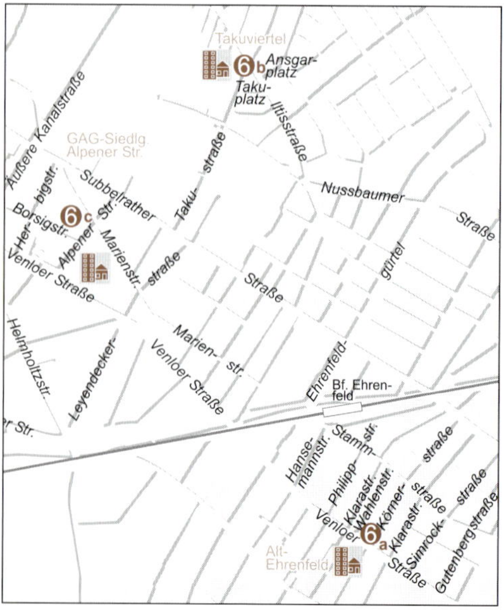

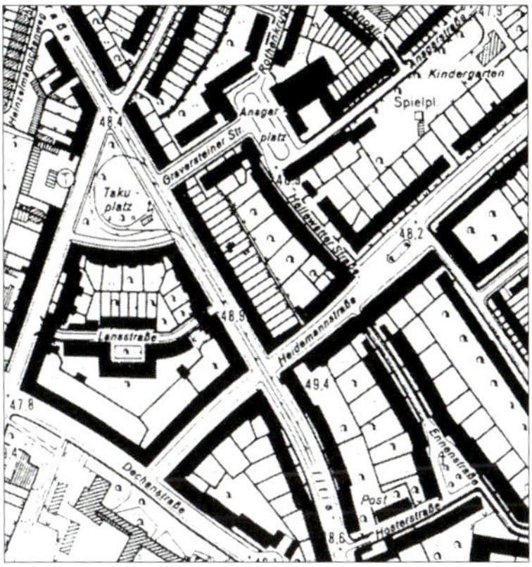

links: Alt-Ehrenfeld ist ein extremes Beispiel für den renditeorientierten Wohnungsbau der Gründerzeit. Geschlossene Baublöcke mit gewerblicher Hinterhofnutzung und sanitären Ausstattungsmängeln kennzeichnen die ungesunde Wohnsituation.

rechts: In den 1920er Jahren wurden die Baublöcke geöffnet und die Hofräume begrünt. Zentrale Plätze dienten der Quartierversorgung mit Waren und Dienstleistungen.

Wohnungsbau der 1950er Jahre ist die Architektur dieser gemeinnützigen Reformbauten aus den 1920er Jahren deutlich solider und ansprechender, mit einigen expressionistischen Stilelementen – etwa dem Farbkontrast zwischen dunklem Putz und weiß gelaibten Sprossenfenstern, die bei den Kopfbauten mit vorkragenden Sohlbänken und Verdachungen versehen sind; dem Formkontrast zwischen Satteldächern und weit ausschwingenden Flachdächern der Kopfbauten; oder den mit weiten Vordächern und waagerecht geriffelten Pilasterrahmungen akzentuierten Haustüren.

Die im Straßendreieck zwischen Brunnen-, Sand- und Akazienweg gelegene **7a Kleinwohnungskolonie Bickendorf I** (575 Wohneinheiten) wurde zwischen 1914 und 1920 erbaut. Das Motto der Preisgewinner bei der damaligen Ausschreibung »Lich, Luff und Bäumcher« verrät das Konzept der Gartensiedlung: Trennung von Durchgangs- und Wohnstraßen; niedrige Bebauung (zweieinhalbgeschossig), vorherrschend Einfamilienhäuser und starke Durchgrünung (Vorgärten, 50–150 qm große Hausgärten). Das streng anmutende Grundmuster der Siedlung wird durch Plätze, platzartige Straßenerweiterungen und eine große Variationsbreite an Haustypen (insgesamt 14) aufgelockert. Die Kolonie Bickendorf ist zum Prototyp aller Gartensiedlungen im Kölner Raum geworden. Stilistisch ist sie einem romantischen Traditionalismus verpflichtet (Blendläden, Hausbegrünung, Torhaus). Den Haustypen gemein ist eine Raumaufteilung, die ursprünglich im Erdgeschoss Wohnküche und Spülküche (zugleich Spülraum, Waschküche und Bad), im Obergeschoss Schlafräume und im Dachgeschoss Kammer und Trockenboden vorsieht. Alle Häuser sind unterkellert. Die Erwerbshauser wurden bevorzugt an Kriegsgeschädigte und kinderreiche Familien vergeben.

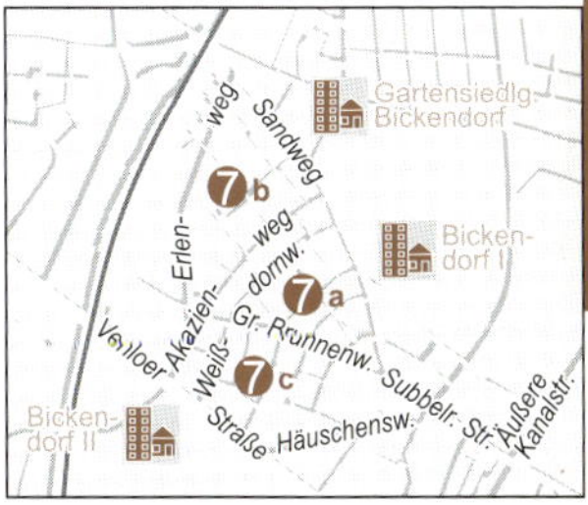

Die Gartensiedlung Bickendorf am Holunderweg war wegweisend für die in der Tradition der Gartenstadtbewegung stehenden Gartensiedlungen in Köln.

Die zwischen 1920 und 1926 entstandene **7b Gartensiedlung Bickendorf** der Gemeinnützigen Wohnungsgenossenschaft Kölner Gartensiedlung (heute Kölner Gartensiedlungs GmbH) schließt mit ihren rund 300 Wohneinheiten nordwestlich an die Kolonie Bickendorf I an. Die genossenschaftlichen zweieinhalbgeschossigen Ein- und Zweifamilienhäuser sind aus roten Klinkersteinen erbaut und in Häuserzeilen angeordnet. Zur Auflockerung des Siedlungsbildes dienen vor- und zurückgesetzte Hausteile sowie ein Wechsel zwischen Giebel- und Traufständigkeit. Die traditionelle Architektur wird durch expressionistische Stilanklänge in Form von Klinkerverzierungen belebt. Vorgärten und heute zu durchgängigen Ziergärten zusammengefasste Hausgärten verleihen der Siedlung den Charakter einer Gartensiedlung.

In merklichem Kontrast zu den beiden nördlich anschließenden Gartensiedlungen steht die zwischen 1923 und 1938 entstandene Mehrfamilienhaussiedlung **7c Bickendorf II** zwischen Brunnenweg und Venloer Straße. Sie zeichnet sich durch eine drei- bis viergeschossige Zeilen- und Reformblockbebauung aus. Bickendorf II gruppiert sich um eine Mittelachse (Schlehdornweg/Wacholderweg), die sich in den Bereichen Dreikönigskirche und Am Rosenhof platzartig erweitert. Das Erweitern und Verengen von Straßenräumen, das Versetzen, die Rhythmisierung und der Formenwechsel der Häuserfronten sowie der Wechsel zwischen Zeilen- und Blockbebauung sind hervorstechende Merkmale einer abwechslungsreichen Siedlungsgestaltung. Als Mitgestalterin und Eigentümerin tritt hier neben der GAG erstmals die Kirche auf.

Die Errichtung der **8 Kleinstwohnungssiedlung Vogelsang** wurde 1932 im Zuge der Brüning'schen Reichsreform in die Wege geleitet. Die Kleinwohnungen wurden anfänglich in maßgeblicher Eigenleistung als Eigenheime für Langzeiterwerbslose erstellt. Kleinviehställe und eine zugewiesene Landparzelle sollten es den Kleinstellenbewohnern ermöglichen, sich weitgehend selbst zu ernähren.

Die NS-Planung fügte diese Idee des Kleinstellenbesitzes in das Konzept des »Germanischen Dorfes« ein. Um die Vogelsanger Straße als Siedlungsachse entstand eine geschlossene Siedlung mit einem zentralen Marktplatz, um den sich Kirche, Schule, Kindergarten, Gaststätte und Ladenlokale gruppierten. An die Stelle der Eigenheime traten Mietswohnungen (»Volkswohnungen«), die sich überwiegend auf eineinhalbgeschossige Einfamilienhäuser im »Heimatstil« verteilten. Die Volkswohnungen waren durchschnittlich 78 qm groß und mit Wohnküche, einem Elternschlafzimmer und zwei Kinderzimmern ausgestattet. Die Siedlung Vogelsang wurde nach 1937 mehrfach erweitert, am umfangreichsten im nördlichen Abschnitt während der 60er Jahre.

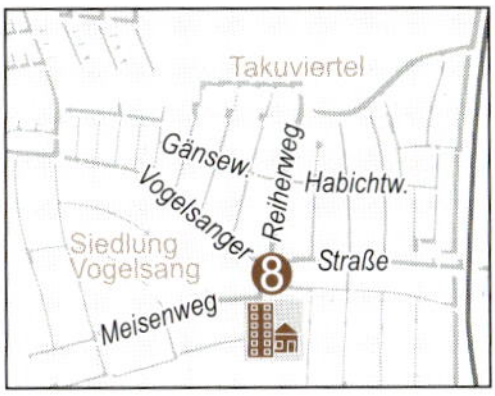

9 Vom Aachener Weiher zum Decksteiner Weiher. Auf den Spuren der Kölner Grünflächenplanung in den 1920er Jahren

Noch vor dem Ersten Weltkrieg waren in der Kölner Stadtverwaltung Ideen einer gründlichen Durchgrünung des städtischen Baukörpers herangereift. Günstige Voraussetzungen für die Verwirklichung dieser Vorstellungen boten die Flächengewinne durch Eingemeindungen und die Entfestigung Kölns. Fritz Schumacher verdichtete die Durchgrünungspläne zu einem Grünflächenkonzept und integrierte sie in seinen »Generalsiedlungsplan«.

Der folgende Geländegang veranschaulicht einige Leitideen der Kölner Grünflächenplanung in den 20er Jahren. Er beginnt im Inneren und endet im Äußeren Grüngürtel. Beide sind auf ehemaligen Festungsringen angelegt. Dazwischen folgt der Weg einer Grünschneise, die die beiden Gürtel verbindet (Grünradiale) und berührt mit dem Stadtwald einen gründerzeitlichen Solitärpark.

Der zwischen 1922–1924 im Zuge der produktiven Erwerbslosenfürsorge von 3.000 Arbeitskräften erstellte **Innere Grüngürtel**

Grünflächenplanung der 1920er Jahre in Köln mit vernetzten Grüngürteln (»Grüne Lungen«) und Grünradialen (»Arterien«). Die Grüngürtel folgen dem inneren und äußeren Rayon.

folgt der Inneren Kanalstraße von der Zoobrücke bis zur Luxemburger Straße und umfasst knapp 100 ha Grünfläche. Geplant wurde sie vom Baudezernenten Schumacher, in enger Absprache mit dem Kölner Gartendirektor Fritz Encke. Die Grünanlage verkörpert den Typus des Volksparks, d.h., sie ist konzipiert für verschiedenartige Freizeitbeschäftigungen aller Bevölkerungsgruppen. Nach Schumachers Auffassung konnte sie die ihr zugewiesene städtebauliche Aufgabe, nämlich Innenstadt und Vororte zu verknüpfen, am besten erfüllen, wenn sie streng geometrisch konzipiert war. Der 9a **Aachener Weiher** ist solch ein geometrisches Element, von dem aus Symmetrieachsen nach Norden, Westen und Süden verlaufen. Am deutlichsten tritt die westliche Achse in Erscheinung, ein der Klarenbachstraße folgender Kanalarm, der vor einer Kirche (Christi Auferstehung von Gottfried Böhm 1972) als Blickfang endet. Zur verbindenden Funktion des Grüngürtels tragen auch öffentliche Gebäude bei, die in das Grün eingebettet sind, wie beispielsweise das benachbarte Ostasiatische Museum bzw. weiter südlich das Hauptgebäude der Universität.

Zur NS-Zeit schloss sich an den Aachener Weiher nach Süden ein Aufmarschplatz für 200.000 Menschen (»Maifeld«) an, dessen Tribünenanlage heute von Trümmerbergen verdeckt ist. Das Maifeld sollte den westlichen Endpunkt einer geplanten West-Ost-Achse markieren und das Gauforum in Deutz dessen östliches Ende.

Die westwärtige Grünradiale beginnt mit der **Kanalanlage** entlang der Klarenbachstraße. Am Karl-Schwering-Platz setzt sich der Kanalzug um 200 m versetzt entlang der Rautenstrauchstraße fort. Im Bereich der Kanäle sind steinerne Dekorationen aus den 20er Jahren erhalten, wie sie Schumacher als Schmuckelemente für seine Grünplanung auch andernorts im Inneren Grüngürtel vorgesehen hatte, so z.B. die Steinbrücken mit eisernen Ziergittern über dem Kanalzug, ferner die Einfassungen der Wasser- wie auch der Sandspielbecken und die Kentaurenfiguren am eingefassten Rundbecken am Anfang des Rautenstrauch-Kanalzugs.

Dem Grünzug der Rautenstrauchstraße folgend gelangt man jenseits des Gürtels zum 1895–1898 vom Kölner Gartendirektor Kowallek angelegten Stadtwald. Der ehemalige Gutspark der Kitschenburg aus dem beginnenden 19. Jahrhundert mit seinem exotischen Baumbestand ist in diesen gründerzeitlichen Solitärpark integriert worden. Die Kitschenburg war der Landsitz der Kölner Bankiersfamilie Schaaffhausen. Ein Wasserlauf, eine »Volkswiese« mit unregelmäßigen Umrissen und der Wildpark leiten über zu einem waldähnlichen Parkareal aus einheimischen Gehölzen. In den Jahren 1919–1924 wurde der Stadtwald über den Militärring hinaus auf 205 ha Fläche erweitert und durch Gartendirektor Encke zu einer weniger stark frequentierten volksparkähnlichen Erholungsanlage gestaltet. Auch hier finden sich unregelmäßige Wiesenflächen und ein Teich (Adenauer Weiher) in Waldareale eingelassen.

Nördlich der Junkersdorfer Straße befindet sich der axial angeordnete **9b Sportkomplex von Müngersdorf**. Ebenfalls von Encke geplant bildet er in seiner strengen geometrischen Anlage einen deutlichen Kontrast zum lockeren Konzept des Stadtwalds. Im Zentrum des Sportareals liegt das Müngersdorfer Stadion mit Haupt- und zwei Nebenkampfbahnen. Im Sommer 2004 wurde es nach umfangreichen Umbaumaßnahmen als »RheinEnergieStadion« neu eingeweiht. Westlich davon befindet sich die Deutsche Sporthochschule mit ihren Sportanlagen und Leistungszentren. Nördlich an der Aachener Straße liegen Radrennbahn, Spielwiesen und Hockeyplatz, östlich Tennisanlagen, das ASV-Gelände und eine Schwimmkampfbahn.

Der südlich an den erweiterten Stadtwald anschließende Decksteinabschnitt des Äußeren Grüngürtels trägt die Handschrift von Enckes Nachfolger Theodor Nußbaum. Sein realisierter Entwurf von 1928 unterschied sich von den Plänen Enckes durch eine noch stärkere Betonung der sozialen Funktion und eine stärkere Auflichtung des Waldgürtels. Entsprechend nehmen die zu Sport und Spiel einladenden Wiesenflächen, die Wasserareale und die Sportfelder eine größere Fläche ein. Als Hauptachse und Gestaltungsblickfang dient die asymmetrische Anlage des lang gestreckten **9c Decksteiner Weihers** mit seiner rechteckig begrenzten Teichanlage am Südende und einem viereckigen Weiher mit künstlicher Insel am Nordende. Hier befindet sich auch auf einer Terrasse das von Nußbaum vorgesehene Restaurant »Parkhaus«. Bei seiner Planung des Äußeren Grüngürtels fühlte sich Nußbaum der von Schumacher vorgegebenen Dreiteilung verpflichtet: Den Übergang von der Stadt zum Umland bildet eine Intensitätsabstufung aus Kleingärten, Spiel- und Sportflächen und als Übergang zum Umland ein Wald- und Wiesengürtel mit eingelagerten Wasserflächen.

Im Unterschied zum Gründerzeit-Bau der Alten Universität am Römerpark stellt sich das 1929–1934 errichtete Hauptgebäude der **10 Neuen Universität** am **Albertus-Magnus-Platz** als schlichter Funktionalbau dar. Die lang gestreckte Natursteinfassade ist schmucklos. Sie wird nur durch wechselnde Fenstergestaltung und durch ein basaltverkleidetes fünfachsiges Portal gegliedert. Durch diesen Haupteingang betritt man das Foyer und die Garderobe, über Treppen zu beiden Seiten erreicht man die Hauptebene des Gebäudes und von dort aus die einzelnen Funktionseinheiten des Hauptgebäudes: Verwaltungstrakt, Hörsaalbereich und Seminareinheit. Diese drei Bereiche sind nach dem Entwurf von Stadtbaudirektor Adolf Abel zu einer baulichen Einheit verknüpft.

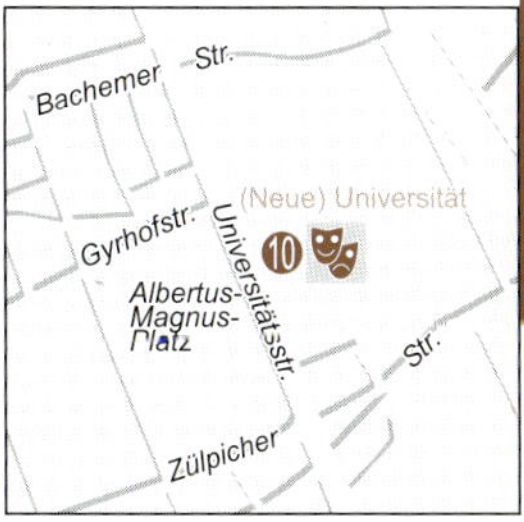

Die Ostseite des Albertus-Magnus-Platzes beschließt der Verwaltungstrakt. Im linken Flügel ist die

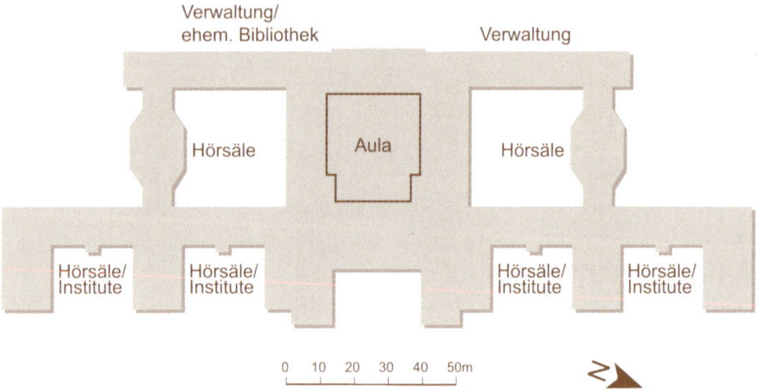

Im Unterschied zur hochwertigen Architektur der Alten Universität geriet die Neue Universität am Albertus-Magnus-Platz deutlich schlichter, dafür aber sehr rational durchdacht.

Universitätsverwaltung, im rechten waren – bis zu ihrem Umzug in das Bibliotheksgebäude 1966/67 – die Bibliotheksräumlichkeiten untergebracht: großer Lesesaal und Handbibliothek im Untergeschoss, in den Geschossen darüber Zeitschriftensaal, Ausstellungsraum, Katalogsaal, Ausleihe, Bibliotheksverwaltung und das Büchermagazin.

Im Zentrum des mittleren Trakts, des Hörsaalbereichs, befindet sich die große Aula, die durch schalldichte Schiebewände in zwei Vorlesungsräume verwandelt werden kann. Jenseits der beidseitig anschließenden Binnenhöfe liegen die polygonalen Hörsaalbauten. Nach Osten schließt sich der Seminartrakt an. Er besteht aus sechs viergeschossigen Seminarblöcken, die sich gegen die Grünanlage vorschieben. Sie sind durch Längsflure zu einer baulichen Einheit zusammengefasst und durch Querflure mit den beiden anderen Funktionsbereichen verknüpft. In den Seminargebäuden befinden sich die Institute und Seminare mit ihren Fachbibliotheken, kleinen Hörsälen und Übungsräumen.

Von der Bonner Straße führt die Marktstraße geradlinig auf eine große, bogenförmige Hallenfront zu. Diese Front ist durch senkrechte Rippen gegliedert. Im Erdgeschoss befinden sich drei Toreinfahrten, die von schwarzen, sich nach innen etwas verjüngenden Basaltsteinen gerahmt sind. Darüber sind kleine, schmale Fenster und über der mittleren Einfahrt eine große Uhr zu sehen. Zu beiden Seiten ragen eingeschossige Anbauten mit flach geneigtem Dach flügelartig hervor, so dass vor der Halle eine Art Hof entsteht. Im südlichen Flügel ist ein ebenfalls basaltgerahmter, dreiteiliger Eingangsbereich mit Glastür eingelassen; über den Türfeldern der drei Abschnitte sind die Aufschriften »Sparkasse«, »Marktverwaltung« und »Postamt« zu lesen. Eine weitere Tafel an der Hallenfront weist das Gebäude als ⓫ **»Großmarkthalle für Wiederverkäufer und Großkunden«** aus.

Der Baustil – funktional, einfache Formen mit zurückhaltenden Verzierungen mittels dunkler Werkstein-Rahmungen, Wandrippen, dezenten Stufungen unter dem Trauf der Anbauten und an der schmiedeeisernen Uhr – erinnert an die Bauweise der Zwischenkriegszeit. Die Architektur ähnelt stark dem Empfangsgebäude des Flughafens Butzweilerhof. Der Gebäudekomplex weist einige Merkmale auf, die ihn speziell für die (Frisch-)Waren-Vermarktung qualifizieren: Die shedartigen Aufbauten mit ihren schmalen, hohen Fenstern sind einseitig nach Norden ausgerichtet, sie fangen daher kein direktes Sonnenlicht ein, so dass eine starke, für die Frischwaren schädliche Aufheizung, besonders im Sommer, vermieden wird. Die nahezu fensterlose Schmalseite der Halle zeigt dabei nach Osten, das fensterlose Hallendach nach Süden; darüber hinaus sorgt die mit Kork isolierte Doppelschalendecke für relativ gleichmäßig niedrige Temperaturen.

Durch zahlreiche Eingänge auf allen Seiten, denen im Halleninneren Erschließungs-»Straßen« entsprechen, kann die 7.500 qm große Halle, schnell be- und entladen werden. An der östlichen Längsseite führen außen zwei von Basaltbrüstungen umgebene Rampen zu 10.000 qm Lagerflächen und Kühlräumen im Untergeschoss, mit denen im Inneren zwei Aufzüge (mit gläsernen Aufbauten für den Bereich von Motor und Winde) sowie Treppen korrespondieren. Die Halle besitzt innen keine Pfeiler, sondern wird von Stahlbetonbögen, an denen Spuren der Betonverschalung erkennbar sind, überwölbt. Diese einfache Konstruktion stellte eine funktionale und zugleich Material sparende Bauweise dar.

Die Großmarkthalle von innen; in der Mitte einer der Aufzüge ins Untergeschoss

Dass die Halle von Anfang an als Großmarkt und nicht als Markt für Endverbraucher gedacht war, lässt sich auch an der Lage abseits jeglicher Wohnsiedlungen erkennen. Umso bedeutsamer waren offenbar die verfügbare Fläche und die gute Verkehrserschließung für Kfz über die Bonner Straße/Brühler Straße (als direkte Verbindung für die wichtigen Lieferanten aus dem Erwerbsgartenbaugebiet am Osthang der Ville) und für die Bahn über den Güterbahnhof Bonntor, dessen südlicher Gleisbereich für die Halle teilweise gekappt wurde. Auf die Bedeutung der Bahnanbindung verweist heute nur noch ein im Norden in spitzem Winkel auf die Markthalle zulaufender Gleisstumpf. Dies ist der Rest von ursprünglich fünf Gleispaaren für die per Bahn angelieferten Waren. Die Marktzone des Güterbahnhofs umfasste 60.000 qm und bot ca. 400 Güterwagen Platz. Die meisten Gleise sind inzwischen entfernt, die Fläche ist zum Teil überbaut worden.

Südlich der Halle befindet sich, mitten auf einem Platz, ein kleineres Gebäude von ähnlichem Baustil mit einem zweigeschossigen Zentralbau und eingeschossigem Büroanbau. Der weitgehend fensterlose Hauptbau besitzt auf der West- und Ostseite je eine Tor-

Eingangsbereich zum Verwaltungsgebäude der Großmarkthalle in Raderberg

einfahrt; dort konnten die Waren durchgeschleust und dabei betrachtet werden – für Lagerung ist das Gebäude zu klein. Es handelt sich um ein für die Warenversteigerung errichtetes Gebäude mit Versteigerungskanzel und 104 wie in einem Amphitheater angeordneten Händlerplätzen. Alle weiteren Gebäude des weitläufigen »Außenmarkts« lassen sich aufgrund ihrer baulichen Merkmale, wie Flachdach, Beton-Fertigteile, Klinker und Ähnliches, in die Nachkriegszeit datieren.

Am Bau eines reinen Großmarkts für Obst und Gemüse ist die Entwicklung in der Versorgung der Großstadt Köln mit Frischwaren hin zu wachsender Rationalisierung und Arbeitsteiligkeit abzulesen. Um die mit der Industrialisierung stark anwachsende Bevölkerung im Zeitalter vor Tiefkühlkost und Instantsuppen mit frischem Obst und Gemüse versorgen zu können, musste mehr Platz für Verkäufer (Landwirte und Einzelhändler) geschaffen werden. Zunächst war ein System von sechs dezentralen Bezirks-Markthallen geplant, von denen man 1886 nur die Halle an der Severinstraße Nr. 253 mit 1.500 qm fertig stellte. Stattdessen wurde 1904 eine zentrale Hauptmarkthalle am Heumarkt/Sassenhof mit 7.500 qm nutzbarer Fläche realisiert, in welcher der Kleinhandel mit 376 Ständen weitaus stärker als der Großhandel mit 88 Ständen vertreten war. Der im Zweiten Weltkrieg zerstörten Markthalle entspricht heute in Lage und Größe ungefähr das Maritim-Hotel. Mit der Eröffnung der Sassenhof-Halle wurde die Bezirkshalle an der Severinstraße wegen mangelnder Auslastung geschlossen. Mit dem sich ausweitenden Marktverkehr und dem sich ausdehnenden Einzugsgebiet für Obst und Gemüse (1927 kamen 41 % der im Sassenhof umgesetzten Waren aus dem Ausland, vor allem aus den Niederlanden) reichten der Lagerraum und die Kapazität der Eisenbahnanschlüsse an Hafenbahn, Rheinuferbahn und Vorgebirgsbahn nicht mehr aus; z. T. wurde seit den 1920er Jahren die Ware per LKW vom Güterbahnhof Gereon herangeschafft. Mit der neuen Großmarkthalle in Raderberg wurde schließlich eine räumliche Trennung zwischen einem spezialisierten Umschlagplatz von Groß- zu Einzelhandel und den davon getrennten Märkten für Endverbraucher durchgesetzt. Um die Vor-Ort-Versorgung der Bevölkerung mit frischem Obst und Gemüse zu verbessern, sind 1931/32 zwei und 1938 acht weitere Wochenmärkte in verschiedenen Stadtteilen ins Leben gerufen worden.

Am Appellhofplatz 23–25, gegenüber dem Justizgebäude, steht ein zwölfachsiger Bau, der fünf Stockwerke aufragt: das Erdgeschoss mit zwei durch Laibung und Türsturz akzentuierten Eingängen, über einem Geschossgesims das doppelstöckige Obergeschoss, darüber von Gesimsen hervorgehoben Attika- und Dachgeschoss. Die Fassade ist mit hellem Tuffstein verkleidet und durch die Gesimse und die einheitlich hohen Fenster gegliedert. Die Fenster der beiden Obergeschosse sind mit schmiedeeisernen Brüstungen versehen: Zwei geschwungene Fensterbalkongitter im rechten Gebäudeteil und ein breiteres Balkongitter im linken Gebäudeteil betonen die Schaufront zum Appellhofplatz. Das Gebäude erstreckt sich in schlichterer Architektur über sechzehn Achsen in die Elisenstraße. Bei genauerer Betrachtung der Schaufront erkennt man bauliche Veränderungen der Nachkriegszeit. Der rechte Gebäudeteil ist streng symmetrisch angelegt:Der Eingang in der Mittelachse wird zu beiden Seiten von je drei Fenstern flankiert, von denen die äußeren geschwungene Balkongitter tragen. Dadurch zeichnet er sich als der ältere, Ende 1935 fertig gestellte Bau aus. Das Dachgeschoss hat nach 1945 das zerstörte Walmdach ersetzt. Der erhaltene Ursprungsbau wurde 1947–1949 durch einen sechsachsigen Anbau erweitert, der sich stilistisch eng an den neoklassizistischen Altbau anlehnt (Tuffsteinverkleidung, Fensterform, Türrahmung und Gesimse), allerdings mit seinem exzentrischen Eingang die Symmetrie leicht durchbricht.

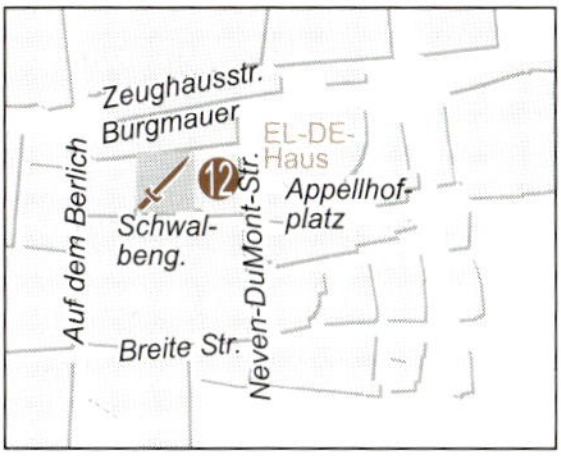

Der repräsentative Altbau wurde 1934 von dem Goldwaren- und Uhrengroßhändler Leopold Dahmen als Wohngeschäftshaus geplant (Architekt Erberich), daher der aus den Initialen abgeleitete Name des Gebäudes: ⓬ **EL-DE-Haus**. Noch vor seiner Vollendung wurde der Bau jedoch Ende 1935 von der Gestapo beschlagnahmt und als zentrale Dienststelle der Geheimen Staatspolizei für den Regierungsbezirk Köln übernommen. Die von Dahmen vorgesehene Tiefgarage und die darunter geplanten Luftschutzkeller (!) wurden zu Gefängnis- und Folterzellen umgebaut. Tausende von Gefangenen wurden in diesen Räumen fest gehalten, einer »verschärften Vernehmung« unterzogen und gequält, viele von ihnen wurden im Hinterhof umgebracht.

Bei genauerer Betrachtung des EL-DE-Hauses lassen sich die Bauerweiterung um 6 Achsen und der Ausbau des Dachstuhls erkennen. Das von L. Dahmen erbaute Wohngeschäftshaus wurde in die Zentrale der Geheimen Staatspolizei umgewidmet. Heute hat dort das Dokumentationszentrum der NS-Zeit seinen Sitz.

In den Nachkriegsjahren entstand im Hausgefängnis der Gestapo zunächst eine Gedenkstätte. In den 90er Jahren wurde im EL-DE-Haus das Dokumentationszentrum der Stadt Köln untergebracht. Diese Dokumentations- und Forschungseinrichtung hat es sich zur Aufgabe gemacht, die NS-Vergangenheit der Stadt aufzuarbeiten. Mit seinen Sonderausstellungen und der Dauerausstellung zum Thema »Köln im Nationalsozialismus« ist das El-De-Haus eine wichtige Lern- und Bildungsstätte.

Auf den Spuren der frühen Nachkriegszeit

Stationen: ❶ Funkhaus des WDR am Wallrafplatz ❷ Hohe Straße ❸ St. Alban ❹ Nord-Süd-Fahrt ❺ Opernhaus ❻ U-Bahn-Haltestelle Friesenplatz ❼ Gerling-Zentrale am Gereonshof ❽ Griechenmarktviertel ❾ St. Pantaleon ❿ Deutzer Brücke ⓫ Landschaftsverband Rheinland (LVR): so genanntes »Landeshaus« ⓬ Stegerwaldsiedlung ⓭ Erdölraffinerie in Niehl

EINFÜHRUNG IN DAS ZEITALER

Obwohl die Phase des Wiederaufbaus zwischen 1945 und Anfang der 1960er Jahren eine vergleichsweise kurze Zeitspanne ist, hat sie doch bestimmenden Einfluss auf das Erscheinungsbild der Städte sowohl in Ost- wie auch in Westdeutschland genommen. In diesen Jahren wurden die Weichen gestellt für die weitere Entwicklung der Städte – sowohl hinsichtlich ihrer städtebaulichen Struktur als auch ihrer funktionalen Ausstattung. Angesichts verwüsteter Trümmerflächen und wirtschaftlicher Not schien 1945 der Wiederaufbau zunächst unerreichbare Utopie. Der Erneuerungswille im Zeichen des Wirtschaftswunders sowie eine frühzeitige Stabilisierungspolitik schufen die Voraussetzungen für einen Aufbau der zerstörten Städte in ungeahnt kurzer Zeit. Schon 1960 schien es angesichts prosperierender Städte aller Größen kaum noch vorstellbar, dass sie 15 Jahre zuvor das Bild einer katastrophalen Zerstörung boten. Allein der Verlust an Wohnraum wurde am Ende des Krieges auf 2,5 Millionen Wohnungen geschätzt. Dennoch drängten unmittelbar nach Kriegsende bereits wieder Tausende von Menschen, die während des Krieges in ländliche Gebiete geflohen oder verschickt worden waren, zurück in ihre Heimatstädte. Hinzu kam der Flüchtlingsstrom aus dem Osten, der das Wohnungsproblem zusätzlich verschärfte. Schätzungen zufolge fehlten Ende 1945 fünf Millionen Wohnungen. Einer schnellen Behebung dieser Notsituation stand ein gravierender Mangel an Baumaterialien gegenüber – an Neubautätigkeit war in den ersten Jahren nach dem Krieg nicht zu denken. Die Besatzungsmächte und die von den Alliierten eingesetzten kommunalen Verwaltungen waren stattdessen dazu gezwungen alle Mittel für die Instandsetzung beschädigter Gebäude und Infrastruktur wie Gas-, Wasser- und Abwasserleitungen sowie für die Trümmerräumung einzusetzen.

Während mit Hochdruck an der Räumung der Trümmer, ihrer Wiederverwertung sowie der behelfsmäßigen Instandsetzung der Wohnungen gearbeitet wurde, entwickelten Architekten und Stadt-

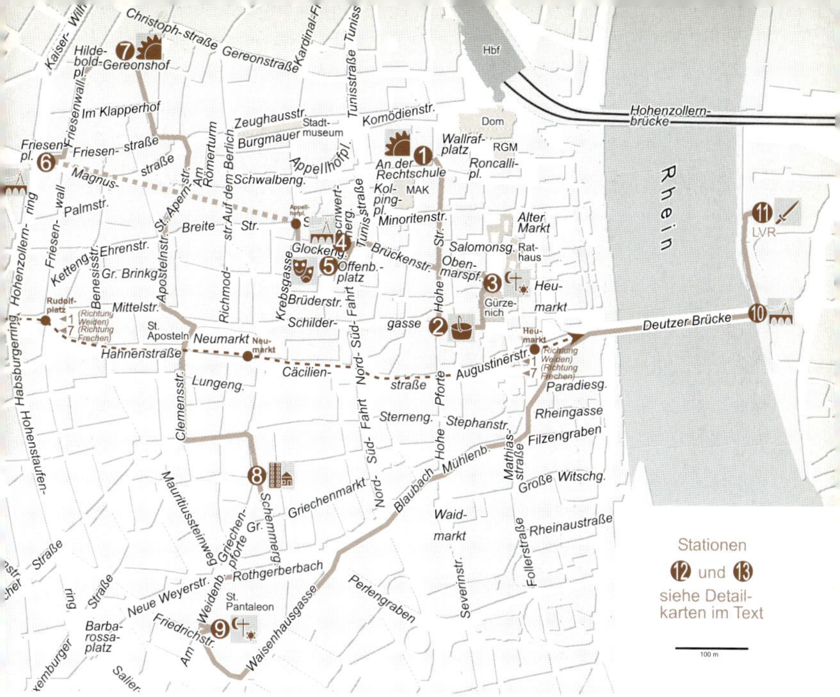

planer Konzepte für den Aufbau der zerstörten Städte. Dabei schien die Situation nach Kriegsende zunächst die Möglichkeit zu bieten, städtebauliche Missstände zu beheben und Neues, Besseres zu schaffen. Die Fachleute waren sich in einem einig: Unter keinen Umständen dürfe das Alte einfach wiedererstehen. Allerdings gab es erhebliche Auseinandersetzungen um die Form des Aufbaus, um Wiederaufbau oder Neuaufbau. Hiermit wurde eine Kontroverse aufgegriffen, die seit den 1920er Jahren zwischen den Vertretern des Traditionalismus wie Paul Schmitthenner und Heinrich Tessenow und denjenigen des Neuen Bauens wie Mies van der Rohe und Walter Gropius herrschte. Dabei ging es nicht nur um den rekonstruktiven Wiederaufbau einzelner Bauten, sondern um den Umgang mit der Gesamtanlage der Stadt mit ihren Straßen, Plätzen und der räumlichen Anordnung der einzelnen Funktionen. Die Diskussion reichte von einer kompletten Verlagerung der Stadt und Neubau, über einen umfassenden Neuaufbau an alter Stätte mit verändertem Straßengrundriss bis zur kompletten Kopie der alten Stadt.

So euphorisch all diese »Träume in Trümmern« auch vorgebracht wurden, so eindeutig war auch, dass sich fast sämtliche Planungsgedanken der vorangegangenen Jahre in den Planungen zum Neu- oder Wiederaufbau wieder finden. Eine so genannte »Stunde Null« hat es demnach auch hinsichtlich städtebaulicher Entwicklungsprozesse nicht gegeben. Begründen lässt sich dies zum einen mit dem Fortbestand rechtlicher und bürokratischer Rahmenbedingungen. Zum anderen lag es daran, dass die Mehrzahl der Architekten, die zur Zeit des Nationalsozialismus geplant und gebaut hatten, auch nach 1945 im Amt blieb. Die Auseinandersetzungen um die künftige Stadtstruktur standen auch in Köln in der Tradition eines jahrzehntelangen Modernisierungsprozesses. Das Leitbild der »gegliederten und aufgelockerten Stadt« war schließlich der kleinste gemeinsame Nenner, auf den sich Fachleute unterschiedlicher Auffassungen einigen konnten. Ausgehend von der Kritik an der während der Industrialisierung entstandenen Großstadt mit ihrer kompakten, verdichteten Bebauung und der als ungünstig bewerteten Mischung von Wohn- und Arbeitsstätten, wurden eine Auflockerung der Bebauung und eine stärkere Trennung unterschiedlicher Funktionen zum bestimmenden Ideal der 1960er Jahre.

Konzepte für den Wiederaufbau

Auch das Konzept des Kölner Generalplaners, Rudolf Schwarz, das der Kölner Verwaltung im Jahr 1949 präsentiert werden konnte, basierte auf diesem städtebaulichen Ideal. In Ablehnung der bisherigen konzentrischen Stadtentwicklung gründete seine städtebauliche Gesamtkonzeption auf der Vorstellung von Köln als einer »schwingenden Bandstadt«. Die zukünftige Stadt sollte zwei Kerne erhalten: Ein neu gebautes Industriezentrum mit angrenzender Gartenstadt im Norden des Stadtgebietes und die Innenstadt, wiederaufgebaut zum Kultur- und Handelszentrum im Süden. Ihr Wiederaufbau zu einem leistungsfähigen Zentrum für den Großraum Köln stand im Mittelpunkt seiner Planungen.

Während in Fachkreisen noch über Konzepte nachgedacht wurde, setzte sich in den Städten bereits in den ersten Nachkriegsmonaten an vielen Stellen die private Aufbauinitiative durch. In den einstigen Hauptgeschäftsstraßen der Innenstädte herrschte schon bald wieder ein reges Treiben – erst zwischen Trümmern, dann in notdürftig wiederhergestellten Geschäftsräumen. Allerorten befürchtete man, dass noch bevor die ambitionierten Konzepte verabschiedet worden waren, der Wiederaufbau längst auf private Initiative hin erfolgt sein könnte. Ohnehin waren die Möglichkeiten, Planungen rechtswirksam durchzusetzen, durch das Fehlen geeigneter gesetzlicher Grundlagen sehr gering. Bis Anfang der 1950er Jahre, als in vielen Bundesländern Aufbaugesetze verabschiedet wurden, musste man auf Gesetze zurückgreifen, die für die damaligen Verhältnisse unbrauchbar war. Die Trümmerwüsten der Innenstadt war eben doch keine »tabula rasa«, die man unabhängig von Besitzgrenzen und erhalten gebliebener Bausubstanz neu hätte ordnen können. Die wirtschaftliche Notsituation machte es notwendig, sowohl die erhaltenen unterirdischen Versorgungsanlagen als auch die Fundamente zerstörter Gebäude bei Aufbauarbeiten zu berücksichtigen. Zudem waren die Ruinenfelder überwiegend parzelliert und hatten zahllose Besitzer. Nicht nur in Köln wartete man vergeblich auf eine Bodenreform, die Möglichkeiten für einen planmäßigen Aufbau hätte schaffen können. Auf Seiten der westlichen Besatzungsmächte stand man Bestrebungen zur Sozialisierung des Bodens ablehnend gegenüber. Der Privatbesitz an Grund und Boden war, wie Städtebaukritiker beklagten, die heilige Kuh der Macht ausübenden Kräfte, die unter keinen Umständen geschlachtet werden durfte.

Aufgrund all dieser Schwierigkeiten war die Bilanz der tatsächlichen Wiederaufbauleistungen Anfang der 1950er Jahre eher negativ. So ließ sich im bisherigen Aufbau vieler Städte die Fehlentwicklung beobachten, dass Wohnungsbauten fast ausschließlich in den Außengebieten errichtet wurden, während in großen Teilen der Innenstadt die von den Trümmern geräumten Flächen unbebaut beziehungsweise mit behelfsmäßigen Gebäuden bebaut waren. Mit Gründung der Bundesrepublik und dem Erlass neuer Gesetze sollte ein Wandel der Aufgabenschwerpunkte eingeleitet werden. Nachdem die Grundprinzipien des Wiederaufbaus festgelegt waren, mussten sich die Fachleute stärker auf die praktische Umsetzung konzentrieren. Es begann die Periode der städtebaulichen Expansion, in allen Städten gekennzeichnet durch ehrgeizige Bauvorhaben, in Köln z.B. das Opernhaus, die Severinsbrücke 1957, die WDR-Hochhausbauten 1958, das Posthochhaus Cäcilienstraße 1960, vor allem aber durch veränderte Anforderungen an die Verkehrsplanung. Die explosionsartige Zunahme des Kraftfahrzeugverkehrs hatte alle Erwartungen übertroffen. Das Verkehrsnetz jedoch war nicht wesentlich erweitert worden. In der Überzeugung, dass die Stadt als wirtschaftlicher und sozialer Organismus nur dann würde prosperieren können, wenn sie möglichst jedem Verkehrsaufkommen gewachsen ist, wurde eine verkehrsgerechte Planung zum erklärten Ziel der meisten Stadtverwaltungen in Deutschland.

Als Ergebnis der Aufbaupraxis boten viele Städte Anfang der 1960er Jahre ein überaus heterogenes Erscheinungsbild. Neben erhalten gebliebenen Strukturen – wie in Köln beispielsweise die acht Meter breite Hohe Straße – wirkten manche Straßenbaumaßnahmen, wie die Nord-Süd-Fahrt mit 32 Metern, stark überdimensioniert. Was vordergründig paradox erscheinen mag, war in der Vorstellung der Wiederaufbauplaner durchaus konsequent: Ausreichende Verkehrserschließung – so glaubte man – war die unverzichtbare Voraussetzung für einen wirtschaftlichen Aufschwung und damit letztendlich die Garantie für den Erhalt gewachsener Strukturen. In dem Wunsch, beiden Ansprüchen gerecht zu werden, nahm man als Ergebnis des Wiederaufbaus vielfach ein eher unbefriedigendes Erscheinungsbild in Kauf, dessen Erneuerung bereits in den späten 1960er Jahren Ziel weiterer Stadtentwicklungsplanung wurde.

Der Wiederaufbau galt Anfang der 1960er Jahre als abgeschlossen. Es begann eine neue Epoche in der Entwicklung der Städte, die vielfach als »Erneuerungsphase« umschrieben wurde. Nicht nur in Köln erkannten Architekten und Stadtplaner, dass die Hoffnung auf eine vollständige Neugestaltung der Städte sich nicht erfüllt hatte.

Auf den ersten Blick wirkt das große, helle Gebäude am **Wallrafplatz 5** nicht wie das Verwaltungsgebäude eines bedeutenden Rundfunk- und Fernsehsenders. Zunächst fällt die offene und transparente Gestaltung des Erdgeschosses auf, das durch eine breite, von Stützen unterbrochene Fensterfront geprägt ist. Auch funktional lockt das Gebäude auf eine falsche Fährte, wird der linke Teil des Erdgeschosses doch von einem italienischen Restaurant eingenommen, das im Sommer eine kleine Außengastronomie betreibt. Außerdem ist die überaus zentrale Lage in unmittelbarer Nähe von Dom und Hauptgeschäftsstraßen nicht unbedingt der typische Standort für ein großes Medienunternehmen. Der Schriftzug des Westdeutschen Rundfunks über dem Eingang, der von Pförtnern gesichert wird, lässt jedoch keinen Zweifel zu: Es handelt sich um das so genannte ❶ **Funkhaus des WDR** am Wallrafplatz. Mit seiner klaren Linienführung, der Reihung der Fenster (Rasterfassade) sowie der Rückstufung des Dachgeschosses steht das Gebäude in der Tradition des so genannten »Neuen Bauens«. Durch seine Ausstattung wie dem Wandrelief an der Westseite oder der Gestaltung der Innenräume, wie dem berühmten Paternoster-Aufzug, der Möblierung und der Wandschmuckgestaltung, ist es ein bedeutendes Zeugnis der Kunst der frühen 1950er Jahre. Diesem Umstand trug die aufwendige Generalsanierung 1986 bis 1991 Rechnung.

Der Gebäudekomplex des Funkhauses zählt zu den frühen und unumstritten wichtigsten Großbauten im Köln der Nachkriegsjahre. Nach Entwürfen des Architekten Peter Friedrich Schneider wurde das Gebäude zwischen 1949 und 1952 im Auftrag des damals noch Nordwestdeutschen Rundfunks errichtet. Die Standortentscheidung des Rundfunksenders war ein wichtiges Signal für den Wiederaufbau der Stadt – nicht nur in baulicher, sondern auch in wirtschaftlicher Hinsicht. Als nach dem Krieg ein Standort gesucht wurde, hatte Köln mit Düsseldorf und Hamburg zunächst starke Konkurrenten. Die Entscheidung für Köln mag mit von der Tatsache beeinflusst worden sein, dass bereits 1926 die Westdeutsche Funkstunde AG (Wefag) ihren Sitz von Münster in die Kölner Dagobertstraße 38 verlegt hatte. Damals hatte man den Sender in Westdeutsche Rundfunk AG (Werag) umbenannt. Die Entscheidung für den Neubau eines Verwaltungsgebäudes in unmittelbarer Nähe zum Dom und inmitten der Trümmerwüste der Geschäftsstadt wurde unter anderem initiiert vom Generalplaner für den Wiederaufbau, Rudolf Schwarz, sowie dem Intendanten des NWDR, Hanns Hartmann. Beiden schwebte vor, mit einem auf den Ruinen des ehemaligen Hotels Monopol errichteten Funkhaus die wie tot wirkende Innenstadt neu zu beleben. Schwarz wollte ohnehin die Domumgebung zu einer »Stätte des Hohen« umfunktionieren und die starke City-Entwicklung seit den 1920er Jahren einschränken. In dieses Konzept passte ein Funkhaus, das den Bürgern offen stehen sollte für kulturelle Veranstaltungen.

Darüber hinaus markiert das Gebäude auch die Anfänge Kölns als so genannte Medienmetropole. Schließlich ist Kölns Aufstieg zur Medienstadt untrennbar mit der Geschichte des WDR verbunden. Seitdem der WDR am 1.1.1956 als selbständige Sendeanstalt des Öffentlichen Rechts firmierte, zog es zahlreiche andere öffentlich-rechtliche und private Sender in die Domstadt. Und auch der WDR selbst expandierte – sowohl von der Zahl seiner Beschäftigten, die von 850 Mitarbeitern 1952 auf heute ca. 3.500 allein sozialversicherungspflichtig Angestellte angestiegen ist, als auch in baulicher Hinsicht. Inzwischen ist der Hauptstandort des Senders fast zu einer Stadt in der Stadt geworden. Nach dem Funkhaus am Wallrafplatz entstand zwischen 1965–1969 das Archivhaus über der Nord-Süd-Fahrt, 1966–1970 wurde das Vierscheibenhaus, 1971–1974 das Filmhaus am Appellhofplatz gebaut, und als zuletzt fertig gestelltes Gebäude in der Innenstadt wurden 1996 die WDR-Arkaden an der Kreuzung Breite Straße/Nord-Süd-Fahrt eröffnet. Hinzu kommen weitere angemietete Gebäude innerhalb der City aber auch Produktionskomplexe außerhalb der Innenstadt, insbesondere der Studiokomplex in Bocklemünd (»Hollymünd«).

Der strahlende Neubau des NWDR am Wallrafplatz (Architekt P.F. Schneider), das so genannte Funkhaus, erhebt sich 1952 stolz aus den Trümmern der Domstadt. Nahe den Trümmern des alten Wallraf-Richartz-Museums ist es ein sichtbares Zeichen des Aufbruchs.

Die Lage des raumgreifenden Produktions- und Verwaltungskomplexes in der Innenstadt wurde immer wieder kontrovers diskutiert. Die Hoffnung von Rudolf Schwarz, der Sender würde ähnlich wie ein Theater- oder Opernbau in den Abendstunden Besucher anlocken, hat sich nur teilweise erfüllt. Besonders die Erweiterungsbauten wie Archivhochhaus und Vierscheibenhaus werden inzwischen eher als störende Riegel inmitten der Altstadt empfunden. Andererseits jedoch ist es für die WDR-Angestellten ein großer Vorteil, inmitten des lebendigen Kölner Zentrums arbeiten zu können. Und natürlich stellen sie für die Einzelhändler in der Kölner Geschäftsstadt inzwischen ein unverzichtbares Kundenpotenzial dar.

2 Hohe Straße, Ecke Gürzenichstraße

Meist ist es eher die Suche nach einem Schnäppchen oder dem neuesten Modechic, die Besucher auf die **Hohe Straße**, die Haupteinkaufsstraße der Kölner City, lockt. Richtet man jedoch die Aufmerksamkeit auf das Erscheinungsbild von Straße und Geschäftsbauten zwischen Wallrafplatz im Norden und der Kreuzung mit der Schildergasse im Süden, kann man so manch überraschende Entdeckung machen. Auffällig ist zunächst die Enge der Fußgängerzone (ca. 8 m), die dazu führt, dass hier fast zu allen Tageszeiten dichtes Gedränge herrscht. Bei einem Blick auf die Architektur der Geschäftsbauten fällt ins Auge, dass bis auf einige Ausnahmen wie z.B. an der Ecke Minoritenstraße (Media-Markt) oder an der Ecke Brückenstraße (Bekleidungshaus) oft nur wenige Meter breite Gebäude das Bild beherrschen. Gemeinsames Merkmal aller Fassaden sind die ausladenden Schaufensterfronten, die häufig sogar über einen erweiterten Eingang bis ins Gebäudeinnere reichen. Schaut man auf die Obergeschosse, stellt man fest, dass erstens kaum eines der Gebäude mehr als drei Geschosse besitzt – einige haben sogar nur ein bzw. zwei Geschosse – und dass zweitens die Fassaden an vielen der Geschäftsbauten weder besonders ansehnlich, noch in gutem Zustand sind. Was die funktionale Nutzung der Geschäftsbauten betrifft, dominiert eindeutig die Schuh- und Bekleidungsbranche des mittel- bis geringwertigen Bedarfs, daneben gibt es noch eine Vielzahl kleinerer Boutiquen für Schmuck sowie für Geschenkartikel. Auffällig ist, dass kaum eines der Geschäfte seine Verkaufsräume auf die oberen Geschosse erweitert hat. Hier befinden sich in den größeren Gebäuden meist Büroräume, in den besonders schmalen Gebäuden lassen blinde oder zugehängte Fenster auf Lagerräume bzw. Leerstand schließen. Alles in allem verwundert, angesichts der hohen Passantenfrequenz und des daraus resultierenden hohen Grundwertes, der eher minderwertige Charakter dieser wohl bekanntesten Innenstadtstraße Kölns.

Der Grund für dieses Erscheinungsbild ist in der unmittelbaren Nachkriegszeit zu suchen. Die Hohe Straße bot, wie fast alle Geschäftsstraßen der Kölner City, 1945 ein verheerendes Bild. Die Gebäude waren zu über 90 % zerstört, und wäre der Dom nicht gewesen, hätten die Kölner eine ihrer beliebtesten Einkaufsstraßen wohl nicht wiedererkannt. Beim Anblick der Ruinen zweifelte so manch einer daran, dass die Geschäftsstraße je wieder aufleben und die Kaufleute zurückkehren würden. Doch schon im Sommer 1945 räumten die Bürger in Eigeninitiative die Straße von Schutt frei, und bald war sie von einer Vielzahl fliegender Händler bevölkert. Und für die Kölner, die zu Tausenden in ihre zerstörte Stadt zurückkehrten, hatte die schmale Geschäftsstraße ihren Reiz nicht verloren. Schon bald drängten die Kaufleute darauf, ihre Geschäftslokale wiederaufzubauen. Trotz einer generellen Bausperre für Geschäftsbauten zeigten sich die Verwaltung und auch der Generalplaner des Wiederaufbaus, Rudolf Schwarz, großzügig gegenüber der privaten Aufbauinitiative. Sie war schließlich Garant für eine schnelle Wiederbelebung der Domstadt. Da der Erhalt des historischen Straßengrundrisses in der Altstadt ohnehin erklärtes Ziel der Kölner Wiederaufbauplanung war, stand eine Verbreiterung der schon vor dem Krieg sehr engen Geschäftsstraße nie zur Diskussion. Die notwendige Verkehrserschließung, z.B. für die Belieferung der Geschäfte, sollte zukünftig im rückwärtigen Bereich der Geschäftsstraße durch so genannte Achterstraßen gewährleistet werden, wodurch einige neue Straßendurchbrüche wie die Marspfortengasse notwendig wurden. Die Enge der Geschäftsstraße führte dazu, dass man bei der Genehmigung von Neu- oder Wiederaufbauten hinsichtlich der Geschosszahl konservativ blieb. Sie durfte auf der Hohen Straße drei Vollgeschosse nicht übersteigen, um den Lichteinfall in die schmale Straße zu gewährleisten.

Besonders nach der Währungsreform 1948 machte sich der wirtschaftliche Aufwärtstrend durch einen ungeheuren Bauboom bemerkbar. An den Brennpunkten des Passantenverkehrs, wie an der Ecke Schildergasse/Hohe Straße mit dem wieder eröffneten Warenhaus Kaufhof, wurden bis 1950 viele Ladenlokale instand gesetzt. Bald schon ähnelte die Geschäftsstruktur den Verhältnissen der Vorkriegszeit. Alteingesessene Firmen wie Dyckhoff & Co., Geschenkzubehör Zauberkönig und Juwelier Dahmen luden in neue Geschäftsräume ein. Hinsichtlich ihrer Funktion als Haupteinkaufsstraße schien auf der Hohe Straße der Wiederaufbau Anfang der 1960er Jahre erfolgreich abgeschlossen. In städtebaulicher Hinsicht jedoch war das Erscheinungsbild unbefriedigend. Es entsprach keinesfalls dem Zustand von 1930, als eine geschlossene Front bürgerlicher Geschäftshäuser der Straße eine vornehme Note verlieh. 1960 bestimmten immer noch ein- und zweigeschossige Verkaufsbuden das Bild. Das lag zum einen an den vielfach ungünstigen, weil überaus schmalen Grundstückszuschnitten, die eine Neubebauung verteuerten. Zum anderen gab es auf der Hohen Straße noch etliche Grundstücke, deren Eigentumsverhältnisse ungeklärt waren. Viele der Grundstücke und Geschäftsbauten hatten sich nämlich bis in die 1930er Jahre in jüdischem Eigentum befunden, das von den Nationalsozialisten beschlagnahmt worden war und nach dem Weltkrieg wieder an die einstigen Eigentümer, deren Erben oder die Jewish Claims Conference zurückgegeben werden musste. Nicht immer verlief dies jedoch zügig und reibungslos, so dass unklare Eigentumsverhältnisse einen stringenten Wiederaufbau oder die Zusammenlegung mehrerer Parzellen zu größeren Einheiten verhinderten. Dass sich andere Grundeigentümer nicht dazu entschließen konnten, ihre Geschäftsbauten mehrgeschossig wieder aufzubauen, hatte auch mit der geringen Frontbreite der Gebäude zu tun. Wie sollte man das Obergeschoss eines Gebäudes als Wohnung oder Büros nutzen, wenn kein separater Eingang angelegt werden konnte? Zudem zeigten die Betreiber der Läden nur wenig Neigung, ihre Verkaufsfläche in die Obergeschosse auszuweiten. Es hatte sich nämlich herausgestellt, dass der Umsatz überwiegend im Erdgeschoss erzielt wurde. Somit standen die exorbitanten Kosten für eine Aufstockung in keinem Verhältnis zu einer möglichen Rendite. In den 70er Jahren schließlich, nachdem die Hohe Straße 1968 offiziell zur Fußgängerzone erklärt worden war, legte die Stadtverwaltung per Gestaltungssatzung fest, dass die Kleinteiligkeit der Parzellen und die geringe Straßenbreite erhalten bleiben sollten. Hatte sich doch anhand der Umsatzzahlen gezeigt, dass die Straße trotz ihres städtebaulich eher unbefriedigenden Erscheinungsbildes weiterhin beliebtes Einkaufsziel war. In den 80er und 90er Jahren wurden schließlich einige der bis dahin nur eingeschossigen Ladenbauten aufgestockt.

❸ **St. Alban** war ehemals zwar die kleinste Kirche der Innenstadtpfarreien neben den beiden anderen, St. Kolumba und St. Laurentius, aber sie bildete das Zentrum des am dichtest bewohnten Stadtquartiers der Altstadt. Die älteste urkundliche Erwähnung stammt aus dem Jahr 1080.

Die während des Zweiten Weltkrieges zerstörte Kirche war in den Jahren 1668–1672 auf romanischen und gotischen Vorgängerbauten errichtet und zu einer unregelmäßigen Hallenkirche mit starker Betonung eines lichtdurchfluteten Chorraums umgebaut worden.

Wegen der totalen Zerstörung dieses Altstadtviertels und der wenigen Menschen, die dort lebten, verzichtete man auf den Wiederaufbau der Kirche und errichtete eine neue mit demselben Patrozinium am Stadtgarten.

Bei dem Wiederaufbau des benachbarten Gürzenich wurde 1955 die alte Ruine von St. Alban an den von Rudolf Schwarz und Karl Band in Betonskelettbauweise errichteten Erweiterungsbau (Treppenhaus, Gastronomie etc.) des »Kölner Festsaals« angebaut und zu einem einheitlichen Komplex von Ruine und festlichem Repräsentationsbau zusammengefügt. In der Ruine, die heute ein Mahnmal für die Kriegsopfer ist, steht Ewald Matarés Kopie der Figurengruppe »Trauernde Eltern«, die Käthe Kollwitz 1931 für den Soldatenfriedhof Dixmuiden in Belgien geschaffen hat. Dort ist ihr im Ersten Weltkrieg gefallener Sohn beerdigt.

Heute bilden Ruine, Gürzenich und das neue Wallraf–Richartz–Museum eine geschlossene bauliche Einheit.

Inmitten der Altstadt gelegen, wird der **Offenbachplatz** weniger vom Opernbau an seiner westlichen Seite als von der östlich angrenzenden, in Nord-Süd-Richtung verlaufenden Verkehrstrasse dominiert. Vom Verkehr umbraust fällt es schwer, diesen städtischen Freiraum als Platzanlage wahrzunehmen. Die sechsspurige

Der Bau der Nord-Süd-Fahrt war eines der größten Bauvorhaben nach dem Krieg in der Kölner Innenstadt. Die riesige Baustelle etwa in der Höhe der Burgmauer vermittelt eine eindrucksvolle Vorstellung davon, wie aufwendig die Arbeiten bis zur Fertigstellung der Durchgangsstraße Anfang der 1960er Jahre waren.

Verkehrsstraße (in diesem Abschnitt Tunisstraße) ist in ihrer Gesamtlänge als ❹ **Nord-Süd-Fahrt** bekannt. In südlicher Richtung befindet sich eine Unterführung unter der Schildergasse und in nördlicher Richtung eine Untertunnelung unter dem Archivhochhaus des WDR. Gesäumt wird das Verkehrsband von fünf- bis sechsgeschossigen Geschäfts- und Bürobauten. Auffällig ist, dass sich kaum ausladende Schaufensterfronten entlang der Straße finden und auch keine aufwendig gestalteten Geschäftseingänge zu erkennen sind. So verwundert es nicht, dass es entlang der viel befahrenen Straße kaum Laufkundschaft gibt. Allein die Breite der Nord-Süd-Fahrt in der sonst eher durch schmale, im Mittelalter angelegte Straßen gekennzeichneten Kölner Altstadt lässt auf das 20. Jahrhundert als Entstehungszeitraum schließen. Dieser Eindruck verdichtet sich durch die Architektur der die Straße säumenden Geschäftsgebäude. Mit so genannten Rasterfassaden und Flachdächern versehen, entsprechen sie dem typischen Architekturstil der 1950er und 60er Jahre.

Die Nord-Süd-Fahrt war eines der größten Straßenbauprojekte der Wiederaufbauzeit in der Kölner Altstadt. Die als Durchgangsstraße konzipierte Verkehrstrasse, die die Altstadt von der Komödienstraße/Burgmauer im Norden bis zur Severinsbrücke im Süden durchzieht, hatte die Stadtplanung seit den 1920er Jahren beschäftigt. Im Zuge von Industrialisierung und Großstadtentwicklung war die eng bebaute Altstadt den Verkehrsanforderungen nicht mehr gewachsen. Der Hamburger Stadtplaner Fritz Schumacher, der in den 1920er Jahren unter anderem in Köln wirkte, erwog erstmalig die Anlage einer solchen Durchgangsstraße. Doch erst in den 1930er Jahren schienen diese Gestaltungsansätze im Rahmen der nationalsozialistischen Stadtplanung möglich zu werden. Die Innenstadt sollte von einem Achsenkreuz breiter Aufmarschstraßen durchschnitten werden. Während man 1938 mit der Durchführung einer Ost-West-Achse (von der Aachener Straße über den Neumarkt zur Deutzer Brücke) begann, wurden die zunehmend totalitären Pläne für eine Nord-Süd-Achse nicht verwirklicht.

Eine solche, nun allerdings als Entlastungsstraße für den Altstadtverkehr konzipierte Achse taucht erst wieder in den Planungen für den Wiederaufbau Kölns unter dem Generalplaner Rudolf Schwarz auf. Die leistungsfähige Verkehrserschließung der Altstadt, insbesondere der Geschäftsstadt, war eines der wichtigsten Ziele der Wiederaufbauplanung, hatte sich doch gezeigt, dass gerade der Kölner Einzelhandel ohne eine solche nicht würde prosperieren können. Ebenso wichtig erschien dem Generalplaner, dass die Entlastungstangente in einer moderaten Breite (ca. 24 m) sowie unter Umgehung der alten Kirchen, Plätze und Tore vorwiegend im Inneren der Baublöcke angelegt würde. So konnten die gewachsenen Strukturen bewahrt und die Kosten für den notwendigen Grunderwerb niedrig gehalten werden. Um zudem nicht in Konkurrenz zu den traditionellen Einkaufsstraßen zu treten, sollte die Nord-Süd-Straße ausschließlich Verkehrsfunktion übernehmen und anbaufrei gehalten werden.

Kurz nach ihrer Fertigstellung (Anfang der 1960er Jahre) war die Nord-Süd-Fahrt – hier als Ausschnitt an der Kreuzung mit der Cäcilienstraße – noch nicht so stark befahren. Heute reißt der Strom der Kraftfahrzeuge auf dieser Tangente durch die Altstadt kaum einmal ab.

Die Umsetzung der Planungen in den 1950er Jahren gestaltete sich schwieriger als gedacht. In einem ersten Schritt mussten die notwendigen Flächen mit einer Bausperre belegt werden, was den Wiederaufbau in den betroffenen Gebieten (wie z.B. der Breite Straße) stark hemmte. Mitte der 50er Jahre erschwerten steigende Bodenpreise den Grunderwerb. Insgesamt wurden im Umlegungsgebiet achtundsiebzig Wohnungen aufgelöst sowie neunundzwanzig Gewerbebetriebe verlagert, was allein Kosten in Höhe von 13 Mio. DM verursachte. Auch hatten sich die Entwürfe für die Erschließungsstraße erheblich verändert: Aus ursprünglich vorgesehenen 24 m Breite waren im Generalverkehrsplan von 1956 32 m geworden. Ausschlaggebend dafür waren die explosionsartige Zunahme des Kraftfahrzeugverkehrs und die damit einhergehende so genannte »autogerechte Planung«, die zum Leitbild der Stadtplanung in den 60er Jahren wurde. Die Zahl der zugelassenen Kraftfahrzeuge hatte in Köln 1952 den Vorkriegszustand erreicht, bis 1956 war ein weiterer Anstieg um 100 % auf etwa 75.000 Fahrzeuge zu verzeichnen und 1961 schließlich war der 100.000 PKW zugelassen worden (bei rund 820.000 Einwohnern). Angesichts der enormen Breite der zu-

künftigen Straße entschlossen sich die Planer, an einigen Knotenpunkten Unterführungen anzulegen: an den Kreuzungen mit den Bahnanlagen im Norden und der Cäcilienstraße im Süden, da dort nur eine zweigeschossige Lösung eine zügige Verkehrsabwicklung gewährleisten konnte, sowie im Bankenviertel und im Geschäftsgebiet mit der Schildergasse, wo die Geschäftsbauten fast vollständig wieder errichtet worden waren – dort wäre eine nachträgliche oberirdische Verbreiterung unmöglich gewesen.

Am 31. August 1962 konnte schließlich das letzte Teilstück der Nord-Süd-Fahrt im Bereich der Geschäftsstadt dem Verkehr übergeben werden. Mit dem explosionsartigen Anstieg der Kraftfahrzeugzahlen in den 70er Jahren verstärkten sich die ungünstigen Auswirkungen der Durchgangsstraße. Sie wurde zu dem, was Schwarz hatte verhindern wollen: einem städtebaulichen Scheusal, das als reißender Strom die Altstadt in zwei Hälften teilt. Seit den 80er Jahren ist eine Tieferlegung der Erschließungsstraße im Bereich der gesamten Geschäftsstadt zwischen Cäcilienstraße und dem Archivhochhaus des WDR im Gespräch. Es wären damit Möglichkeiten gegeben, den Vorplatz der Oper im Sinne seiner ursprünglich vorgesehenen Funktion zum zentralen City-Platz umzugestalten. Allerdings sind diese Planungen gegenwärtig aus wirtschaftlichen Gründen auf Eis gelegt.

Der Kölner Architekt Wilhelm Riphahn (mit Hut) erläutert Interessierten um 1953 sein Modell des neuen Kölner Opernhauses am Offenbachplatz. Zwischen 1954 und 1957 wird das Ensemble, so wie es das Modell zeigt, ausgeführt.

Wäre nicht das breite Verkehrsband der Nord-Süd-Fahrt, das den **Offenbachplatz** in östlicher Richtung begrenzt, würde sich dem Betrachter die Bedeutung des städtebaulichen Ensembles von **5 Oper**, **Schauspielhaus**, Restaurant auf der Südseite und Häuserblöcken mit Geschäftsbauten von Concordia und Deutscher Herold auf der Westseite der Nord-Süd-Fahrt sehr viel eher erschließen. Trotz der storenden Verkehrstrasse lässt sich erkennen, dass die Platzanlage dominiert wird vom Opernbau mit den auffälligen, abgeschrägten Außenseiten, die in mit Fenstern versehene, zurückgestufte Etagen aufgegliedert sind. Die Kunststeinfassade des Eingangsbaus wird durch eingeschnittene und die ganze Höhe durchmessende Fensterbahnen symmetrisch gegliedert und geöffnet. Deutlich lassen sich die unterschiedlichen Funktionen der einzelnen Gebäudeteile ausmachen – der dem Zuschauer zugewandte, offene Eingangspavillon, der polygonale Zuschauerraum, das kubische Bühnenhaus und die Außenseiten als Sitz von Verwaltung und Werkstätten. In seiner offenkundigen Funktionalität gibt sich das Operngebäude als moderner Nachkriegsbau zu erkennen. Der gesamte Offenbachplatz mit Oper (1954–1957), Schauspielhaus (1960–1962) und Opernterrassen (1957–1958) ist Teil einer der großen städtebaulichen Maßnahmen im Kölner Innenstadtbereich nach dem Zweiten Weltkrieg. Baumeister von Oper und Schauspielhaus sowie einiger angrenzender Gebäude ist der Kölner Architekt Wilhelm Riphahn, der den Wiederaufbau der Stadt wesentlich prägte, unter anderem durch das städtebauliche Ensemble auf der Hahnenstraße. Bereits am 17. Juni 1951 hatte sich der Rat der Stadt Köln für den Abbruch des alten Opernhauses am Rudolfplatz entschieden. Der Grund hierfür war unter anderem der Wunsch des Generalplaners, mit dem Offenbachplatz ein neues kulturelles Zentrum inmitten der Kölner Innenstadt zu begründen. Übereinstimmend erkannte man die Notwendigkeit, ein kulturpolitisches Aufbruchssignal zu setzen, gleichzeitig wollte man der in Schutt und Asche liegenden Innenstadt einen weiteren Aufbauimpuls geben. Da in unmittelbarer Umgebung im Bereich der geplanten Nord-Süd-Fahrt ohnehin eine Bausperre bestand und die Grundstücke in ein Umlegungsverfahren eingebunden waren, bestand auch die rechtliche, finanzielle und organisatorische Chance, mit der Anlage des Platzes einen neuen Mittelpunkt der Innenstadt zu schaffen. Mit der Namensgebung sollte der berühmte Komponist und Sohn der Stadt, Jacques Offenbach, geehrt werden. Im März 1952 wurde für den gewählten Standort ein Wettbewerb ausgeschrieben, aus dem Wilhelm Riphahn und sein Mitarbeiter Hans Menne als Sieger hervorgingen. Schon im September 1954 konnte mit dem Erdaushub für die Fundamente begonnen werden, und nur drei Jahre später, am 18. Mai 1957, wurde das »Große Haus« in einem Festakt der Öffentlichkeit übergeben. Der moderne Bau traf nicht überall auf Zustimmung – so wurden die beiden Bühnentürme zu Seiten des Bühnenraumes mal als »Grabmal des unbekannten Intendanten«, mal als »Trockendock« interpretiert. Unbestritten aber verfügt der eigenwillige Bau des Opernhauses mit seinen 1.346 Zuschauerplätzen über hervorragende Sichtverhältnisse und eine gute Akustik und zählt bis heute zu den besten Musiktheatern Deutschlands. Dem Tatbestand, dass die Stadt mit der Gesamtanlage am Offenbachplatz ein herausragendes städtebauliches und architektonisches Zeugnis der frühen Nachkriegszeit besitzt, wurde 1989 mit der Unterschutzstellung des Riphahn-Baus

Rechnung getragen. Nichtsdestotrotz konnte der allmähliche Verfall nicht aufgehalten werden, sodass ein Abriss der Spielstätte und ein Neubau seit neuestem zur Diskussion stehen.

Die ❻ **U-Bahn-Haltestelle am Friesenplatz**, neben Neumarkt, Appellhofplatz und Dom/Hauptbahnhof einer der Haupt-Knotenpunkte im Kölner Nahverkehrsnetz, war Ende der 1960er Jahre der Endpunkt der ersten Strecke des Kölner U-Bahn-Netzes . Ein Blick auf den Linienplan des Verkehrsverbundes Rhein Sieg lässt erkennen, dass am Friesenplatz die U-Bahn-Linien in ost-westlicher Richtung (Linie 3, 4, 5) die Ringbahnen in nord-südlicher Richtung (6, 12, 15) kreuzen. Am 11. Oktober 1968, bei der feierlichen Eröffnung der Kölner U-Bahn, verkehrte hier lediglich eine Linie zwischen Dom/Hauptbahnhof und Friesenplatz. Inzwischen wird die Möglichkeit, ungestört von Auto-, Fußgänger- oder Radverkehr, die dicht bebaute Kölner Innenstadt sowie etliche Kölner Stadtteile zu durchqueren bzw. zu erreichen, als selbstverständlich wahrgenommen. Wie zeit- und kostenaufwendig die Anlage einer U-Bahn-Strecke allerdings ist, wird seit 2004 wieder an den Bauarbeiten zur Nord-Süd-Stadtbahn Köln an der Linie Rathaus – Heumarkt – Severinstraße – Chlodwigplatz – Bonner Wall deutlich.

Anders als andere Großstädte wie London (ab 1863), Budapest (ab 1896), Paris (ab 1900) oder Berlin (ab 1902) verfügt Köln erst seit den 1960er Jahren über ein kombiniertes Untergrund-Straßenbahn-Netz. Zwar hatte es schon vor dem Ersten Weltkrieg Überlegungen zur Anlage einer Untergrundbahn gegeben: Angesichts der Neuanlage von Straßen und Kanalsystemen im Zuge der Großstadtentwicklung war man sich der Notwendigkeit einer frühzeitigen U-Bahn-Planung bewusst geworden. Allerdings machte der Ausbruch

Ein großer Moment für den Öffentlichen Nahverkehr in Köln: Der erste Rammschlag zum Bau der U-Bahn wird am 19. September 1963 zwischen Zeughausstraße und Burgmauer an der Ecke zum Berlich ausgeführt.

Pünktlich um 13:30 Uhr werden am 11. Oktober 1968 schließlich die Rollgitter zu den U-Bahn-Eingängen hochgezogen. Hunderte Kölner Bürger hatten gespannt auf den Moment gewartet, in dem sie zum ersten Mal den Untergrund der Domstadt befahren konnten.

des Weltkriegs diese frühen Pläne zunichte. Sie wurden zwar in den 20er Jahren wieder aufgegriffen, mussten jedoch wegen der einsetzenden Wirtschaftskrise abermals eingestellt werden. Erst der Generalverkehrsplan im Jahr 1956 sah den Bau der U-Bahn wieder vor. Möglich geworden war eine Neuaufnahme durch die großflächigen Zerstörungen im Bereich der dicht bebauten Innenstadt während des Zweiten Weltkriegs. Die *Tabula rasa* bot den Wiederaufbauplanern die Chance, den lang gehegten Wunsch einer Verbesserung der Verkehrsinfrastruktur in die Tat umzusetzen. Dies betraf nicht nur Straßenverbreiterungen oder -neuanlagen (Beispiel Nord-Süd-Fahrt), sondern auch das Nahverkehrsnetz. Insbesondere der Traum von einer schnellen, störungsfrei unterirdisch verlaufenden Straßenbahn schien endlich realisierbar. Aus Kostengründen entschied man sich in Köln für die so genannte »U-Strab«, eine Kompromisslösung zwischen reinen, aber zu teuren U-Bahnen und preiswerteren, aber störungsanfälligeren Straßenbahnen. Die eigens hierfür konzipierten neuen Fahrzeuge erwiesen sich als sehr flexibel, da sie sowohl als Straßen- wie als U-Bahn verkehren konnten. Von der Verwirklichung der Untergrundlinien erhoffte man sich eine Reduzierung des Bus- und Bahnverkehrs in der nach wie vor engen und flächenmäßig großen Altstadt sowie eine Eindämmung des stetig zunehmenden Individualverkehrs.

Die Linie zwischen Ebertplatz und Barbarossaplatz sowie die Ost-West-Linie zwischen Dom/Hauptbahnhof und Friesenplatz schätzte man als besonders stark frequentiert ein. Nachdem der Rat der Stadt Köln am 22. Februar 1962 den Beschluss zum Bau einer zunächst auf 6,5 km begrenzten U-Bahn-Strecke gefasst hatte, erfolgte der erste Rammschlag zum Bau der Kölner U-Bahn zwischen Zeughausstraße und Burgmauer an der Ecke zum Berlich. Während der Bauarbeiten wurde ein 30 m langes und 5 m hohes Teilstück der römischen Stadtmauer mit einem Halbrundturm freigelegt. Durch Intervention von Oberbürgermeister Theo Burauen und Oberstadtdirektor Max Adenauer wurde erreicht, dass diese

Denkmäler erhalten blieben. Im Januar 1966 begannen die Bauarbeiten unter dem Dom und der Langgasse, und am 11. Oktober 1968 wurde der erste unterirdisch geführte, 1,3 km lange Streckenabschnitt zwischen Hauptbahnhof und Friesenplatz eröffnet. Mit einem Pfiff aus der Trillerpfeife gab Bundesverkehrsminister Georg Leber das Starsignal für die ersten Züge. Die bisher dort verlaufende oberirdische Straßenbahnstrecke wurde gleichzeitig stillgelegt. Fünf Jahre hatte man an diesem Teilstück gebaut (Kosten: 56 Mio. DM). Im Jahr 1969 folgte die Strecke zwischen Barbarossaplatz und Appellhofplatz, in den 70er Jahren wurden diese beiden Strecken nach Süden bzw. Norden verlängert und in den 80er Jahren erfolgten die Umgestaltung der Kölner Ringe mit der Anlage der unterirdischen Strecken sowie der Ausbau der Strecken in die östlich und westlich gelegenen Vororte.

Erreicht man, von den kleinteilig parzellierten Straßen des Friesenviertels wie der Friesenstraße oder der Spiesergasse kommend, den **Gereonshof**, so ist man zunächst überrascht über das städtebauliche Ensemble, das sich vor dem Betrachter auftut. Ähnlich einer Schlossanlage, öffnet sich die ansonsten schmale Straße zu einem Platz, der umgeben ist von einer Gruppe einheitlich gestalteter und mit hellen Werksteinen verblendeter Gebäude. Architektonischer Mittelpunkt ist das etwa 50 m hohe, vierzehngeschossige Hochhaus an der Nordseite der Straße, das von flachen Flügelbauten flankiert wird. Die südliche Straßenfront wird durch einen großzügigen Platz aufgeweitet, in dessen Mitte ein barock wirkender Brunnen steht. Um den Platz schließt sich U-förmig ein Gebäudekomplex mit viergeschossigen seitlichen Gebäuden und einem lang gestreckten, viereinhalbgeschossigen Hauptgebäude, dessen oberstes Geschoss zurückgesetzt ist. Sowohl das Hochhaus mit seinen flankierenden Gebäuden als auch der U-förmige Gebäudekomplex sind mit einer streng geometrischen Fassade aus Naturstein versehen. Den westlichen Zugang des Platzes rahmen Bildhauerarbeiten ein, die zum einen die Heiligen Drei Könige mit dem Jesuskind zeigen, zum anderen den heiligen Christophorus in Bronze. Nach Osten beschließen zwei auf Stützen gestellte Kopfbauten den Platz. Auch sie sind mit monumentalen Reliefs verziert, die Heiligenfiguren darstellen (hl. Georg und St. Martin). Sowohl die streng geometrische Gesamtanlage als auch Architektur und Wandgestaltung wirken klassizistisch-monumental und erinnern an Bauvorhaben und realisierte Bauten aus der Zeit des Nationalsozialismus. Die Funktion des Gebäudeensembles erschließt sich erst bei einem Blick zum Eingang, über dem der Name eines der größten Versicherungsunternehmens Europas zu lesen ist: Gerling.

Bei diesem Ensemble handelt es sich nicht, wie angesichts der Gestaltung anzunehmen wäre, um eine Anlage aus den 1930er Jahren, sondern um den Verwaltungs- und Bürokomplex der Ger-

Der zwischen 1950 und 1953 errichtete 14-geschossige Büroturm des Gerling-Konzerns (am Gereonshof) spiegelt in seiner monumentalen Wirkung das Repräsentationsbedürfnis großer Banken und Versicherungen wider.

ling-Versicherung, der zwischen 1950 und 1958 errichtet wurde. Das ❼ **Gerling-Hochhaus** ist das erste Nachkriegshochhaus in Köln, erbaut zwischen 1950 und 1953. Architekt dieses mit einer durchaus fortschrittlichen Stahlskelett-Konstruktion versehenen Hochhauses war Erich Hennes. Nach Fertigstellung der gesamten Platzanlage entbrannte eine heftige öffentliche Diskussion über die Zulässigkeit solch baulicher Selbstdarstellung. Schon damals schieden sich die Geister an der Frage, ob man solch hohe Gebäude im historischen Stadtbild zulassen solle, vor allem in der Nähe wertvoller Bauten, wie in diesem Falle St. Gereon. Mit Hilfe von Ballontests, die die Höhe des geplanten Gebäudes simulieren sollten, und dank einer kooperationsbereiten Stadtverwaltung, die angesichts der verheerenden Zerstörung froh um jede Wiederaufbauinitiative war, hatte der Bau dennoch realisiert werden können. Die Kritik entzündete sich auch weniger an der Ausführung der Architektur, als vielmehr an der monumentalen Wirkung der Gesamtanlage (»Reichskanzlei-Stil«) und an der Mitwirkung Arno Brekers, dem Staatsbildhauer des Dritten Reiches, der die Wandreliefs und Brunnen ausgeführt und die beteiligten Architekten beraten hatte. Dem Selbstverständnis des Versicherungskonzerns hingegen entsprach die bauliche Ausformung des Gebäudekomplexes vollkommen. Wollte man doch mit der Hauptverwaltung Solidität und Tradition vermitteln. Eine gewagte, moderne Architektur wäre dem Image der Versicherung weitaus weniger zuträglich gewesen.

In der Folgezeit eroberte der Versicherungskonzern sukzessive das Friesenviertel: Dem Komplex am Gereonshof folgte in den 60er Jahren der ebenfalls architektonisch umstrittene Bürokomplex auf der Südseite des Baublocks am Gereonshof. Die Denkmalpfleger sind sich inzwischen einig, dass die architekturgeschichtliche Bedeutung der Gerling-Bauten außer Frage steht und sich die Bautätigkeit des Konzerns, gemessen etwa an den überdimensionierten Gebäuden des WDR inmitten der kleinparzellierten Altstadt, eher zurückhaltend und einfühlsam ausnimmt.

Die Möglichkeiten der Stadtverwaltung, die architektonische Gestaltung des Komplexes im Friesenviertel zu beeinflussen, waren ohnehin gering – war doch die Rückkehr des Versicherungsgewerbes lebensnotwendig für den Wiederaufbau des Wirtschaftslebens nach dem Zweiten Weltkrieg. Köln besitzt als Versicherungsmetropole eine lange Geschichte; schon im ersten Drittel des 19. Jahrhunderts ließen sich große Versicherungsunternehmen hier nieder. Nach dem Zweiten Weltkrieg, als wichtige Einrichtungen wie die Börse in die weniger zerstörte Nachbarstadt und neue Landeshauptstadt Düsseldorf verlagert wurden und Bonn als

Bundeshauptstadt ebenfalls Arbeitsplätze in der Dienstleistungsbranche an sich zog, musste sich Köln seine Standortvorteile als Versicherungsstadt bewahren. So war man froh, dass sich bereits in den 1950er Jahren wieder einige der großen Versicherungsunternehmen in Köln konzentrierten: DEVK-Versicherungen, Agrippina, Kölnische Rückversicherung, Gothaer Versicherung, Colonia-Versicherung und andere. Bis heute haben über sechzig Assekuranzunternehmen ihre Hauptverwaltung in der Rheinmetropole. Hinzu kommen zahlreiche Zweigniederlassungen weiterer bedeutender deutscher Versicherer. Viele dieser Unternehmen haben den Wiederaufbau der Stadt nach dem Zweiten Weltkrieg ganz wesentlich mitgetragen. Eine räumliche Konzentration ist im Bereich der nördlichen Altstadt, um das Friesenviertel und die nördliche Ringstraße zu beobachten. Mit ca. 26.000 sozialversicherungspflichtig Beschäftigten und damit einem Anteil von etwa 6 % aller Beschäftigten in Köln zählt die Versicherungsbranche heute zu den wichtigsten Arbeitgebern in Köln.

Vom Neumarkt über die über Fleischmenger- zur Schemmergasse

Verlässt man den Neumarkt an seiner Ostseite Richtung Süden, taucht man über die Fleischmengergasse in das so genannte **8 Griechenmarktviertel** ein. Erreicht man dann – vorbei am Josef-Haubrich-Hof mit der zentralen Stadtbibliothek – die **Schemmergasse**, eine schmale Straße inmitten des zentral gelegenen Stadtviertels, scheint man in einer Kölner Vorortsiedlung angekommen zu sein. Kaum 400 m entfernt vom Neumarkt, einem der wichtigsten Verkehrsknotenpunkte der Innenstadt, eröffnet sich dem Betrachter ein beschauliches Wohnviertel. Für zentral gelegene Altstadtstraßen eher untypisch sind Schemmer- und auch die anschließende Schartgasse geprägt von zweigeschossigen Einfamilien-Reihenhäusern, die mit ihren Giebeldächern und Gauben sowie den sich rückwärtig anschließenden Gärten die Atmosphäre einer ruhigen Wohnidylle ausstrahlen. Sowohl durch die kleinteilige Bebauung als auch durch Verkehrsberuhigungsmaßnahmen und schmale kopfsteingepflasterte Straßen wird die kleinbürgerliche Atmosphäre verstärkt. Damit hat dieses Viertel einen Teil seines Charakters aus der Zeit vor dem Zweiten Weltkrieg bewahrt. Das Griechenmarktviertel – begrenzt durch Neumarkt, Cäcilienstraße, Hohe Pforte, Blaubach, Rothgerberbach, Mauritiussteinweg – ist seit Jahrhunderten ein innerstädtisches Wohnviertel für die »kleinen Leute« gewesen: eng bebaut und dicht bewohnt. 1925 lebten hier etwa 20.000 Bewohner, was dazu führte, dass es in den 30er Jahren zu einem städtebaulichen Notstandsgebiet wurde. In der Nacht zum 29. Juni 1943 wurde das Viertel zu 95 % zerstört. Bis auf wenige unzerstörte Gebäude (z.B. Peterstraße 15) blieb ein weites Trümmerfeld zurück, in dem 1951 nicht mehr als

642 Bewohner lebten. Die Wiederaufbauplanung sah seit 1949 vor, die für das Viertel typische gemischtgewerbliche Struktur zu erhalten. Dies fügte sich in den Gesamtplan für die Kölner Innenstadt ein, bei dem das Prinzip der Bewahrung der Viertelsstruktur einen herausragenden Stellenwert hatte. Rudolf Schwarz betonte in seiner Wiederaufbaukonzeption den Charakter der typischen Kölner »Veedel«, die sich bereits vor dem Krieg – häufig mit einer Kirche als geistlichem bzw. architektonischem Mittelpunkt – durch recht homogene Bevölkerungs- und Baustrukturen bewährt hatten. Sie sollten nach 1948 wieder zu elementaren Bausteinen der Kölner Innenstadt werden. Notwendig gewordene Verkehrsschneisen sollten möglichst um die homogenen Einheiten herumgelegt werden. In dem neuen Griechenmarktviertel sollte zukünftig nur etwa die Hälfte der Vorkriegsbevölkerung leben, damit gesunde Wohn- und Arbeitsbedingungen gewährleistet werden konnten.

Wie aber war nun das ehrgeizige Projekt eines homogenen Wohnviertels inmitten der zerstörten Altstadt zu realisieren? Anders als in den zentralen Bereichen der Altstadt, wo Geschäftseigentümer schon bald wieder Interesse gezeigt hatten, die zerstörten Ladenlokale aufzubauen, ging der Wiederaufbau in den Wohnvierteln der Altstadt sehr viel langsamer voran. Die durch die Zerstörungen hervorgerufene prekäre Situation war im Griechenmarkt durch die Grundstücks- und Eigentümerstruktur noch entmutigender: Fast Dreiviertel der Grundstücke waren kleiner als 200 qm und viele Parzellen wiesen schwierige Grenzverläufe auf. Ungefähr 80 % der Grundstücke befanden sich in der Hand einzelner privater Eigentümer oder Erbengemeinschaften. Diese hatten oft nicht die Mittel für einen Wiederaufbau. In der Schemmergasse machte eine Initiative des Haus- und Grundbesitzervereins 1951 den Anfang. Nach gütlich verlaufener Umlegung von fünfundzwanzig Grundstücken präsentierte man einen eigenen Bebauungsplan für den Neubau von vierzig Einfamilienhäusern in den Gassen. Der erste Spatenstich erfolgte noch 1951 – er markiert den Anfang des Wiederaufbaus des gesamten Viertels. Bis zum Jahre 1963 waren insgesamt achtzehn Umlegungsverfahren durchgeführt worden, an denen fast 500 Eigentümer teilgenommen hatten. Insgesamt ging es um 160.000 qm, und die Zahl der Parzellen wurde von vorher 903 auf 456 reduziert. Dadurch haben sich Parzellenstruktur, Bebauung und Eigentümerverhältnisse deutlich geändert. Neben den sehr kleinteiligen Strukturen wie z.B. in der Schemmergasse/Schartgasse, die auf privater Basis wieder aufgebaut wurden, gibt es nun vor allem genossenschaftlich und öffentlich finanzierte Bauten. So erwarben mehrere Kölner Wohnungsbaugenossenschaften und die Stadt Grundeigentum im Griechenmarktviertel, um den Wiederaufbau von mehrgeschossigen Miethäusern – häufig im Rahmen des sozialen Wohnungsbaus – in Zeilenbauweise durchzuführen. Ein Beispiel findet sich in der Thieboldsgasse. Erklärtes Ziel der Genossenschaften, die sich 1953 zu einer Altstadt-Wiederaufbau-GmbH zusammenschlossen, war die planvolle Umsetzung des städtebaulichen Leitbildes einer durchgrünten, aufgelockerten Bebauung. Bis in die 60er Jahre hatte sich im Griechenmarktviertel wieder ein intaktes Wohnviertel mit einem ansehnlichen Bestand an gewerblichen Betrieben entwickelt, im Vergleich zur Vorkriegszeit sogar mit einem erhöhten Anteil an Dienstleistungsbetrieben. Erst seit den 60er Jahren reduzierte sich der Gewerbebestand allmählich, und aus dem einstigen Arbeiterviertel wurde eines für Beamte und Angestellte. Während sich zur Geschäftstadt hin im Norden des Viertels Einzelhandelsgeschäfte und Büroetagen konzentrieren, ist der südliche Teil weiterhin dem Wohnen vorbehalten. Noch immer ist das Viertel im Flächennutzungsplan der Stadt als innerstädtischer Wohnstandort ausgewiesen. Die derzeitigen Entwicklungsprozesse – dazu gehören auch die Planungen zur Erweiterung des im Viertel gelegenen Hotels im Wasserturm – führen aber auch dazu, dass das Viertel in der Planersprache als ein »Problemgebiet mit Veränderungsdruck und (hohem) Investitionspotential« bezeichnet wird.

Der Wiederaufbau der bedeutenden romanischen Kirchen Kölns nach den Zerstörungen des Zweiten Weltkrieges ist ein deutliches Zeichen für den Überlebenswillen der Bürger und den Wunsch, auf signifikante Bauten und deren traditionelle Bedeutung auch nach dem Krieg nicht zu verzichten.

Die Vorstellungen darüber, welcher ehemalige Zustand der Bauten zum Vorbild für den Wiederaufbau gewählt werden sollte, waren unmittelbar nach Kriegsende recht unterschiedlich und wurden kontrovers diskutiert. War es möglich oder gewollt, gotische, barocke, restaurierte Teile des 19. Jahrhunderts in den Wiederaufbau zu integrieren, die selbst Zeugnisse religiösen Lebens und künstlerischer Ausdruck der damals lebenden Menschen waren? Konnte auf eine »Urform« zurückgegriffen werden? War es möglich, sich nach den gründlichen Restaurierungen des 19. Jahrhunderts mit den starken Anlehnungen an byzantinisierende Formen mit der radikalen Steinsichtigkeit zu lösen? Gab es eine »richtige« Gestaltung?

Die heutige 9 **Pfarrkirche St. Pantaleon**, 1945 in den erhaltenen Resten gesichert, 1947 mit einem neuen Dachstuhl über dem Mittelschiff versehen und von 1950 bis 1962 als Bau vollständig wiedererrichtet, ist ein typisches Beispiel für den Wunsch, sowohl einer Urform gerecht zu werden als auch einige der in den letzten 700 Jahren erfolgten Ein- und Umbauten zu berücksichtigen. So sind Teile der kaiserlich-ottonischen, d.h. imperialen Architektur des 10. Jahrhunderts am Westwerk – trotz der vom 19. Jahrhundert beeinflussten Vorstellung von Romanik – und im Hauptschiff, bei den Fensterbögen, erkennbar. Prägend für den Wiederaufbau waren auch die Erweiterungen der Kirche gegen Ende des

12. Jahrhunderts, während auf die Einwölbung des 17. Jahrhunderts zugunsten einer ursprünglichen flachen Decke verzichtet wurde, die wiederum im Stil des ausgehenden 20. Jahrhunderts gestaltet ist. Der Lettner des frühen 16. Jahrhunderts, der heute den modernen Altartisch von Elmar Hillebrand überspannt, der barockisierte Chorraum mit der Altarwand und dem Chorgestühl des frühen 17. Jahrhunderts sind ebenso wie Orgel und Kanzel in diesem bedeutenden Kirchenraum erhalten. Sie harmonieren mit moderner künstlerischer Ausstattung, wie den Grabmalen für Erzbischof Bruno in der Krypta und Kaiserin Theophanu oder Gerhard Kadows Innendecke des Westwerks mit einer Vision des »Himmlischen Jerusalem«.

Ursprüngliche Formen und der Einfluss wechselnder Vorstellungen aus über 700 Jahren und den damit einhergehenden Bau- und Ausstattungsvorlieben der Menschen fügen sich zusammen zu einem harmonischen Kultraum inmitten eines mittelalterlichen Immunitätsbezirks.

Kennedyufer, vor dem Landeshaus

Elegant eingebettet in das als Parkanlage gestaltete Rheinufer zwischen Hohenzollernbrücke und Deutzer Brücke erhebt sich ein in seinen Längsflügeln auf Ständern ruhendes, viergeschossiges Bürohaus. Die Vierflügelanlage gruppiert sich um einen mit Bäumen bestandenen Innenhof, der durch die Offenheit des Gebäudes optisch mit Rheinufer und Park verbunden ist. Dadurch vermittelt der Stahlskelettbau eine ungewöhnliche Leichtigkeit und Transparenz. Ebenfalls zurückhaltend ist die mit dunkelblauem Glas in der Brüstung und grauen Rahmenleisten gestaltete Farbigkeit der vorgehängten Fassade.

Das so genannte ⑩ **Landeshaus, Verwaltungssitz des Landschaftsverbands Rheinland (LVR)**, steht in der Tradition des Neuen Bauens und geht in seinem Konstruktionsprinzip auf den Architekten Mies van der Rohe zurück. Es zählt zu den wichtigsten Bauten der 1950er Jahre in Köln. Als im Oktober 1957 der Grundstein für dieses Gebäude am Rhein gelegt wurde, ging eine 131 Jahre währende Düsseldorfer Tradition zu Ende. Mit der Entscheidung, Düsseldorf zur Landeshauptstadt zu machen, hatte Köln unmittelbar nach dem Krieg einige Institutionen an die Nachbarstadt verloren – mit dem Landschaftsverband nun beschritt eine öffentliche Institution den umgekehrten Weg. Mit Verlagerung des Verwaltungssitzes des LVR kamen etwa 900 Mitarbeiter von Düsseldorf nach Köln-Deutz. Ihre Zahl sollte sich allein dort in den folgenden Jahren verdreifachen.

Der Landschaftsverband ist ein Zusammenschluss der rheinischen Städte und Kreise mit einer langen Tradition. Schon 1815 begann mit der Einrichtung der preußischen Rheinprovinz die regionale Selbstverwaltung im Rheinland. 1933 wurde sie von den Nationalsozialisten entmündigt, und so wertete man es als positives Zeichen der jungen Nachkriegsdemokratie, dass sich der nordrhein-westfälische Landtag 1953 dafür entschied, die Landschaftsverbände Rheinland und Westfalen-Lippe zu bilden und ihnen die Weiterführung der regionalen Selbstverwaltung zu übertragen. Das Gebiet des LVR umfasst den Landesteil Nordrhein mit den Regierungsbezirken Düsseldorf und Köln. Seine Aufgaben bestehen darin, die Arbeitsgebiete von Städten und Kreisen zu übernehmen, die sinnvollerweise rheinlandweit wahrgenommen werden sollten. Dazu gehören vor allem Aufgaben aus den Bereichen Soziales (Landeskrankenhäuser, Kindergärten und Schulen für behinderte und psychisch kranke Menschen etc.) und Kultur (Rheinisches Landesmuseum, verschiedene Freilichtmuseen, Rheinisches Amt für Denkmalpflege etc.). Ursprünglich zählten auch Aufgaben aus dem Bereich des Straßenbaus, wie Bau und Pflege von Bundesautobahnen, Bundes- und Landesstraßen, zum Tätigkeitsprofil des LVR. Diese Aufgaben wurden allerdings im Zuge einer Reform ausgegliedert. Das Landeshaus wurde im Laufe der Jahre zur Zentrale für mehr als siebzig Dienststellen zwischen Königswinter und Kleve wie zwischen Aachen und Essen und insgesamt ca. 12.000 Beschäftigte. In der Kölner Zentralverwaltung arbeiten inzwischen ca. 1.500 Mitarbeiter.

Bereits in den 1960er Jahren zeigte sich, dass der Bau am Rheinufer zu klein wurde, um die zur Wahrnehmung zusätzlicher Aufgaben erforderlichen Mitarbeiter aufzunehmen. Überlegungen, das Landeshaus um weitere Geschosse aufzustocken, wurden sehr bald fallen gelassen. Man wollte den Charakter des Gebäudes, dessen Leichtigkeit, Eleganz und vor allem offene Transparenz auch für das Selbstverständnis des Landschaftsverbandes als Organ der regionalen Selbstverwaltung steht, nicht verändern. Stattdessen erwarb der Verband das Bürogebäude des ehemaligen Ford-Hauses am Ottoplatz in Deutz.

Die ästhetische Qualität der ⓫ **Deutzer Brücke**, die zwischen der Hohenzollernbrücke im Norden und der Severinsbrücke im Süden in dem für die Kölner Rheinbrücken typischen lindgrünen Farbton die beiden Rheinufer verbindet, manifestiert sich in ihrem eleganten Schwung. Während sich die Oberkante der Brücke in einer durchgehenden Linie von Ufer zu Ufer spannt, bewegt sich die Unterkante in drei Schwüngen über den Rhein. Die Spannweiten zwischen den beiden weit auseinander liegenden Strompfeilern betragen (von der linksrheinischen Seite ausgehend) 132 m, 184 m und 120 m. Auffällig ist auch, dass sich der Brückenaufbau als kombinierte Stahl-Spannbeton-Konstruktion auf zwei steinernen Strompfeilern erhebt. Wie vermutet werden kann, sind diese Pfeiler älteren Datums als die moderne Stahl-Beton-Konstruktion. Bei einem Gang auf die Brückenmitte bemerkt man, dass ein separater Stadtbahn-Gleiskörper die zwei, meist dicht befahrenen Fahrspuren in der Mitte voneinander trennt. Blickt man Richtung Westen auf den Heumarkt, erkennt man, dass die Brückenrampe inmitten der rechteckigen, recht großzügigen Platzanlage in der Altstadt mündet. Aufgrund des hohen Verkehrsaufkommens an der Brückenauf- bzw. -abfahrt wird der Heumarkt allerdings kaum als zusammenhängende Platzanlage wahrgenommen. Der südliche Teil mit Maritim-Hotel und Malzmühle erscheint von der nördlichen Platzseite durch die Brückenrampe wie abgeschnürt.

Exakt an der Stelle der heutigen Deutzer Brücke, die beiden Strompfeiler nutzend, erhob sich bis 1945 die so genannte Hindenburgbrücke, erbaut 1913–1915 als versteifte Kettenhängebrücke. Am 28. Februar 1945 brach sie bei Reparaturarbeiten nach Bombenschäden in sich zusammen. Somit versank sie nach der Südbrücke im Januar 1945 und vor der Hohenzollernbrücke im März 1945 als vorletzte der Kölner Brücken im Rhein. Bis Juni 1946, als eine Dauerbehelfsbrücke in der Höhe des heutigen Theodor-Heuss-Rings eingeweiht wurde (»Bailey Brücke«), war eine hölzerne Behelfskonstruktion an Stelle der einstigen Hindenburgbrücke der einzige feste Übergang über den Rhein. Diese Pfahljochbrücke musste im September desselben Jahres auf Anweisung der britischen Militärregierung wegen Einsturzgefahr abgerissen werden, so dass es im Bereich der Innenstadt außer der Brücke im Norden und zwei Fährverbindungen keine Möglichkeit gab, den Rhein zu überqueren. Die Pendler waren gezwungen, entweder lange Wartezeiten an den Fähren oder aber große Umwege in Kauf zu nehmen.

Besonders entscheidend für eine Verbesserung der Verkehrssituation in ganz Köln war unbestritten der Wiederaufbau der zerstörten Brücken. Bereits 1945 war beschlossen worden, die zerstörte Hindenburgbrücke am Heumarkt wiederaufzubauen. Zunächst sah man vor, die neue Brücke nicht exakt an derselben Stelle, sondern weiter stromaufwärts zu errichten, da die ehemalige Lage des Brückenkopfes am nördlichen Ende des Heumarktes zu den ungünstigen Verkehrsbedingungen geführt hatte, die sich heute noch beobachten lassen. Durch die von den Nationalsozialisten geplante Ost-West-Straße nämlich, die als geradlinige Achse vom Rudolfplatz über den Neumarkt am südlichen Teil des Heumarktes endete, war in den 1940er Jahren eine komplizierte Verkehrsführung entstanden. Der südlich einmündende Autoverkehr musste über den gesamten Platz bis zur nördlich gelegenen Brückenrampe geleitet werden, wodurch der Heumarkt zu einem neuralgischen Verkehrsknotenpunkt wurde. Um dies zukünftig zu verhindern, sollte die Brücke in den südlichen Bereich des Platzes verlegt und der Verkehr geradlinig von der Ost-West-Achse auf die Brücke geführt werden. Diese und auch andere Pläne zum Neubau in einer Linie von den »Bachstraßen« zum rechten Rheinufer wurden aus Kostengründen verworfen: Da die Pfeiler der zerstörten

Brücke größtenteils erhalten waren und immerhin zwei Drittel der Baukosten ausmachten, entschied man sich für einen Wiederaufbau an alter Stelle. Als Architekt konnte man Gerd Lohmer gewinnen, als Bauingenieur Fritz Leonhard. Die große Baustoffknappheit erschwerte die Arbeiten, zumal die Brücke eben nicht als Provisorium, sondern in endgültigem Zustand errichtet werden sollte. Dennoch konnte die neue Deutzer Brücke im Oktober 1948 nach einer Rekordbauzeit von nur 13 Monaten eingeweiht und dem Verkehr übergeben werden. Bei ihrer Eröffnung im Jahre 1948 galt sie als »schlankeste Vollwandbrücke« der Welt und in ihrer Hohlkasten-Balkenkonstruktion als eine der modernsten in Europa. Zwischen 1976 und 1980 wurde die ca. 20 m breite Brücke durch Neubau eines »Zwillings« aus Spannbeton auf 32 m verbreitert. Nun konnten der Stadtbahn-Gleiskörper separat geführt und die zwei Fahrspuren auf vier erweitert werden.

Das Luftbild verdeutlicht den Bruch in der Wohnsiedlungsplanung: statt Blockbebauung Zeilenbau. Integriert in die Siedlung sind Gemeinschafts- und Versorgungseinrichtungen (»Sozialer Wohnungsbau«).

Die erste Großsiedlung der Nachkriegszeit in Köln war die 1951–1956 von der DEWOG (Deutsche Wohnungsgesellschaft, Köln) errichtete ⓬ **Stegerwaldsiedlung.** Sie liegt, eingeschlossen von Verkehrstrassen und dem alten Deutz-Mülheimer Industriegebiet am Auenweg, nördlich der neuen Kölner Messehallen. Wenn man die Wohnsiedlung von der Deutz-Mülheimer-Straße aus betritt, fallen sofort grundsätzliche stadtplanerische Neuerungen gegenüber dem Wohnsiedlungsbau der Vorkriegszeit auf: Die Straßen verlaufen nicht gerade, sondern geschwungen, statt der Blockbebauung herrscht nun Zeilenbau vor, d.h., die Wohnbauten sind nicht mehr an Straßen ausgerich-

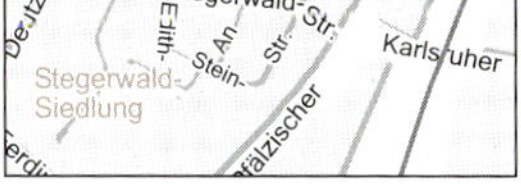

tet, sondern nach Möglichkeit Nord-Süd orientiert in großzügig bemessene Grünflächen eingefügt. Zwar dominieren viergeschossige Mehrfamilienhäuser mit Satteldach und Balkonen, es finden sich aber auch preiswerte bis zu siebengeschossige Laubenganghäuser, bei denen die einzelnen Wohnungen von zentralen Treppenhäusern über offene »Laubengänge« von außen zu erreichen sind, beispielsweise in der Edith-Stein-Straße 8–12. Daneben gibt es als städtebauliche Akzente achtgeschossige Punkthochhäuser. In die Siedlung eingeplant sind neben Gemeinschaftseinrichtungen wie Waschhäuser, Gaststätten, Kindergärten und Spielplätze, Schulen, zwei Kirchen und ein Jugendheim sowie zahlreiche Versorgungsfunktionen (ursprünglich elf Läden und sechs Ärzte). Straßenbahn- und Busverbindungen sorgen für eine Verkehrsanbindung an die City.

Vor allem die integrierten Gemeinschafts- und Versorgungseinrichtungen verweisen auf die soziale Komponente der Wohnsiedlungsplanung in den frühen Nachkriegsjahren unter dem Stichwort »Sozialer Wohnungsbau«. Angesichts der großen, durch Zuwanderung von Vertriebenen und DDR-Flüchtlingen verstärkten Wohnungsnot – 1950 lebten in Köln noch 46.500 Familien in Notunterkünften – hatte es sich die DEWOG zum Ziel gesetzt, »Wohnungen für breite Bevölkerungsschichten« und zu preiswerten Mieten zu bauen. Tatsächlich machten die 1956 zu zahlenden Mieten nur etwa 10% der durchschnittlichen Verdienste aus. Bei der Planung von Wohnsiedlungen griff der soziale Wohnungsbau in der Bundesrepublik auf Ziele und Erfahrungen zurück, die man in Schweden während der Kriegsjahre entwickelt hatte. Dazu gehörte neben der großzügigen Grünausstattung, den geschwungenen Straßenverläufen, dem Zeilenbau und den Ausstattungseinrichtungen eine angestrebte soziale Ausgewogenheit, wie sie auch bei der Stegerwaldsiedlung in der Mischung der Bautypen zum Ausdruck kommt. Dieses soziale Integrationsziel wird in der Stegerwaldsiedlung noch dadurch betont, dass Altenwohnungen und ein Altenheim sowie Wohnungen für ledige Frauen und Männer eingeplant wurden. Die soziale Ausrichtung des Siedlungsvorhabens kommt auch in der Namensgebung zur Geltung: Adam Stegerwald (1874–1945) war ein führender Sozialpolitiker der Weimarer Republik. 1919 wurde er zum Generalsekretär der christlichen Gewerkschaften und des Deutschen Gewerkschaftsbundes gewählt. Er bekleidete verschiedene Ministerämter in der preußischen Regierung und war vorübergehend Reichsarbeitsminister.

Etwas südlich des Gebäudes der »Getrag Ford Transmissions« zweigt auf der anderen Seite der **Bernhard-Günther-Straße** in Niehl ein Teerweg ab, der an einem Zaun endet. Innen parallel zum Zaun verläuft gemäß Schild die »4. Straße«. Die dahinter in einigem Abstand liegenden Anlagen sind gekennzeichnet durch vorwiegend horizontal verlaufende Rohrleitungsbündel sowie einige schlanke, silberne Türme verschiedener Höhe mit Wartungstreppen und -plattformen. Links im Hintergrund sind ein großer, weißer, kugelförmiger Tank für Gase sowie ein runder, fassartiger Tank für Flüssigkeiten sichtbar. Diese Kombination ist typisch für Anlagen der Petrochemie: Auf den verschiedenen Etagen dieser Fraktioniertürme wird Erdöl durch Destillation und Wiederverflüssigung unterschiedlicher Bestandteile in eine Vielzahl von Derivaten mit unterschiedlichen Siedepunkten aufgespalten. Der schmale, silberne Kamin, der durch einige Spannseile am Boden stabilisiert wird, diente der Verbrennung von nicht mehr verwertbaren Nebenbestandteilen (Gase). Indikator für die Feuergefährlichkeit der umgesetzten Produkte sind die am Standort sichtbare eigene Werksfeuerwehr (Aufschrift der Tore), ein durch Piktogramme gekennzeichneter Sammelpunkt bei Notfällen nahe des Standorts am Rande der Anlage sowie eine mit Bäumen und Sträuchern bewachsene Sicherheitszone zwischen den Anlagen und dem Zaun.

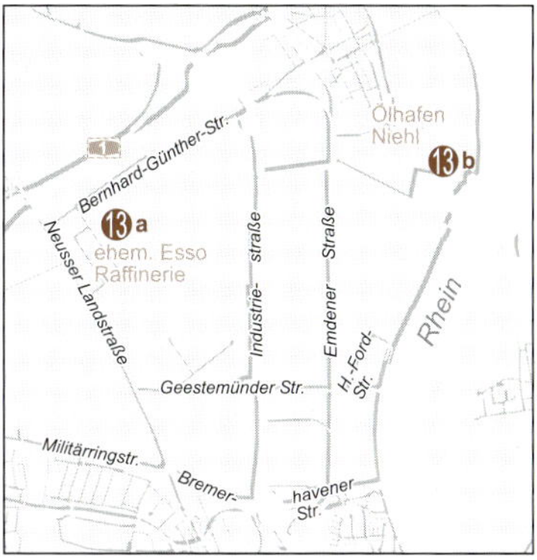

Die weitläufigen Anlagen weisen zahlreiche Treppen, Gerüste und Lampen zur Wartung und Kontrolle der Anlagen auf; Personal war jedoch kaum zu sehen, da die Routinevorgänge automatisch ablaufen und von einem Leitstand aus durch wenige Angestellte überwacht werden konnten. Die Petrochemie nahm damit eine Entwicklung der Industrie vorweg hin zu flächenmäßig großen Anlagen, die aufgrund von Automatisierung nur geringen Personalbedarf haben.

Diese Anlage ging 1958/59 als 13a **Großraffinerie der Esso AG** in Betrieb. Hier wurde per Pipeline, an der die Esso AG zu einem Drittel beteiligt war, von Wilhelmshaven herangeführtes Erdöl zu Heizöl umgewandelt. Ab Mitte der 50er Jahre war der Massenbedarf an Heizöl und Benzin angestiegen. Da die Transportkosten für Rohöl via Pipeline gering, die für Produkte (z.B. schweres Heizöl) teilweise recht hoch waren und zahlreiche Produkte für verschiedene Abnehmer erzeugt wurden, zogen die Raffinerien zu den Verbrauchern, d.h. in die Ballungsräume, wo sie teilweise vorhandene Standorte der Kohlenchemie oder deren Weiterverarbeiter (wie bei der Union Kraftstoff in Wesseling) übernahmen. Im Jahr 1966 wandelte die Esso-Raffinerie mit damals 550 Beschäftigten 4,8 Mio. t Erdöl pro Jahr um. Raffineriegase und Teile der Leichtbenzinproduktion wurden in angrenzenden Fertigungsanlagen der Esso Chemie weiterverarbeitet. 1968 erfolgte der Bau von Crackanlagen, in denen Moleküle aus den Fraktioniertürmen gezielt in Äthylen und Acetylen aufgespalten wurden. Die Anlagen wurden später von der deutschen Tochter des US-Konzerns »Exxon Chemical« übernom-

Ansicht der ESSO-Erdöl Raffinerie 1965

men und Ende der 70er Jahre erweitert. 1985 erfolgte die Stilllegung der Produktion, da die Erweiterung in einer Phase der nachlassenden Konjunktur erfolgt war und europaweit Überkapazitäten existierten. Im Jahr 1986 begann eine Modernisierung und Erweiterung der Produktionsanlagen, verbunden mit einer Abkehr von Massenprodukten und einer Spezialisierung auf hochwertigere petrochemische Erzeugnisse wie Motorenölzusätze, Weichmacher und technische Polymere. Die Stadt Köln hatte der Esso-Chemie für ihre Raffinerie eine Fläche von 2,4 Mio. qm überlassen, davon diente ein großer Teil als Reserveflächen, welche nie in Anspruch genommen wurden. Einen Teil der Flächen (0,9 Mio. qm) erwarb die Stadt 1992 zurück, um sie als Industriepark Köln-Nord zu vermarkten. Die Bernhard-Günther-Straße führt durch diese vormaligen Reserveareale; die alte Teerstraße zum Zaun stellt noch einen Rest des alten rechtwinkligen Erschließungs-Straßengitters der Raffinerie dar.

Auf der Bernhard-Günther-Straße Richtung Merkenich passiert man auf der linken Straßenseite ein relativ kleines, fensterloses Gebäude mit Pultdach, verziert mit blau, rotbraun und beige gestrichenen geometrischen Feldern. Das Gebäude ist eingezäunt; links daneben liegt eine Schneise im Wald, in der einige orangefarbene bzw. gelbe Metallpfähle mit typischen Informationsschildern zu Anschlüssen/Absperrstellen unterirdischer Rohrleitungen aufragen. Hier gelangt die aus Wilhelmshaven kommende, 1958 als erste große Mineralölleitung der BRD gelegte Nord-West Ölleitung (NWO) nach Wesseling auf das ehemalige Raffineriegelände. Das Gebäude selbst beherbergt eine Sperr-/Übergabeanlage. Östlich der Auffahrt zur Industriestraße liegen rechts der nunmehr Emdener Straße Gebäude und Flächen der Vinnolit GmbH, sozusagen zwischen der Raffinerie und den Ford Werken. Diese Anlagen errichtete 1959/60 die Münchner Firma Wacker-Chemie, um dort Äthylen aus der Esso-Raffinerie zu Vorprodukten für PVC und Lösungsmittel zu verarbeiten. Solche Verbundsysteme zur Bearbeitung von Abfallstoffen (Kuppelprodukten) waren typisch für das Umfeld von Mineralölraffinerien, so auch im Zusammenhang mit der 1960 von der deutschen Shell AG in Köln-Godorf etablierten Raffinerie.

Vom Parkplatz am **Heizkraftwerk Niehl am Ivenshofweg** gelangt man auf Waldwegen zu einem Tor in einer Umzäunung, hinter dem ein Hafenbecken liegt. Das rechteckige Becken besitzt keine Kaimauern, sondern mit Gras bewachsene Böschungen und Poller zum Anlegen der Schiffe vor dem Ufer. Am Becken entlang führt

Petrochemische Anlagen auf dem Gelände der ehemaligen Esso-Raffinerie. Der höchste, mit Seilen stabilisierte Kamin diente zum Abfackeln von Gasen.

eine schmale, gepflasterte Straße; sonst sind keine Verladeanlagen für Stückgüter wie z.B. Kräne zu erkennen. Stattdessen kommt von Westen eine stählerne Brücke mit Rohrleitungen, von der auf einem kurzen Steg ins Hafenbecken zwei per Spannrad ausfahrbare Rohrstutzen abzweigen, d.h., offenbar werden hier Tankschiffe mit flüssigen oder gasförmigen Stoffen be- bzw. entladen. Darauf verweist auch ein großer runder Tank mit Kuppeldach, der unmittelbar rechts vom Tor auf dem Hafengelände steht und ebenfalls Anschluss an die Leitungsbrücke besitzt. Wie vor Explosionsgefahr warnende Schilder andeuten, handelt es sich um brennbare Flüssigkeiten bzw. Gase, die hier verladen und zwischengelagert werden. Einige Meter rechts vom Tor besitzt die südlich am Hafen entlangführende Leitungsbrücke einen zweiten Steg mit Rohrstutzen zum Umschlag. Ein Arm der Leitungsbrücke säumt auch das westliche Ufer; hier sind jedoch keine Umschlag-Abzweigungen mehr erkennbar.

Der von der Stadt Köln zusammen mit der Esso AG geplante und 1956–1958 erbaute **13b Ölhafen** diente dazu, die Produkte der Esso-Raffinerie und der Firma Wacker-Chemie, deren Grundstücke nicht an den Rhein grenzten, auf Tankschiffe umzuschlagen, denn damals wurden ca. 50 % der petrochemischen Endprodukte per Schiff verfrachtet. Die Rohrleitungsbrücke zwischen Raffinerie und Hafen ist insgesamt 7 km lang. Sie überspannt parallel zu einer Werksstraße auch die Emdener Straße. Ursprünglich besaß der Hafen sechs Umschlagstellen für Tankschiffe. Vier dieser Anlagen wurden jedoch 1987, nachdem die Esso-Raffinerie ihre Produktion eingestellt hatte, entfernt. An der westlichen Stirnseite befindet sich heute ein Anleger in Form einer breiten Straßenrampe, von dem aus die Fahrzeuge der Ford Werke auf Schiffe verladen werden können.

Glossar

Ädikula: (lat. = Häuschen) Vielfach als kleines Tempelchen zur Aufstellung einer Figur.

Akziserecht: Recht, Abgaben, Steuern selbst festzusetzen.

Altan (Söller): Mit Brüstung versehener Austritt an Obergeschossen, im Gegensatz zum frei vorkragenden Balkon allerdings bis zum Erdboden unterbaut; häufig als Abschluss eines (Mittel-)Risalits verwendet.

Amphitheater: (gr., lat.) Antikes offenes Theater in elliptischer Form.

Appellationsgericht: Veraltet für Berufungsgericht.

Apsidensäle: Westöstliche Hallen, die Bau IV des Praetoriums nach N und S abschlossen mit nach W gerichteten Apsiden (halbrunde Abschlüsse eines Baus).

Architrav: (ital. architrave; aus gr. archi- = Ober-, Haupt-, u. lat. trabs = Balken) In der antiken Baukunst und den von ihr beeinflussten Baustilen der waagerechte Hauptbalken, der den Oberbau trägt.

Arkade: (lat. arcus = Bogen) Bogen mit seinen beiden Stützen; auch eine Reihe von Bögen.

Artistenfakultät: »Niedere« Fakultät, in der die Studierenden ein Grundstudium in den »Sieben freien Künsten« durchliefen.

Atriumhaus: Haus, dessen Räume von einer zentralen Halle/einem offenen Hauptraum zu erreichen sind.

Attika: Niedrige Wand über dem Hauptgesims eines Gebäudes, die das Dach verdeckt.

Balustrade: Brüstung, Geländer von Treppen, Terrassen und Balkonen.

Bannrecht: einer Stadt: Bereich im städtischen Umland, über den die Stadt rechtlich verfügt, über den sie monopolartige Zwangsrechte ausübt.

Bartmannkrug: Steinzeugkrug mit bärtigem Männerkopf an der Öffnung.

Basilika: Altchristlicher Kirchenbau (Vorbild antiker Profanbau), dessen Mittelschiff die beiden Seitenschiffe deutlich überragt.

Bastion: Vorspringender Teil einer Festungsanlage (Stadtmauer); polygonaler Vorsprung einer Festungsanlage.

Blendmaßwerk: Maßwerk, das einer geschlossenen Wand vorgeblendet ist.

Blöcke, geschlossen: Allseitig zugebautes Straßengeviert, hoch verdichtet: meist Blockinnenräume weitgehend zugebaut.

Blöcke, offen: Auch als Reformblöcke bezeichnet. Blocköffnung zwecks besserer Durchlüftung; durchgrünte Innenhöfe.

Blockinnenbebauung mit Gemengelage: Hochverdichtete Wohnsiedlungen mit Bebauung der Blockinnenflächen durch Wohn- und Gewerbebauten. Ziel: möglichst hohe Renditen.

Brustwehr: Oberer Abschluss einer Burg-/Stadtmauer.

Burggraf: Militärischer Befehlshaber mit richterlicher Gewalt; in Köln oberster Richter, erzbischöflicher Ministeriale.

Burse: Studentische Wohnhäuser, in denen z.T. auch unterrichtet wurde (s. »Rechtschule«).

Campanile: Frei stehender Glockenturm einer Kirche.

Chorobat: Römisches Nivellierinstrument, eine Art hölzerne Wasserwaage.

Dekagon: Zehneckiger Zentralbau.

Diatretglas: (gr. diatreton = mehrfach durchbohrter Gegenstand) Becher aus farblosem Glas mit aufgesetzt erscheinendem Netzwerk aus buntem Glas.

Dreikonchenchor: oder Dreikonchenbau: Kirche mit drei gleichgroßen halbrunden Konchen (halbrunden Apsiden) an drei Seiten eines Quadrats angeordnet; ergibt im Grundriss ein regelmäßiges Kleeblatt (s. Kleeblattchor).

Eckwart: Türmchen an der Ecke eines Bauwerks.

Emporenbasilika: Basilika mit Emporen über den Seitenschiffen.

Epigraf: (gr.) Antike Inschrift.

Erker: Ein- oder mehrgeschossiger geschlossener Anbau an der Fassade oder Ecke eines Gebäudes, der im Unterschied zum Risalit nicht vom Erdboden aufsteigt, sondern durch Auskragungen oder von Konsolen getragen wird. In der Spätgotik und der deutschen Renaissance häufig verwendet, diente der Erker zur Erweiterung des Wohnraumes und zur schmückenden Belebung der Frontseite von Bürgerhäusern, Schlossbauten und städtischen Mietshäusern des 19. Jahrhunderts.

Eroten: Geflügelte Liebesgötter, meist in Kindergestalt.

Fallgitter/-gatter: Vor Toren herablassbares Gitter aus unten zugespitzten und mit Eisen beschlagenen Balken.

Fialgalerie: Ansammlung von Fialen – spitze gotische Ziertürmchen als Pfeileraufsatz an Türmen oder Wimpergen (Ziergiebeln über gotischen Fenstern oder Portalen).

Floß: Zum Transport auf fließenden Gewässern zusammengebundene Baumstämme. Holländerflöße auf dem Rhein waren bis 300 m lang und bestanden aus navigatorischen Gründen aus mehreren Einzelflößen.

Fort: Selbstständiges vorgelagertes Festungswerk.

Freitreppe: Außen vor einem Bauwerk liegender prunkvoll gestalteter Aufgang.

Fries: Mit plastischen oder gemalten Ornamenten ausgestaltete Fläche zur Gliederung oder zum Schmuck einer Wand.

Gartensiedlung: Der Gartenstadtbewegung verpflichtete, mit Gärten ausgestattete Wohnsiedlungen mit niedriggeschossiger Bebauung.

Gesims: Aus der Mauer hervortretender waagerechter Streifen.

Gilde: Durch Eidesleistung begründete Schutz- und Rechtshilfe-Genossenschaft von Kaufleuten.

Grabstele: Grabdenkmal in Form einer frei stehenden Platte oder Säule, mit Relief oder Inschrift versehen.

Greve: In Köln Vorsitzender des Schöffenkollegiums (Hochgerichts), erzbischöflicher Ministeriale.

Gründerjahre: Zeit von der Reichsgründung bis zum Beginn des Ersten Weltkriegs. Gründer-Euphorie im Zeichen des industriellen Durchbruchs (Hauptphase der Industrialisierung) und des wirtschaftlichen Wachstums in Deutschland. Im Zuge der Industrialisierung wird die Gesellschaft von Grund auf verändert. Begleitet von reger Bautätigkeit und starkem Städtewachstum.

Grüngürtel: Die Stadt oder das Stadtzentrum umschließender Grünzug, vielfach aufgelassenen Befestigungsanlagen folgend (»grüne Lungen«)

Grünradiale: In die Stadt hineinreichender Grünzug (»grüne Arterien«)

Gurtgesims: Gesims zwischen den Geschossen

Harnisch: Brustschutz oder allgemein Rüstung, Ritterrüstung

Hochgerichtsbarkeit: Gerichtsbarkeit über Leben und Tod (auch Bluts- oder Halsgerichtsbarkeit), im Unterschied zur niederen Gerichtsbarkeit.

Höriger: Von einem Grundherrn abhängiger, zu Abgaben und Dienstleistungen verpflichteter Vertreter der ländlichen Bevölkerung, je nach dem Grad der Abhängigkeit wird zwischen dinglicher und persönlicher Abhängigkeit (Leibeigenschaft) unterschieden.

Humanismus: Form der Bildung und Erziehung, die das Schrifttum der griechischen und römischen Antike als Quelle benutzt und als vollendete Ausprägung des geistig-sittlichen und ästhetischen Menschen verehrt. Suche nach antikem Schrifttum, die Reinigung und Erklärung von Texten und Textkritik stellen wichtige Beschäftigungen der Humanisten dar.

Hypokaustenheizung: (gr. = Heizung von unten) Warmluftheizung über einen Hohlraum (hypocaustum) unter dem Fußboden.

Immunitätsmauer: Mauer, die den Immunitätsbezirk einer kirchlichen Einrichtung begrenzt. Das Immunitätsgebiet ist befreit von Eingriffen öffentlicher Beamter und von Abgaben und Lasten.

Joch: Gewölbefeld eines Bauwerkes, das in der Richtung der Längsachse gezählt wird, im Gegensatz zu den Schiffen oder Achsen, deren Anzahl in der Querachse feststellbar ist.

Kanneluren: Senkrechte Rillen am Säulenschaft.

Kanonenofen: An ein Kanonenrohr erinnernder kleiner runder Ofen aus Eisen.

Kanzelaltar: Predigtbühne mit Altar zum Kanzelaltar vereinigt.

Kapitell: (lat. capitellum = Köpfchen) Kopf von Säulen/Pilastern.

Kasel: Liturgisches Messgewand

Kettenpanzer: Panzer = Körperschutz aus Metall, Leder und Watte. Kettenhemden werden im ausgehenden Mittelalter von Plattenpanzern abgelöst, die besseren Schutz gegen Pfeilverletzungen bieten.

Kithara: 6 m lange antike Zither.

Kleeblattchor: s. Dreikonchenchor

Kline: Ruhebett.

Kolossalordnung: (gr. kolossos = Riesenbildsäule) Säulenordnung, die über mehrere, meist zwei Stockwerke greift.

Kommode: (frz. commode = bequem) Kastenförmiges Möbelstück mit Schubladen.

Konche: Halbrunde Apsis.

Konchenbau: 45 m langer Bau aus der Bauphase II des Praetoriums mit konkaven Nischen (Konchen) versehen.

Kranzgesims: Umlaufendes Gesims unterhalb des Daches.

Kreuzblume: Kreuzförmiges Blattornament als Krönung von Fialen, Wimpergen etc.

Kreuzstock: Fensterstock mit Kämpferholz und Pfosten, die ein Fensterkreuz bilden.

Krypta: Aus frühchristlicher Confessio (Raum der Heiligengräber) entstandener unterirdischer Raum unter Ostchor oder Westchor.

Laube: Offener Bogengang als Teil des Erdgeschosses, auch dem Erdgeschoss vorgelagert, zum Beispiel bei der zweigeschossigen Kölner Rathauslaube.

Lisene: (frz. lisière = Rand) Schwach vortretende, vertikale Mauerverstärkungen ohne Basis und Kapitell. Dient zur Gliederung von Fassaden, vor allem in der Romanik.

Lünette: Kleines Außenwerk zwischen Forts.

Manufaktur: Vorindustrieller Großbetrieb mit Arbeitsteilung und Massenfertigung.

Maßwerk: Bauornament aus meist kreisförmigen geometrischen Grundformen.

Matrize: Presshohlform zur Herstellung von Vervielfältigungen.

Matronen: Muttergottheiten an Rhein und Mosel, stets in Dreizahl vorkommend, zur Römerzeit verehrt.

Merkantilismus: Staatliche Wirtschaftspolitik des Absolutismus (16.-18. Jh.), die auf die Stärkung der Wirtschafts-, Handels- und Finanzkraft des Staates abzielte. Als Mittel dienten unter anderem Förderung großgewerblicher Produktion und des Außenhandels, Protektionismus, aktive Bevölkerungspolitik.

Mikwe: Rituelles jüdisches Bad.

Niederländer: Auf dem Niederrhein verkehrende Schiffe mit größerem Tiefgang.

Oberländer: Auf dem Oberrhein (ab Köln) verkehrende flache Schiffe mit hohem zum Bug abfallenden Deck.

Ochsenauge: Barockes rundes oder elliptisches Fenster.

Opus Caementicium: Römisches Mauerwerk aus Gussmörtel mit Bruchsteinen (caementum).

Palisaden: (lat. pacus = Pfahl) Hindernis aus dicht nebeneinander in die Erde gerammten Pfählen (Palisadenzaun).

Pantokrator: Christus als thronender Allherrscher.

Pauperismus: Verarmung und Verelendung breiter Bevölkerungsschichten.

Peristylhaus: (lat. peristyl = Hofraum) Antikes Haus, dessen Räume von einem zentralen säulenumstandenen Innenhof zu erreichen sind.

Pilaster: Nur leicht aus der Wand hervortretender Wandpfeiler.

Pilastermauer: Langgestrecktes Gebäude aus Bauphase I des Praetoriums, dessen rheinwärtige Mauer durch Mauervorsprünge (Pilaster) gegliedert war.

Portikus: Von Säulen getragene Vorhalle an der Haupteingangsseite eines Gebäudes.

Portikus-Galerie: Ein von Säulen oder Pfeilern getragener Vorbau; beim Bau IV des Praetoriums als fast 70 m lange Galerie ausgebildet.

Praetorium: Amtssitz des vom Kaiser eingesetzten Statthalters (Praetor).

Prostylos: Griechischer Tempel mit Säulenvorhalle.

Reichsstadt: Freie Reichsstädte, die nicht einem Landesherren, sondern allein dem Kaiser und dem Reich (reichsunmittelbar) unterstellt waren.

Reliquiar: Künstlerisch gestalteter Behälter für Reliquien (lat. reliquiae = Überreste).

Richerzeche: Gesellschaft der Reichen (Patrizier, Geschlechter).

Risalit: Aus der Bauflucht vorspringender Gebäudeteil (Mittel-/Eck-Risalit).

Rustika: (lat. rusticus = bäuerisch) Mauerwerk aus grob behauenen Buckelquadern.

Sarkophag: Steinsarg.

Satyr: (lat., gr.) Lüsterner Waldgeist in Bocksgestalt, Begleiter des Dionysos.

Schatzkammer: einer Kirche: Raum, in dem die Schätze (= Heiligtümer) aufbewahrt werden.

Schießscharten: Öffnungen im Mauerwerk einer Befestigungsanlage, von denen aus auf den Feind geschossen werden konnte.

Schlangenfadenglas: Glas mit aufgesetzten schlangenförmig gewundenen Glasfäden.

Scholastik: Die Glaubenswahrheit liegt vor. Ziel der philosophischen Bemühungen ist nicht die Wahrheitsfindung, sondern die rationale Begründung, Deutung, Systematisierung und Verteidigung der Wahrheit. Methode: alle Argumente pro und contra zusammentragen, um bestätigend auf die Glaubenswahrheit zurückzukommen. Kritik an Scholastik: autoritätsgläubig, engstirnig begrenzt, spitzfindig.

Schrotzugang: Lastenzugang zum Keller.

Sohlbank: Fensterbank, unterer waagerechter Abschluss des Fensters, nach außen meist abgeschrägt und simsartig vorkragend.

Solitärpark: Einzelpark, nicht vernetzt.

Spitztonnengewölbe: Spitzbogig gekrümmte Decke eines Baues.

Sprossenfenster: Fenster, das durch Sprossen (kurze Querhölzer) unterteilt ist.

Stadtvogt: Landesherrlicher Verwaltungsbeamter, in Köln zweiter Richter. Erzbischöflicher Ministeriale.

Staffelgiebel: Treppenartig nach oben sich verjüngender Giebel.

Stapelhaus: Städtisches Kaufhaus, in dem Stapelware aufbewahrt und verkauft wurde.

Stocktruhe: Kastenförmiges Möbel mit aufklappbarem Deckel zur Aufbewahrung von Wäsche und Kleidung, auf Stöcken (= Füßen) stehend.

Strebepfeiler/-bogen: Strebepfeiler und Strebebogen bilden das Strebewerk zur Ableitung des Gewölbeschubs und des Winddrucks.

Stufenblenden: Blende: ein zur Gliederung/Verzierung einer Fassade eingesetztes Bauteil.

Taverne: Wirtshaus, Weinschenke.

Theater: (gr., lat.) Zur Aufführung von Bühnenwerken bestimmtes Gebäude.

Thermen: Badeanlage der Antike.

Torburg: Burgartig befestigte Öffnung in einer Mauer. Torburg kann durch zwei Tore (Doppelturmburg-Tor) oder eine Doppelburg (Doppelburgtor) verstärkt sein

Tunika: Ärmelloses vorn offenes Übergewand.

Verlagssystem: Verbund von handwerklicher Hausindustrie und Verleger-Kaufleuten, die den Absatz organisieren und z.T. Materialien und Produktionsmittel bereitstellen.

Vierungsturm: Turm über Vierung (= rechteckiger Raum), der durch Kreuzung von Lang- und Querhaus entsteht.

Viktorinen: Geflügelte Siegesgöttinnen.

Volutengiebel: Giebel, dessen Ecken durch schneckenförmige Ornamente (lat. volutum = das Eingerollte) verdeckt werden.

Wehrgang: Gang hinter einer Festungsmauer aus Stein oder als Holzkonstruktion, zur Feindseite hin durch Schießscharten geöffnet.

Westwerk: Selbständiger Vorbau bei karolingischen und ottonischen Basiliken. Sein mächtiger vielfach von zwei Treppentürmen flankierter Mittelturm, dient im Untergeschoss als Tauf- und Pfarrkirche. Vom Obergeschoss aus, das zum Langhaus geöffnet ist, wohnten Herrscher dem Gottesdienst bei.

Wik: German. Fernhändlersiedlung, meist am Wasser, im 7.-9. Jh. in Nordwesteuropa.

Willkürrecht: Städtisches Recht, eigenständig Regeln und Satzungen zu erlassen.

Zeilenbauweise: Statt geschlossener oder offener Blockbebauung werden die Wohnhäuser nunmehr nach der Sonne ausgerichtet und in großzügige Grünflächen gesetzt.

Zunft: In europäischen Städten des Mittelalters Zusammenschluss von Handwerkern eines Gewerbes zur genossenschaftlichen Sicherung der wirtschaftlichen Existenz und eines religiös gefärbten Arbeits- und Feierbrauchtums.

Zwerggalerie: Ein nach außen offener Laufgang, bestehend aus einer fortlaufenden Reihe von kurzen Pfeilern oder Säulen und Bogen (Bogenarkade).

Zwinger: Befestigter Raum zwischen Stadtmauer und Graben.

Ausgewählte Literatur

Architekten- und Ingenieur-Verein für Niederrhein und Westfalen (Hrsg.). 1888, Neudruck 1984: Köln und seine Bauten, Festschrift zur VIII. Wanderversammlung des Verbandes deutscher Architekten- und Ingenieurvereine in Köln. Köln.

Becks, L./Lauer, R. 2000: Die Schatzkammer des Kölner Domes. Köln.

Berger, F. 1955: Das Funkhaus in Köln und seine Gestaltung. Stuttgart.

Beuckers, K. G. 2004: Der Kölner Dom. Darmstadt (= Baukunst des Mittelalters, hrsg. von W. Schenkluhn).

Binding, G. 1998: Architektonische Formenlehre. Darmstadt.

Binding, G./Müller, G. 1988: Die Bauten der Universität zu Köln. Köln.

Bläser, R./Schulz, Ch. 2001: Colonia Agrippina – Die Versicherungsmetropole. In: Wiktorin, D. u.a. 2001: Der historisch-topographische Atlas Köln. Köln, S. 102–105.

Bläser, R./Schulz, Ch. 2004: Hollywood am Rhein? Die Medienwirtschaft in Köln. In: Schweizer, G. u.a. (Hrsg.): Köln und der Kölner Raum. Ein geographischer Exkursionsführer. Teil 2: Themen-Exkursionen. Köln, S. 107–116.

Brocke, M./Schwarz, M. (Hrsg.). 1999: Feuer an Dein Heiligtum gelegt. Zerstörte Synagogen 1938, Nordrhein-Westfalen. Bochum.

Curdes, G./Ulrich, M. 1997: Die Entwicklung des Kölner Stadtraumes. Der Einfluss von Leitbildern und Innovationen auf die Form der Stadt. Dortmund (= Stadt-Raum-Innovation, Band 1).

Deckers, J./Noelke, P. 1985: Die römische Grabkammer in Köln-Weiden. Neuss (= Rheinische Kunststätten 238).

Diederich, T. 1984: Stift – Kloster – Pfarrei. Zur Bedeutung der kirchlichen Gemeinschaften im Heiligen Köln. In: Stadtspuren 1, Köln, die romanischen Kirchen. Von den Anfängen bis zum Zweiten Weltkrieg. Köln, S. 17–78.

Dietmar, C. 2004: Das mittelalterliche Köln. Köln.

Dietmar, C./Jung, W. 1996: Kleine illustrierte Geschichte der Stadt Köln. Köln.

Eckert, W. P. 1961: Kleine Geschichte der Universität Köln. Köln.

Eckert, W. P. 1996: Kölner Stadtführer. Köln.

Fussbroich, H. 1985: Die ehemalige Benediktinerabtei Groß St. Martin. Köln (= Rheinische Kunststätten 301).

Geis, W./Krings, U. (Hrsg.). 2000: Köln: Das gotische Rathaus und seine historische Umgebung. Köln (= Stadtspuren – Denkmäler in Köln, Bd. 26).

Goetz, H.-W. 1986: Leben im Mittelalter vom 7. bis zum 13. Jahrhundert. München.

Gohrbandt, E. /Nipper, J. 2004: 120 Jahre Kölner Neustadt. Eine Raum-Zeit-Reise entlang der Kölner Ringe. In: Schweizer, G. u.a. (Hrsg.): Köln und der Kölner Raum. Ein geographischer Exkursionsführer. Teil 1: Stadt und Umland. Köln, S. 17–28.

Gross, L. 1989: St. Agnes in Köln. Köln (= Rheinische Kunststätten 344).

Grunwald, D. 1988: Das Kunstfeld – Siedlung mit eigenem Charakter. In: Rheinisch-Bergischer Kreis (Hrsg.). Rheinisch-Bergischer Kalender 1989. Heimatjahrbuch für das Bergische Land. Bergisch Gladbach, S. 89–95.

Haberey, W. 1971: Die römische Wasserleitung nach Köln. Die Technik der Wasserversorgung einer römischen Stadt. Düsseldorf (= Kunst und Altertum am Rhein. Führer des RLM Bonn, Nr. 37).

Heinen, W./Pfeffer, A.M. 1988: Siedlungen in Köln 1888–1938. Köln (= Stadtspuren – Denkmäler in Köln, Bd. 10.1).

Heinen, W./Pfeffer, A.M. 1988: Siedlungen in Köln 1938–1988. Köln (= Stadtspuren – Denkmäler in Köln, Bd. 10.2).

Heinen, W. 1991: Stadtplanung und Architektur 1933–1945. In: Köln – seine Bauten 1938–1988. Köln, S. 77–84.

Hellenkemper, H. 2000: Der Heumarkt in Köln. Ein ungewöhnliches Ausgrabungsunternehmen. In: Fundort Nordrhein Westfalen, hrsg. vom Römisch–Germanischen Museum. Köln, S. 351ff.

Historisches Archiv der Stadt Köln (Hrsg.). 1988: Großstadt im Aufbruch. Köln (= Ausstellung des Historischen Archivs der Stadt Köln in Zusammenarbeit mit der Stadtsparkasse Köln).

Historisches Archiv der Stadt Köln (Hrsg.). 1994: Die französischen Jahre. Köln (= Ausstellung aus Anlass des Einmarsches der Revolutionstruppen in Köln am 6. Oktober 1794).

Höltge, D./Reuther, A. 2001: Straßen- und Stadtbahnen in Deutschland, Band 7: Aachen, Düren, Köln. Freiburg.

Irsigler, F. 1979: Die wirtschaftliche Stellung der Stadt Köln im 14. und 15. Jahrhundert. Strukturanalyse einer spätmittelalterlichen Exportgewerbe- und Fernhandelsstadt. In: VSWG Beiheft 65.

Irsigler, F. 1995: Bettler und Gaukler, Dirnen und Henker. Außenseiter in einer mittelalterlichen Stadt. München.

Jansen, H., G. Ritter, D. Wiktorin, E. Gohrbandt u. G. Weiss. 2003: Der historische Atlas Köln. Köln.

Jung, W. 2004: Das neuzeitliche Köln. 2004.

Kellenbenz, H./Eyll, K. van. 1975: Zweitausend Jahre Kölner Wirtschaft. 2 Bde. Köln.

Keussen, H. 1910, Nachdruck 1986: Topographie der Stadt Köln im Mittelalter, 2 Bde. Düsseldorf.

Kier, H./Liesenfeld, K./Matzerath, H. (Hrsg.). 1999: Architektur der 30er und 40er Jahre in Köln. Materialien zur Baugeschichte im Nationalsozialismus. Köln (= Schriften des NS-Dokumentationszentrums der Stadt Köln, Bd. 5).

Kier, H./Schäfke, W. 1987: Die Kölner Ringe. Geschichte und Glanz einer Stadt. Köln.

Kier, H. 1978. Die Kölner Neustadt. Düsseldorf.

Kier, H. 1996: Die großen romanischen Kirchen. Köln.

Kier, H. 2001: Kleine Kunstgeschichte Kölns. München.

Klein-Meynen, D./Meynen, H./Kierdorf, A. 1996: Kölner Wirtschafts-Architektur von der Gründerzeit bis zum Wiederaufbau. Köln, S. 220–225.

Klesse, B. 1989: Museumsführer für Angewandte Kunst, gegründet 1888 als

Kunstgewerbemuseum. Querschnitt durch die Sammlungen. Köln.

Knupp, M. 2001: Schnell ans Ziel? – Bahn und Bus in Köln. In: Wiktorin, D. u.a.: Der historisch-topographische Atlas Köln, Köln, S. 88–89.

Koch, W. 1991: Kleine Stilkunde der Baukunst. München.

Kölner Verkehrs-Betriebe. 1977: Hundert Jahre Kölner Verkehrs-Betriebe 1877–1977. Festschrift, Straßenbahn Magazin, Sonderheft, Stuttgart.

Koepf, Hans. 19742: Bildwörterbuch der Architektur. Stuttgart.

Legner, A. 2003: Kölner Heilige und Heiligtümer. Ein Jahrtausend europäischer Reliquienkultur. Köln.

Meynen, H. 1978: Die Wohnbauten im nordwestlichen Vorortsektor Kölns mit Ehrenfeld als Mittelpunkt. Trier (= Forschungen zur deutschen Landeskunde 210).

Mick, E. 1990: Das mittelalterliche Köln.

Meynen, H. 1979: Die Kölner Grünanlagen. Die städtebauliche und gartenarchitektonische Entwicklung des Stadtgrüns und das Grünsystem Fritz Schumachers. Düsseldorf (= Beiträge zu den Bau- und Kunstdenkmälern im Rheinland Band 25).

Meynen, H. 2000: Die preußische Festung Köln. Köln (= Rheinische Kunststätten, H. 452).

Nipper, J./Nutz, M./Wiktorin, D. 2004: NS-Planungen und Wiederaufbau als Ausgangspunkt der Kölner Stadtentwicklung. In: Schweizer, G. u.a. (Hrsg.): Köln und der Kölner Raum. Ein geographischer Exkursionsführer. Teil 2: Themen-Exkursionen. Köln, S. 59–70.

Nipperdey, Th. 1915: Deutsche Geschichte 1800–1866. München.

Noelke, P. (Hrsg.). 1983: Kölner Museumsführer. Köln.

Novy, K. 1986: Wohnreform in Köln. Geschichte der Baugenossenschaften in Köln. Begleitbuch zur Ausstellung »Anders Leben – Genossenschaftliches Wohnen – Geschichte der Wohnreform in Köln« im Kölnischen Stadtmuseum. Köln.

Nussbaum, N. 19853: St. Aposteln in Köln. Köln (= Rheinische Kunststätten 50).

Ornamenta Ecclesiae. Kunst und Künstler der Romanik in Köln. Hrsg. von A. Legner, 3 Bde. Köln 1985 (Ausstellungskatalog).

Pfennig, J. 1996: Über Brücken. Köln, S. 197

Pfotenhauer, A. 1993: Köln: Der Gürzenich und St. Alban. (= Stadtspuren – Denkmäler in Köln, Bd. 22). Köln.

Planitz, H. 1996: Die deutsche Stadt im Mittelalter. Wiesbaden.

Priebe, I. 2004: Friedhof Melaten zu Fuß. Köln.

Rhein und Maas. Kunst und Kultur 800–1400. Eine Ausstellung des Schnütgen Museums der Stadt Köln und der belgischen Ministerien für französische und niederländische Kultur. Köln. 1972.

Rheinisch-Westfälisches Wirtschaftsarchiv zu Köln (Hg.). 1973. Die Telegraphenstation Köln-Flittard. (= Schriften zur Rheinisch-Westfälischen Wirtschaftsgeschichte Bd. 25). Köln.

Roeseling, S. 1999: Das braune Köln. Ein Stadtführer durch die Innenstadt in der NS-Zeit. Köln.

Schäfke, W. (Hrsg.). 1985: Oh! De Cologne. Die Geschichte des Kölnisch Wasser. Köln.

Schäfke, W. 1984: St. Gereon in Köln. Neuss (Rheinische Kunststätten 300).

Schierk, H.-F. 1985: 100 Jahre feste Rheinbrücken in Nordrhein-Westfalen 1855–1955. S. 83–96.

Schulze, H. 1998. Kleine deutsche Geschichte. München.

Stadt Köln. 1999: Mit dem Fahrrad durch Köln: Auf den Spuren des preußischen Kölns im Rechtsrheinischen. Köln.

Tandetzki, E./Koch, A. 1999: 75 Jahre Kölner Messe. Köln.

Vogts, H. 1964/65: Das Kölner Wohnhaus bis zur Mitte des 19. Jahrhunderts. 2 Bde. Neuss.

Voigtlaender-Tetzner, G./Aders, G. 1979: Die rechtsrheinischen preußischen Befestigungen Kölns. – In: Rechtsrheinisches Köln Bd.5/1979.

Weber, M. 2001: Die Alte Universität zu Köln. Köln (= Rhein. Kunststätten 269).

Wiktorin, D. 1993: Die Nord-Süd-Fahrt als Ergebnis der Wiederaufbauplanung in Köln. Städtebauliches Scheusal oder Lebensader der Innenstadt? In: Nipper/Nutz (Hrsg.): Kriegszerstörung und Wiederaufbau deutscher Städte. Geographische Studien zu Schadensausmaß und Bevölkerungsschutz im Zweiten Weltkrieg, zu Wiederaufbauideen und Aufbaurealität (= Kölner Geographische Arbeiten 57), Köln, S. 89–102.

Wolff, G. 2005: Das römisch-germanische Köln. Führer zu Museum und Stadt Köln. Köln.

Zehnder, F.G. 1978: Die heilige Ursula und ihre elftausend Jungfrauen. Ausstellungskatalog.

Zey, R. 1993: Parks in Köln. Ein Führer durch die Grünanlagen. Köln.

Domschatzkammer
Domkloster 4
50667 Köln
Tel: 0221 – 17940–530
www.dombau-koeln.de
info@domschatzkammer-koeln.de
Öffnungszeiten: täglich 10–18 Uhr

Grabkammer in Köln-Weiden
Aachener Straße 1328
50859 Köln
Öffnungszeiten: Di – Do 10–13 Uhr, Fr 10–17 Uhr, Sa – So 13–17 Uhr, an Feiertagen geschlossen, in Ferienzeiten zeitweilig geschlossen, Gruppenanmeldungen unter Tel: 02234 – 73399

Kölnisches Stadtmuseum
Zeughausstraße 1–3
50667 Köln
Tel: 0221 – 22125789
Fax: 0221 – 22124154
www.museenkoeln.de
ksm@museenkoeln.de
Öffnungszeiten: Mi – So 10–17 Uhr, Di 10–20 Uhr

Domgrabung Köln
Roncalliplatz 2
50667 Köln
Tel.: 0221 – 17940-300 u. -330
Fax: 0221 – 17940-399
www.dombau-koeln.de
info@domgrabung-koeln.de
Führungen nur nach telefonischer Anmeldung

Museum für Angewandte Kunst
An der Rechtschule
50667 Köln
Tel: 0221 – 22126714
Fax: 0221 – 22123885
www.museenkoeln.de
mfak@stadt-koeln.de
Öffnungszeiten: Di – So 11–17 Uhr

Museum Schnütgen
Cäcilienstraße 29
50667 Köln
Tel: 0221 – 2212 3620
Fax: 0221 – 22128489
www.museenkoeln.de
schnuetgen@ netcologne.de
Öffnungszeiten: Di – Fr 10–17 Uhr, Sa + So 11–17 Uhr

NS-Dokumentationszentrum
Appellhofplatz 23–25
50667 Köln
Tel: 0221 – 22126362
Fax: 0221 – 22125512
www.museenkoeln.de
nsdok@stadt-koeln.de
Öffnungszeiten: Gedenkstätte, Dauerausstellung und Sonderausstellungen:
Di – Fr 10–16 Uhr,
Sa + So 11–16 Uhr
Bibliothek, Medien- und Arbeitsräume: Mi + Do 10–16 Uhr, Fr 10–13 Uhr

Optischer Telegraf
Egonstraße 152
51061 Köln-Flittard
Tel: 0221 – 662388
Besuch nur nach Voranmeldung

Römisch-Germanisches Museum
Roncalliplatz 4
50667 Köln
Tel: 0221 – 221 – 24438 u. -24590
Fax: 0221 – 22124030
www.museenkoeln.de
roemisch-germanisches-museum@stadt-koeln.de
Öffnungszeiten: Di – So 10–17 Uhr, Mi 10–20 Uhr

Stiftung Butzweilerhof Köln
Butzweilerstraße 35–39, Gebäude 1
50829 Köln
Tel: 0221 – 593538
www.butzweilerhof.de
info@butzweilerhof.de

Straßenbahn-Museum Thielenbruch
Gemarkenstraße 139
51069 Köln
Tel: 0221 – 2834771
Fax: 0221 – 28347
www.hsk-koeln.de
webmaster@hsk-koeln.de

Wallraf-Richartz-Museum
Martinstraße 39
50667 Köln
Tel: 0221 – 221-21119 u. -27694
Fax: 0221 – 221-22629
www.museenkoeln.de
wrm@museenkoeln.de
Öffnungszeiten: Di 10–20 Uhr, Mi – Fr 10–18 Uhr, Sa + So 11–18 Uhr

Die Stationen in der Innenstadt

Die Stationen in den Außenbereichen

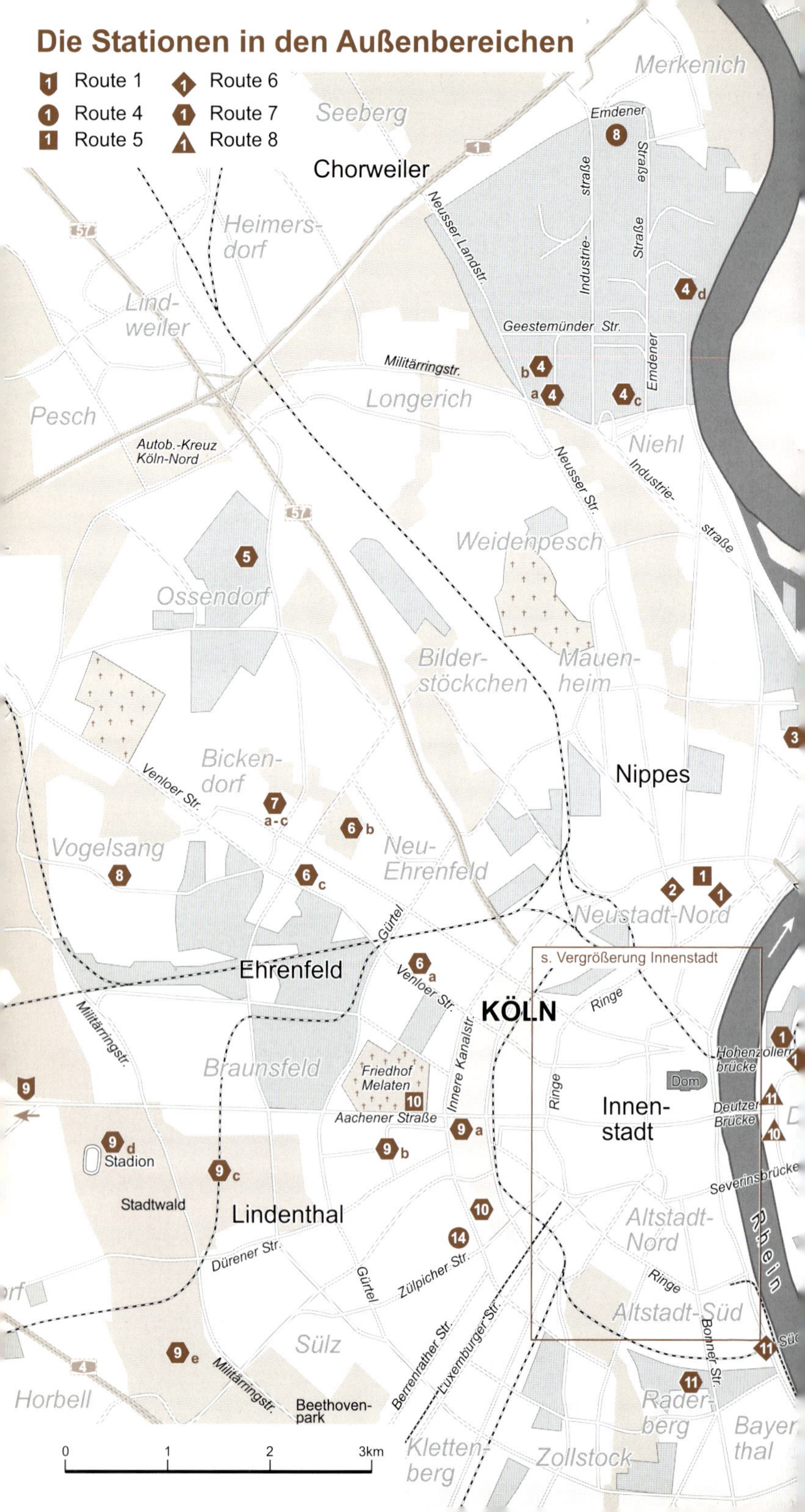

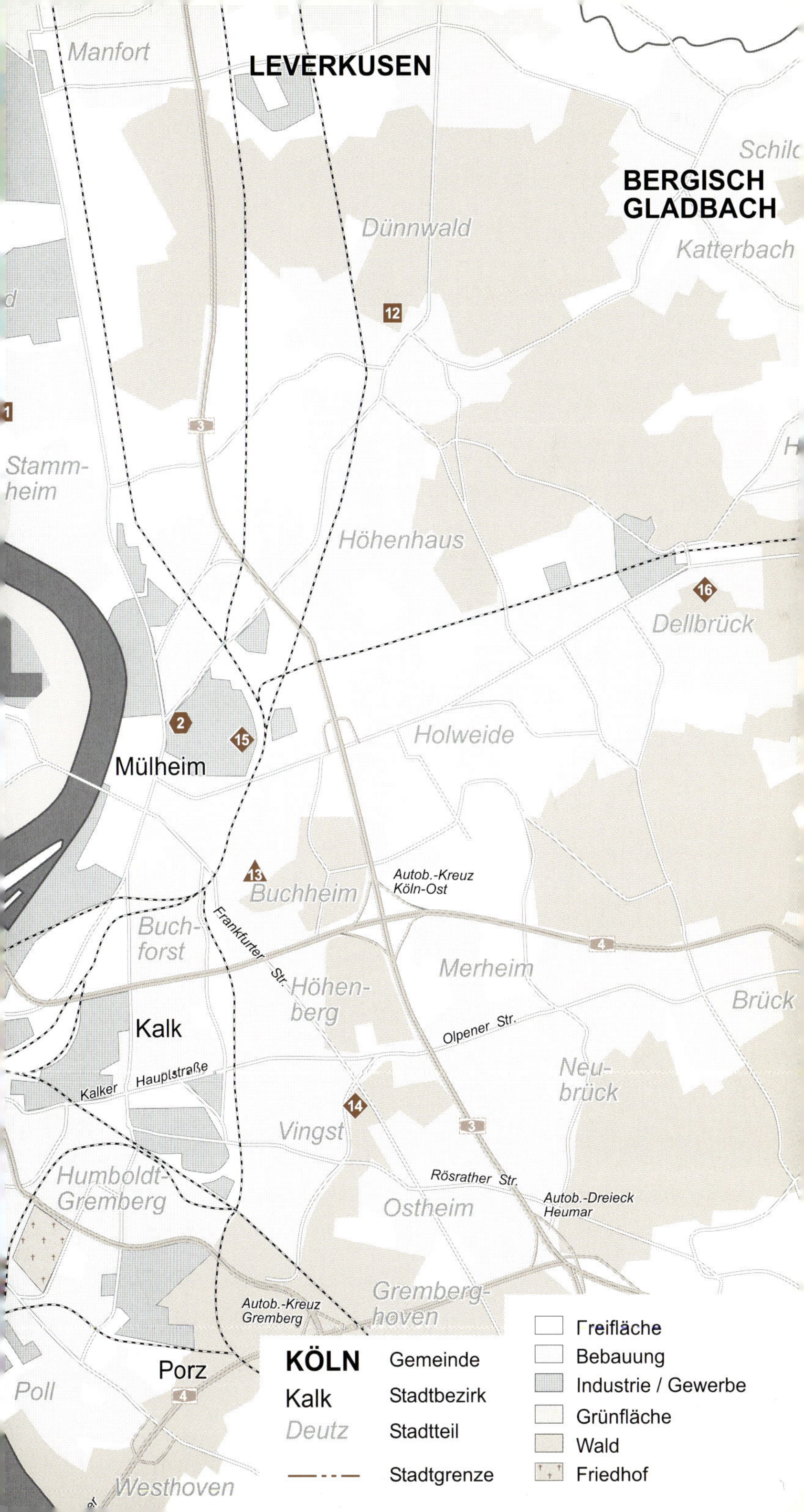
Manfort
LEVERKUSEN
Schild
BERGISCH
GLADBACH
Dünnwald
Katterbach
12
3
Stamm-
heim
Höhenhaus
16
Dellbrück
2
15
Mülheim
Holweide
13
Autob.-Kreuz
Köln-Ost
Buchheim
Buch-
forst
Frankfurter Str.
Höhen-
berg
Merheim
4
Brück
Kalk
Olpener Str.
Kalker Hauptstraße
Neu-
brück
14
Vingst
3
Rösrather Str.
Humboldt-
Gremberg
Ostheim
Autob.-Dreieck
Heumar
Gremberg-
hoven
Autob.-Kreuz
Gremberg
Porz
4
Poll
Westhoven
KÖLN
Gemeinde
Kalk
Stadtbezirk
Deutz
Stadtteil
Stadtgrenze
Freifläche
Bebauung
Industrie / Gewerbe
Grünfläche
Wald
Friedhof

BILDNACHWEIS

Buchen, H.: 42; **Carrieri,** M., Olivetti Mailand: 19; **Curdes G./Ulrich,** M. 1997: Die Entwicklung des Kölner Stadtraumes: 161 l. + 161 r. (Abb. XI.4 + XI.11), 162 (Abb. XI.23); **DEWOG**: 193 (aus Heinen/Pfeffer 1988, Bd. 2, S. 107); **Gohrbandt,** Elisabeth: 3: 1. v. l., 11 o., 12, 13, 14, 15, 16 r., 17 o., 18 (n. RGM), 21, 22 u., 23, 53 o., 53 u., 55, 56 o., 56/57, 58, 59, 70 u., 61 r. (n. H. Vogts), 65 o.l., 65 o.r., 70, 71, 72, 80, 81 M., 82, 83, 84 u., 85, 88, 90 o., 90/91, 92, 93, 100, 103, 110, 111, 114, 121, 123 o., 148, 151, 157, 166, 169, Umschlag hinten: 2.+3. v. l.; **Held,** Heinz: 3: 2. v. l., 180; **Kier,** H. 1978: Die Kölner Neustadt: 115 (Abb. 538); **Kölnisches Stadtmuseum:** 47, 57; **Landesvermessungsamt, Bonn:** 163 (TK 50, Blatt L 5106 Köln, Ausg. 1987); **Macaulay,** D.: 16 l.; **Meyer,** W.F.: 69; **Meynen,** H. 2000: Die preußische Festung Köln: 128 + 129 (Abb. 6 + 8); **Mick,** Elisabeth. 1990: Das mittelalterliche Köln: 54 u. (S. 72); **Precht,** Gundolf: 37 u.; **Privat:** 24, 27 (Montage), 62 o., 62 u., 105 o., 107, 144, 149, 153, 175, 186; **Rheinisches Bildarchiv, Köln:** 2 l., 3: 4. v. l., 22 o., 25, 37 o., 41, 43, 44, 46, 54 o., 60, 61 l., 63, 66, 67, 68, 81 u., 101, 104, 117, 120, 123 u., 124, 126, 145, 147, 196, Umschlag hinten: 1.+4. v. l.; **Richter,** Toni: Umschlag vorn; **Ritter,** Gert: 84 o.; **Römisch-Germanisches Museum:** 17 u.; **Schäfke,** Werner: 32 = aus Schäfke, W. (Hrsg.). 1999: Wie Zeit vergeht, S. 205 (Montage E. Gohrbandt); **Stadtkonservator Köln:** 64 (aus Pfotenhauer 1993, S. 19), 81 o. (aus Zey 1993, S. 10), 109 (aus Zey 1993, S. 15); **Schmidding KG** (Firmenschrift): 152; **Schumacher,** F. 1923: Köln. Entwicklungsfragen einer Großstadt:155 (S. 151); **Stiftung Butzweilerhof:** 158; **Vogts,** Hans: 65 u.; **Weiss,** Günther: 73, 78, 87, 99, 105 u., 127, 130, 132, 133, 135, 137, 139, 167, 168, 197; **Wirtz,** Hansherbert: 179, 181, 183, 184; **Wolff,** Arnold: 3: 3. v. l., 11 u., 33, 34, 36 u.; **Wolff,** Gerta. 2005: Das römisch-germanische Köln: 2 r., 20 (Abb. 62), 36 o. (Abb. 284 + 286)

DIE AUTOREN

Elisabeth Gohrbandt, Geographin
Heiner Jansen, Dr. phil., Historiker
Gert Ritter, Prof. Dr. phil. (em.), Geograph
Günther Weiss, Dr. phil., Geograph
Dorothea Wiktorin, Dr. rer. nat., Geographin

Autor: **Route**: Station
E. Gohrbandt: **5:** 10, 12 | **6:** 7, 8 | Kartographie, Endredaktion
H. Jansen: **2:** Einf. | **3**: 1–6 | **5:** 10 | **7:** 3 | **8:** 3, 9
G. Ritter: **1:** Einf., 1–9 | **2:** 1–6 | **3:** 1–6 | **4:** Einf., 1–14 | **5:** Einf., 2–6, 8, 9, 11
6: 3, 5, 6, 9, 10 | **7:** Einf., 1, 6–10, 12 | **8:** 12
G. Weiss: **1:** Einf. | **5:** 1 | **6:** Einf., 1, 2, 4, 11–16 | **7:** 2, 4, 5, 11 | **8:** 13
D. Wiktorin: **8:** Einf., 1, 2, 4–8, 10, 11

Gestaltung: Ralf Reiche, Weusthoff-Noël | Kommunikation.Design, Köln
Druck und Weiterverarbeitung: Himmer, Augsburg
Printed in Germany 2005
ISBN 3-89705-342-X
www.emons-verlag.de